改革开放进程中的经济学家学术自传

张卓元　高培勇　主编

贾康学术自传

贾　康◎著

ACADEMIC AUTOBIOGRAPHY OF JIA KANG

献给我的父亲贾广禔、母亲盛芳莹：

他们愿我

做有益于社会的读书人

SPM
南方出版传媒
广东经济出版社
·广州·

图书在版编目（CIP）数据

贾康学术自传 / 贾康著. —广州：广东经济出版社，2020.8

（改革开放进程中的经济学家学术自传）

ISBN 978-7-5454-7278-3

Ⅰ. ①贾… Ⅱ. ①贾… Ⅲ. ①贾康—自传 ②经济学—文集 Ⅳ. ①K825.31 ②F0-53

中国版本图书馆CIP数据核字(2020)第122793号

出 版 人：李　鹏
策划编辑：周　晶
责任编辑：刘　倩
责任校对：林晓珊
责任技编：陆俊帆

贾康学术自传
JIAKANG XUESHU ZIZHUAN
贾康　著

出版发行	广东经济出版社（广州市环市东路水荫路11号11～12楼）
经销	全国新华书店
印刷	恒美印务（广州）有限公司 （广州市南沙经济技术开发区环市大道南路334号）
开本	787毫米×1092毫米　1/16
印张	22.25
字数	235千字
版次	2020年8月第1版
印次	2020年8月第1次
书号	ISBN 978-7-5454-7278-3
定价	118.00元

广东经济出版社网址：http://www.gebook.com 微博：http://e.weibo.com/gebook
图书营销中心地址：广州市环市东路水荫路11号11楼
电话：（020）87393830 邮政编码：510075

《改革开放进程中的经济学家学术自传》丛书

编辑委员会

《改革开放进程中的经济学家学术自传》丛书分册名录

（按姓氏音序排列）

1.《白重恩学术自传》
2.《蔡昉学术自传》
3.《常修泽学术自传》
4.《陈东琪学术自传》
5.《陈锡文学术自传》
6.《迟福林学术自传》
7.《樊纲学术自传》
8.《范恒山学术自传》
9.《房维中学术自传》
10.《高培勇学术自传》
11.《高尚全学术自传》
12.《郭克莎学术自传》
13.《洪银兴学术自传》
14.《黄达学术自传》
15.《黄群慧学术自传》
16.《贾康学术自传》
17.《江小涓学术自传》
18.《金碚学术自传》
19.《李实学术自传》
20.《李晓西学术自传》
21.《厉以宁学术自传》
22.《林兆木学术自传》
23.《刘诗白学术自传》
24.《刘世锦学术自传》
25.《刘树成学术自传》
26.《刘伟学术自传》
27.《马建堂学术自传》
28.《彭森学术自传》
29.《宋晓梧学术自传》
30.《田国强学术自传》
31.《王梦奎学术自传》
32.《王一鸣学术自传》
33.《魏杰学术自传》
34.《魏礼群学术自传》
35.《乌家培学术自传》
36.《吴敬琏学术自传》
37.《杨瑞龙学术自传》
38.《张军学术自传》
39.《张军扩学术自传》
40.《张晓山学术自传》
41.《张燕生学术自传》
42.《张宇燕学术自传》
43.《张卓元学术自传》
44.《赵人伟学术自传》
45.《郑新立学术自传》
46.《周叔莲学术自传》

总　序

Preface

盛世出华章。中国的改革开放是一场波澜壮阔、前无古人的伟大社会变革，也将是世界经济发展史上的瑰丽篇章。中国经济学家在这场伟大变革中，或贡献了智力，或参与了实践，无论是参政建言还是学术构建，均厥功甚伟。

在我们先后迎来改革开放40周年和中华人民共和国成立70周年之际，为了记录并彰显中国经济学家的历史贡献，为中国特色社会主义事业进一步发挥智慧的力量和作用，同时借以勉励后学筑梦前行，我们组织并编辑了这套《改革开放进程中的经济学家学术自传》丛书。

这套丛书的出版设想，最初由广东经济出版社提出。在此之前，得力于中国社会科学院经济研究所张卓元教授等的大力支持，该社曾于2009年编辑出版《影响新中国60年经济建设的100位经济学家》丛书。那套丛书产生了良好的社会反响，也获得了较高的学术评价。弹指一挥间，又是一个十年，共和国迎来了70华诞，改革开放也逾40周年。在这样一个特殊的背景下，广东经济出版社邀请张卓元教授和高培勇教授牵头，由《经济研究》编辑部具体负责，组织、编辑一套集中反映改革开放进程中的经济学家学术探索和心路历程的丛书。

认识到这是一件颇具眼光、很有意义的事情，于是，便有了读者眼前这套《改革开放进程中的经济学家学术自传》丛书编辑出版工作的启动。

中国经济改革与发展的伟大实践，为中国经济学家的成长提供了肥沃的土壤。要从这些灿若繁星的经济学家中推选出大家比较公认的富有影响力的经济学家，并不容易。怎样推选？推选多少？具体标准是什么？如何约稿？丛书的体例又该如何把握？这一系列相关问题接二连三地提至我们面前。

为此，在初步拟订编辑出版方案的基础上，由张卓元教授和高培勇教授主持，邀请部分专家召开了小范围的论证会议，就组建丛书编辑委员会以及丛书编辑出版的一系列相关问题听取意见，进一步完善方案。

紧跟着，2017年6月25日，丛书编辑委员会会议在北京举行。出席会议的委员共有19位（按姓氏音序排列）：白重恩、常修泽、陈东琪、陈锡文、迟福林、高培勇、郭克莎、黄群慧、金碚、李晓西、刘伟、彭森、宋晓梧、田国强、魏礼群、吴敬琏、张军扩、张燕生、张卓元。因故请假、提供书面意见的委员有10位（按姓氏音序排列）：蔡昉、曹远征、贾康、李实、李扬、厉以宁、林毅夫、刘世锦、钱颖一、张军。

这次编辑委员会会议就如下一些重要问题形成了高度共识：

第一，关于丛书的意义。委员们高度认可丛书的编辑出版工作，认为这是一项富有重要历史和现实意义的出版工程。

第二，关于丛书入选者的标准和数量。委员们认为应本着宁缺毋滥、质量为先原则，以对改革开放事业的某个特定领域做出实质性贡献或产生实质性影响的经济学家为重点，入选者宜掌握在60位左右。

第三，关于丛书的体例。基于凸显学术价值和史料价值的考虑，委员们认为学术自传宜涵盖作者的学术成长历程、作者对改革开放事业某个特定领域的研究成果和学术贡献、作者对特定领域改革前景的展望等方面内容。

第四，关于丛书的读者对象。委员们认为应主要面向青年学者以及学生，谈人生经验、述理想情怀，激励广大青年学者和学生确立奋斗的目标、发展的方向和成功的路径。

第五，关于丛书的文风。委员们主张学术自传应具有较强的理论性、学术性，同时文笔流畅、深入浅出，具有一定的可读性。

在经过充分讨论形成的候选经济学家名单基础上，与会委员按照获得半数以上多数票入选的规则，以无记名投票方式表决确定了65位入选者。

会议还决定，请因故请假的委员继续对候选经济学家名单通讯投票，并根据此项流程的统计结果，提请全体编辑委员会委员再进行一次通讯评审，最终确定丛书入选者为68位。

由此产生的《改革开放进程中的经济学家学术自传》丛书入选作者为（按姓氏音序排列）：白重恩、蔡昉、曹远征、常修泽、陈东琪、陈清泰、陈锡文、迟福林、樊纲、范恒山、房维中、高培勇、高尚全、郭克莎、郭树清、韩俊、洪银兴、华生、黄达、黄群慧、贾康、江小涓、金碚、李剑阁、李京文、李实、李晓西、李扬、厉以宁、林毅夫、林兆木、刘国光、刘鹤、刘诗白、刘世锦、刘树成、刘伟、隆国强、楼继伟、马建堂、彭森、钱颖一、宋晓梧、田国强、王梦奎、王一鸣、魏杰、魏礼群、乌家培、吴敬琏、吴晓灵、杨启先、杨瑞龙、易纲、余永定、张军、张军扩、张维迎、张晓山、张燕生、张宇燕、张卓元、赵人伟、郑新立、周其仁、周叔莲、周小川、朱玲。

在确定入选者名单之后，《经济研究》编辑部立即展开了组稿工作，共有46位入选者接受约稿。在这一过程中，入选的经济学家或其家属、秘书、好友等，对我们的工作给予了热情的支持，在百忙之中积极准备所需要的文献，其认真精神令人感动。应该说，没有他们的积极响应和大力支持，这套丛书是难以按时按质完成的。

由于入选的经济学家大多是名人、忙人，有一部分老作者也已年届九十高龄，约稿的工作量及其难度可想而知。一些作者提出暂不能写作，这多少令我们感到些许遗憾。其间也有许多感人的情景要告诉读者们：常修泽先生于2018年夏天在吉林延边的一个小镇闭门两三个月专事自传写作，在整个写作过程中数十次与编辑部和出版社沟通，包括内容完善、结构设计和一些合理性建议等诸多细节，并且在约定期限内交稿给编辑部；九十五岁高龄的黄达教授在写作过程中十余次通过电话或电子邮件与编辑部讨论写作重点和风格；乌家培、林兆木、王梦奎等老先生也是不厌其烦，反复就文字沟通润色；周叔莲先生在去世前一周还给编辑部打电话，告诉编辑自己已经基本完成了书稿的写作，并详细介绍了自己的写作过程和感想，我们至今忆此仍为之动容。在这些难得的沟通中，我们一次次被感动。

随着此套丛书的陆续编辑出版，我们越来越强烈地体会到了这项工作的意义和价值:

入选这套丛书的作者，系改革开放进程中的经济学家，他们的知名度较高，社会影响较大。这套自传体丛书，是对他们的代表性研究成果、学术贡献、成长历程及人格魅力的一个集中展示。对于广大读者特别是青年学子来说，这无疑是一个难得的学习、了解我国经济理论和现实问题的机会。

这些经济学家在各自的学术领域都是佼佼者或领军者，他们学术素养深厚、学术成就卓越。他们在自传中大多以第一人称娓娓道来，讲述了自己的家国情怀与学术成长经历，为记录我国改革开放历程留下了第一手资料。从经济史和思想史的角度看，这应该是非常有史料价值的研究文献。

众多大家的纸上风华，既映射出中国改革开放40多年取得的巨大成就，也是对中国改革与发展经验比较系统的总结。正如习近平总书记所指出的:“从我国改革发展的实践中挖掘新材料、发现新问题、提出新观点、构建新理论，加强对改革开放和社会主义现代化建设实践经验的系统总结，加强对发展社会主义市场经济、民主政治、先进文化、和谐社会、生态文明以及党的执政能力建设等领域的分析研究，加强对党中央治国理政新理念新思想新战略的研究阐释，提炼出有学理性的新理论，概括出有规律性的新实践。这是构建中国特色哲学社会科学的着力点、着重点。”应该说，本套丛书的作者们用生动而精彩的人生与学术追求，践行了这一重要要求。

这套丛书的编辑出版与《经济研究》编辑部各位同仁的努力也是分不开的。他们通过电话、短信和邮件等方式不断地与作者或其家人、秘书等进行沟通。参加组稿和审稿工作的人员有:郑红亮、刘霞辉、张永山、唐寿宁、王利娜、谢谦、金成武、孙三百、陈小亮、欧宏、王红梅、刘莹、曹帅。

广东经济出版社的领导和编辑在本丛书的出版过程中也做了大量的工作，正是有了他们的努力，这套丛书才能得以顺利与读者见面。

特别值得一提的是，这样一套组织工作浩繁的大型丛书，见证了《经济研究》编辑部与广东经济出版社值得称道的团队合作精神。编辑部的张永山、王红梅同志和广东经济出版社的编辑团队从始至终为丛书的组织沟通、约稿、文稿整理付出了大量的心血，他们的耐心和一丝不苟的敬业精神令人称道。

这套丛书就此付梓了，回望中国改革开放的辉煌岁月，携手丛书作者对祖国的拳拳心路与期待，我们略感欣慰！但由于时间仓促，加之我们的水平有限，书中的不足和错误之处在所难免，敬请广大读者批评指正。

《改革开放进程中的经济学家学术自传》丛书编辑委员会

2019年10月

贾康

第十一届、第十二届全国政协委员、政协经济委员会委员，华夏新供给经济学研究院院长，中国财政科学研究院研究员、博导，中国财政学会顾问，国家发改委PPP专家库专家委员会成员，北京市等多地人民政府咨询委员，北京大学等多家高校特聘教授。1995年享受国务院政府特殊津贴。1997年被评为国家百千万人才工程高层次学术带头人。多次受胡锦涛、朱镕基、温家宝和李克强等中央领导同志之邀座谈经济工作（被媒体称为“中南海问策”）。2010年1月8日中央政治局第十八次集体学习“财税体制改革”专题讲解人之一。孙冶方经济科学奖、黄达–蒙代尔经济学奖和中国软科学奖获得者。国家“十一五”“十二五”“十三五”规划专家委员会委员。曾长期担任财政部财政科学研究所所长。1988年入选亨氏基金项目，到美国匹兹堡大学做访问学者一年。2013年，主编《新供给：经济学理论的中国创新》，发起成立华夏新供给经济学研究院（任首任院长）和中国新供给经济学50人论坛（任首任秘书长），2015—2016年与苏京春合著出版《新供给经济学》《供给侧改革：新供给简明读本》，以及《中国的坎：如何跨越“中等收入陷阱”》（获评中国图书评论学会和央视2016年度“中国好书”），2016年出版的《供给侧改革十讲》被中组部、原国家新闻出版广电总局和国家图书馆评为全国精品教材。2017年领衔出版《中国住房制度与房地产税改革》《新供给：创新发展，攻坚突破》《构建现代治理基础：中国财税体制改革40年》等。根据《中国社会科学评估》公布的2006—2015年我国哲学社会科学6268种学术期刊700余万篇文献的大数据统计分析，贾康先生的发文量（398篇）、总被引频次（4231次）和总下载频次（204115次）均列第一位，综合指数3429，遥居第一，是经济学核心作者中的代表性学者。

研究工作经历

华夏新供给经济学研究院首任院长，首席经济学家（2013年起）

财政部科研所所长、研究员（2001年5月至2014年8月）

——在200余人的所内主管全面工作和重点科研项目，研究领域涉及宏观经济政策和积极财政政策，收入分配问题，省以下财税体制配套改革、社会保障体系，地方政府债券融资，公共财政框架下的预算管理改革，等等。

——2001年就任中国财政学会副会长兼秘书长，财政部高级技术职务评审委员会副主任。

——2001年担任《财政研究》《中国财经信息资料》主编。

财政部科研所副所长、研究员（1994年12月至2001年5月）

——在所内主管一系列科研项目，包括宏观经济波动，财税体制改革，预算外资金管理的改进，财政资金有偿使用，振兴财政的战略性思路，地方政府财力支出结构分析，世界银行与中国的改革发展，等等。

——自1998年起担任所研究生部博士生导师。

——1997年被评为国家百千万人才工程高层次学术带头人。

——自1995年起就任中国财政学会常务理事兼常务副秘书长。

——1995年、1996年应邀赴香港中文大学和香港理工大学讲学。

——1995年成为享受国务院政府特殊津贴专家。

财政部科研所综合政策研究室主任（1991年11月至1994年12月）

——主持或参加一系列科研项目，包括中长期财政政策研究，综合平衡的实践与理论，国有资产的管理，分税制改革与中央、地方政府间关系，中国改革的配套推进，税制改革，等等。

——自1993年起就任中国财政学会理事，副研究员

财政部科研所综合政策研究室副主任（1986年11月至

1991年11月）

——自1988年9月至1989年9月作为Heinz Fellow在美国匹兹堡大学做访问学者一年。

——自1990年起任全国中青年财政理论研究会副总干事。

财政部科研所研究人员（1985年5月至1986年11月）

——参加或独立完成一系列科研课题，包括国民收入分配关系的调整，财税改革方向，企业承包制的分析，预算外资金的宏观管理，等等。

——自1996年起任助理研究员。

荣誉及奖励

·与白景明博士合作《县乡财政解困与财政体制创新》（《经济研究》2002年第2期）获孙冶方经济科学奖（2003年）

· 指导冯俏彬博士论文《私人产权与公共财政》获黄达-蒙代尔经济学奖（2007年）（师生同获）

·《强化顶层设计、推进配套改革——从资源税改革和电力改革看全局》（《光明日报》2012年3月16日）获中国软科学奖（2013年）

·《抽紧银根与压缩规模——论我国需求控制的着力点及转换条件》（《经济研究》1988年第5期）获1988年中央国家机关青年优秀论文一等奖

·与方晓丘教授合作《深化财政改革的构想》（《财政研究》1989年第2期）获全国纪念党的十一届三中全会十周年理论讨论会论文奖

·《分税制改革与中央、地方政府间的关系》（《改革》1990年第4期）获财政部科研所科研成果一等奖

·《有计划商品经济下的财政体制改革》（载《中国：财经改革新声》，中国财政经济出版社，1991年）获全国财政理论研究优秀奖（一等奖）

·《国有资产管理的分类与分层》（载《国有资产管理理论与实践》，统计科学出版社，1991年）获全国国有资产管理征文二等奖和财政部科研所科研成果一等奖

·《我国财政平衡政策的再认识》（《中国财经报》1993年2月16日）获全国财政征文二等奖

·《建立适应社会主义市场经济的国有资产管理体制》（《经济纵横》1993年第8期）被中国科学院评为"八五"优秀科技成果

·《关于我国宏观经济不稳定的制度性原因》（《财贸经济》1994年第6期）获全国财政科研成果一等奖

·《财政与发展》（浙江人民出版社，2000年）获全国财政科研成果一等奖

·自2000年以来《国库管理体制改革及国库现金管理研究》（《管理世界》2003年第6期）等多篇论文、调研报告获财政部优秀论文、优秀调研报告一、二等奖

·1995年享受国务院政府特殊津贴

·与苏京春合作《中国的坎：如何跨越"中等收入陷阱"》（中信出版集团，2016年）获评中宣部指导下的中国图书评论学会和央视2016年度"中国好书"

目录

壹

从事学术研究的成长历程

一 社会教育和我的大学

父亲贾广禔，母亲盛芳莹，摄于20世纪70年代

与两个妹妹的合影，摄于20世纪60年代初

1954年，我出生在江城武汉。一岁时随父母到北京，在首都度过童年时光，接受了五年小学教育，但在将进入小学六年级时，遇到“文化大革命”。

其后，我的中学教育主要依靠自学。1968年开始，一年多在北京一一二中学“复课闹革命”，另外一年多，先是随父母去湖北沙洋“五七”干校，本已入了干校“青年班”，但又在我母亲的坚持下退出，转而去了汉江边的一所乡村小学“戴帽”初中班读书。这期间除了认真学习《毛泽东选集》等并参加农村“清理阶级队伍”之类的运动之外，也约略学到了一些初中数学基本知识，包括“从正负数概念到解一元二次方程的公式”。

此后的教育更多是来自“社会大学”。我于20世纪70年代初在江西度过两年多的军旅生活（“九一三”事件发生时，我正在军中），其后又在北京矿务局机电修配厂当了近五年工人（多次于“高产日”下井做“掌子面”上的采煤和机械修理工作）。在那个“工农兵占领大学”的年代里，强烈的求知欲和上进心，并无法把无“后门”可走的我送进大学，数年间年年申请上大学，工人师傅们也年年推荐，无奈领导手上早有长长的名单等着把名额陆续给别人。我每一年都为此经历失望痛苦，又不甘心让青春时光就这样流水般逝去，于是就利用一切可用时间，特别是工作之余，包括上下班乘坐公共汽车时，如饥似渴地阅读马列、鲁迅著作和可借到的各种各样的旧书。这些精神食粮在一定程度上增加了我的知识储备，并给我打下了知识分子取向的人格基础。

1970年12月入伍

“文化大革命”结束后，我靠着自学积累的知识和通过对解析几何等课程的突击补习，在恢复高考的第一年（1977年夏邓小平果断决定当年就恢复高考），按第一志愿考入北京经济学院政治经济学系。当得知自己考上了时，我高兴得把手里抓着的外衣抛向天空，那种心情至今仍记忆犹新——有点像“范进中举”。

走入阔别经年的校园，我觉得自己带着的是多年以来的期望、梦想以及自学过程中难以解决的问题，终于可以有几年时间远离社会喧嚣专心学习，于是更加如饥似渴般地在图书馆、阅览室和教室内尽可能多地汲取知识养分。

从部队回家后与父母合影

1976年在北京矿务局机电修配厂当工人时

1977年上大学前

最终，我以八个学期各门考试课程全优的成绩结束了充实的大学生活，但我不想就此止步，于是继续努力考入了财政部财政科学研究所——我国最早开办研究生部的部委研究机构，攻读硕士学位，以期在研究经济理论的基础上深入了解部门经济问题（当时我感到继续搞理论经济学研究似乎很容易走上“空对空”的路子，所以想向部门经济学“沉一沉”）。在学习与调研中，我不时回想过去在基层摸爬滚打的社会体验，牢记“理论紧密结合实际”的原则，试图在科研中有所作为。

二　步入科研的殿堂和得到开阔国际视野的机会

1984年春至初夏，我曾以研究生身份，带着一沓单位介绍信，只身一人在江苏调研了很长一段时间，从南京到常州、无锡、南通、镇江等地。这期间，先后去了几十个工商企业、乡镇企业，走访了所到城市的财政部门和相关综合部门。当年的“拼搏”经历至今记忆深刻：旅途中几次因病发烧到近40℃，都是在附近找一家医院打退烧针，之后便马上继续调查。途中我曾在紫金山拾级而上，瞻仰了仰之弥高的中山陵；也曾于浩莽长江边，登上辛弃疾当年慷慨悲歌的北固山多景楼。多年的生活积累，加上自己不断地进行理论思索与探求，在这样的实际调查和江山游历中，最容易触发种种思想的火花与灵感。对于中国社会、中国经济、中国的历史和未来，我曾想了许多许多。路遇太湖边的放牛童子开怀笑语，进入工厂车间因重新闻到机油味道而思绪连篇，看到乡镇企业的蓬勃兴起欢欣鼓舞，面对镌刻在紫金山石壁上孙中山先生的《建国大纲》而热泪纵横……

青春时期的种种梦幻与设想，此时已经变得实在多了。我实际上已经选择了一条从事财经理论、政策研究的主线，作为我再进入社会的基准方向。广泛的兴趣、较宽的知识面和“数载寒窗”的积累，正在我这条主线的左右帮助自己研究思考中的触类旁通。同时，我对社会生活的观察分析能力已有明显提高，细致的典型调查和“由此及彼，由表及里，去粗取精，去伪存真”的整理与举一反三之道，我能较快掌握，且时有“得心应手”之感。我觉得这时的自己已经初步具备一个学者所需要的学术基础和科研作风，这会使我日后在对实际问题的考察和对经济理论的思索中，能够不断找出现实运行中的问题所在以及提出自己的独到见解。

当然，我这时仍有许多困难和苦恼。最简单的例子是每月51元的“助学金加补助金”便为满打满算的全部收入，买一本书也要掂量半天。但是，对于今后的奋斗，我既有思想准备，也有信心——我开始“诉诸行动”。

大学时代自己所写的东西仅在校园的小报上变成过铅印文字。那时觉得“作品”要刊登于公开发行的正式刊物，是难乎其难的。记得我在校园中曾一度迷恋于文学创作，心血来潮地写了五六篇小说（关于“文革”和农村、工厂的基于自己亲身经历的故事）。有两篇得到《青春》和《萌芽》的编辑部回信鼓励，但最终差了那么一步而未能发表。准备考研究生时，便不再做自己的文学梦了。大学毕业后，理论学习与思考的积淀，却使我认认真真地写起了理论文章。1984年，我所写的一篇经济学论文《论广义、狭义价值规律》在经济学界最具权威性的刊物《经济研究》上发表了。最初这篇论文写成之后，自己对其“分量”是颇具信心的，寄给了一位大学学报编辑，过了一阵子他将原稿寄回，说写得不错，但难以发表。当时我心里很不服气，不知怎么想到要再投给经济学界“最高刊物”《经济研究》。又过了一阵子，《经济研究》的大信封寄来了，我心想一定是退稿，打开才知道是要我对论文中的一个地方加以补充。补充修改后的稿子，以重点文章的规格刊出。另外，江苏之行形成的调查报告和其他一些文章，也先后在刊物上发表了。我最先向领导和有关方面汇报的常州市综合财政（预算外资金引导管理）工作情况总结，引起高度重视，后来在财政系统中被称为“常州经验”得到推广。

1984年秋季，我有幸参与了第一次全国中青年经济学者的聚会，即“莫干山会议”。与会的学者大都是站在时代潮流前沿的活跃分子，有的已颇具知名度，有的则在此后的若干年间成为风云人物。与这些“出类拔萃之辈”的接触，无形中给了我一个自我塑造的坐标，可以师人之长，补己之短，另外对自己的素质也有了一个“现场考察”；并且可领悟到如何对某些人表面化、不足道的东西引以为戒。

我研究生毕业之后留所工作。在当时风起云涌的改革浪潮中，社会各界的中青年已迅速异军突起，十分活跃。在财政学界老前辈许毅等同志的支持下，以财政部财政科学研究所（简称财政部科研所）的青年同志为牵头人，我们通过广泛征文，于1985年底在长春召开了首次全国中青年财政理论讨论会，正式成立了全国中青年财政理论研讨会。会议气氛热烈异常，天天“挂牌讨论”直至深夜。在会议的组织工作上，我与其他有关同志花费了许多心血和精力，但有一种发自内心的振奋感和事业感。

研究工作和组织工作，看似平淡，要做好却都非常不容易。锋刃初试，看来我还算是及格了。

20世纪80年代在青年人中兴起了“出国热”。我因没有中学的外语基础，一直没有出国的考虑。我在上大学时才开始学英文，从最基本的单词学起，学得十分认真，且逐渐有“乐在其中”的感觉。攻读研究生期间和工作之后，外语一直没敢放松。1987年，领导安排我参加了国家统一组织的访问学者考试（VST），成绩很好，超过了当时110分的“直接出国线”。半年多后接到通知，我可以申请到英国进修一年。等到英方回复时，教委又有新规定，不论考试成绩如何，一律到指定地点培训半年外语，于是我被指定去上海外语学院。1988年春该院的具体通知到达时，已经超过了学院规定的报到日期，我把工作安排停当赶去时，几位培训部负责人说我是因为“怕死”（当年春季上海流行乙肝）才晚到，要取消我的培训资格不予入学，且态度极其蛮横。教委同志打电话做工作让我入学，管事的人仍然不同意，于是我只好打道回府。在这之前，我曾因一个偶然机会得到美国亨氏基金进修项目申请表，认真填写后寄去了（当时在财政部世行司工作的祝宪曾参加过此项目，他非常热情地为我沟通美方并作了推荐）。因听说入选率极低，我当时没抱什么希望。1988年夏，亨氏项目的回音却来了，我入选为进修人。于是经过一系列打仗一样的匆忙准备，我在1988年9月初登上了飞往美国的飞机，去大洋彼岸的匹兹堡大学进修一年，费用完全由亨氏基金承担。

这一年，我像海绵吸水一样地努力学习有用的知识与方法。除财政经济方面的学习调研之外，还尽可能参加各种学术交流、社会考察。住在匹兹堡，足迹所至，包括东、西海岸若干大城市，以及弗吉尼亚与夏威夷。我悉心体察美国这个“头号发达国家”的历史、现状、发展趋势、社会组织、市场运行、政府职能、科研状况、文化特点等。一年的进修，使我的眼界、思路大为开阔，反过来也就更明白了什么是我们常说的“中国国情”。

我当时形成了如下的观感：美国是个自然禀赋丰富、年轻而鼓励创新、充满了矛盾又催生着梦想的国度。不少地方可遇见彬彬有礼、亲切热情的“志愿工作者”们（按国内说法可称为“活雷锋”们），与不断报道着的杀人越货、道德沦丧并存；长得过胖、无钱进健身房的穷人，与每个周末都去海滨别墅度假、身材匀称、晒得色如古铜的富人同在；吵嚷、喧闹、商业繁荣举世无双、刑事犯罪数不胜数的纽约曼哈顿和宁静安详、夜不闭户、充满田园诗风格的乡间小镇，都一道享受着汽车、电视、电话、游戏机等现代工业文明；大学区内的图书馆、音乐厅、教学楼、计算机房、教堂……巍峨而整洁，处处保养维修一丝不苟，而一英里外破旧的施粥“厨房”门口，歪歪斜斜地靠着一些无家可归者；有的大学生，写的两页作文语法错漏百出，而说不定哪一天，此公却着实提出了什么很有价值的创见；好莱坞的影片，百老汇的歌舞，佳作迭出，活力横生，或情牵梦萦，或销魂夺魄，高雅绚丽，仪态万方，而街头巷尾的不雅画报，录相又几美元可买可租……

我在美国确有几件事类似“小说题材”。比如第一天刚入美国国门，在纽约机场等候转机时于书店翻看琳琅满目的图书，结果放在脚边的提包被小偷顺手牵羊。因无经验，护照、机票、现金、相机与衣物统统放在里边，结果“全军覆没”，幸亏身上还有住在匹兹堡的一位中国留学生吴家禄先生的电话，打电话与他联系，他用朋友的信用卡为我补了一张机票，当晚我才得以飞赴匹兹堡。又如，1989年夏参加美中关系全国委员会组织的学术性旅游，一天在纽约吃早餐时，团内徐蕾蕾小姐的背包被两个黑人掳走，我们追出餐馆，穿过第五大道的车流……我和另外两个小伙子一起上，终于把包又夺了回来。美国朋友听闻此事后惊诧不已，说：“假如他们动刀动枪……”闻此言，我也着实后怕，“英雄气概”当时便去了大半。

1989年9月初，进修期满，我与美国朋友话别，如期归国。随身带有在美国完成的《美国财政体系的特点及其对我国财政改革的启发》研究报告中英文本，并托运回四大纸箱书籍资料。亨氏项目对我进修的成果十分满意。也有不少熟人劝我留下，读个博士学位。但我另有想法，并不愿在四五年后为已为数不少的海外华人增加一个与中国情况相当隔膜的经济学博士。我对回国后的一些现实困难做了较充分的思想准备后，便毅然踏上归途。

现在看来，我在美国的学习，以及后来陆续对德国、法国、英国、瑞士、俄罗斯、澳大利亚、加拿大、意大利、瑞典、韩国、日本、巴西、匈牙利、波兰等几十个国家和地区的访问、考察、研讨的经历，也帮助我以比较和“反观”，对中国的国情和现实问题形成了较全面和透彻的了解，这有利于我的研究成果在宽广的视野上更好地契合中国经济社会发展的实际。

三 扎根于经济与财政研究，寻求建设性成果和人生意义

20世纪90年代在财政部科研所工作时的证件照

回国后的情况与我预想的大同小异。虽有种种困难，但我仍然不懈地从事科研，且有一些成果引起了各方面的重视和好评。学术会议，外出调研，都不断触发我脑子里的兴奋点。要做的事情太多，只恨时间太少。

虽然在旁人眼中我可能属于改革开放后财经理论界的“少壮派”，但我自知与前辈师长、同行高手的种种差距，在心态上并不急于求成。专业生涯发展过程中也曾有过一般人都可能遇见的苦恼，比如直到1993年，才终于获评副研究员（此前曾有老所长许毅同志对我说：“你获评是板上钉钉！”谁想人事部门以种种年限划线把我排除在参评资格之外）。再往后，我似乎是遇到了个人发展之路上一下进入“马太效应”好事频来的上升期：在近十年的磨炼和逐步成长之后，我于1994年底担任财政部科研所副所长，1995年破格晋升为研究员，同年享受国务院政府特殊津贴。再往后得到机会自加压力，1995—1997年在职攻读并取得博士学位。1997年被评为国家百千万人才工程高层次学术带头人。1998年被评为博士生导师。2001年5月出任财政部科研所成立以来最年轻的所长，并在其后十余年的所长任上兼任中国财政学会副会长兼秘书长，财政部高

级技术职务评审委员会副主任，《财政研究》主编。2009—2018年担任第十一届、第十二届全国政协委员和政协经济委员会委员。国家“十一五”“十二五”“十三五”期间，我均担任国家五年规划专家委员会委员。

我一直坚持以追求中肯、深入全面的见解来形成科研成果，力戒浮躁和虚名，力求有建设性。也正是在这种理念的支持下，随着科研成果的积累，社会影响不断扩大，我开始兼任多项社会职务，先后被多个地方政府、高校聘为顾问或兼职教授，多次参与国家经济政策制定的研究工作。2002年以来多次参加党和国家领导人主持的座谈会，为经济工作建言献策。我先后主持、参加了数量众多的国际合作研究项目，以及国家级、部委级课题和地方、企业课题，在宏观经济政策与调控、国民收入分配、财政基础理论、财政体制改革与税制改革、国有资产管理体系与国有企业改革发展、公共财政理论与政策、政策性金融等方面，陆续积累了一系列在相关领域传播较广的论著。在“知天命”之年后，开始正面思考和尝试经济学理论框架的创新，引出了后来关于新供给经济学的创新。

在担任财政部科研所所长期间，我并没有因为纷繁复杂的行政事务和头绪甚多的社会活动而放松对经济理论和财政政策的深入研究，相反，这些活动促使我以更大的热情和以获取更丰富的实践信息为帮助，投入学术研究，形成不少具有开拓精神和创新意识的科研成果。许多成果受到了国务院领导同志、有关方面和财政部领导的重视与肯定，也获得学术领域的高度评价。多年研究工作形成的主要著作如《财政本质与财政调控》《转轨中的财政制度变革》《财政与发展》《转轨时代的执着探索——贾康财经文萃》《中国财税体制改革30年回顾与展望》《中国政策性金融向何处去》《收入分配与政策优化、制度变革》《新供给：经济学理论的中国创新》等，以及大量的论文、文章、访谈，产生了广泛的社会影响。

我的代表作多次获得全国性机构及国务院系统和财政科研系统的奖励。其中与白景明博士合作的《县乡财政解困与财政体制创新》（《经济研究》2002年第2期），获第十届孙冶方经济科学奖。《抽紧银根与压缩规模——论我国需求控制的着力点及转换条件》（《经济研究》1988年第5期）获中央国家机关青年优秀论文一等奖；与方晓丘教授合作的《深化财政改革的构想》（《财政研究》1989年第2期）获全国纪念党的十一届三中全会十周年理论讨论会论文奖；《国有资产管理的分类与分层》（载《国有资产管理理论与实践》，统计科学出版社，1991年）和《分税制改革与中央、地方政府间的关系》（《改革》1990年第4期）分别获财政部科研所科研成果一等奖；《有计划商品经济下的财政体制改革》（载《中国：财经改革新声》，中国财政经济出版社，1991年）获全国财政理论研究优秀奖（一等奖）；《建立适应社会主义市场经济的国有资产管理体制》（《经济纵横》1993年第8期）被中国科学院评为“八五”优秀科技成果；《关于我国宏观经济不稳定的制度性原因》（《财贸经济》1994年第6期）获全国财政科研成果一等奖；与阎坤博士等合作的《国库管理体制改革及国库现金管理研究》

（2003年），与马衍伟博士合作的《推动我国主体功能区协调发展的财税政策研究》（2008年），我本人的《合理促进消费的财税政策与机制创新》（2010年），与梁季博士合作的《中央地方财力分配关系的体制逻辑与表象辨析》（2010年），与苏京春博士合作的《财政分配“三元悖论”制约及其缓解路径分析》（2012年）等，均获财政部优秀论文一等奖；我指导的博士研究生冯俏彬完成的博士论文《私人产权与公共财政》，获黄达-蒙代尔经济学奖（师生同获）；2013年，我以《强化顶层设计、推进配套改革——从资源税改革和电力改革看全局》（《光明日报》2012年3月16日）为代表的研究成果获得中国软科学奖的大奖。

2014年夏，在我年满60周岁后，按照规定不再担任财政部科研所所长的行政职务，这使我在学术活动方面的“自由度”又有了明显提高，可以较充分地依照自己的偏好选择活动重点。早在2008年世界金融危机发生时，我就开始形成了对于经济学已有成果作出深刻反思的明确意愿，并认为必须充分注重从“供给管理”的供给侧视角，做出深化研究，创新经济理论。2011年前后，我与姚余栋、黄剑辉等志同道合的研究界人士，组建了“新供给”概念下的研究团队，进而在2013年正式成立了注册性质为“民办非企业”的独立智库“华夏新供给经济学研究院”（注册地在北京中关村新区），我担任了首任院长，换届后任首席经济学家。离开财政部科研所的行政岗位后，我可以有更多的时间与精力，从事新供给经济学研究院等组织的民间学术活动。在其后数年间，我们新供给经济学研究群体先后推出数十部研究成果，形成新供给研究书系，我和苏京春博士合作的《新供给经济学》，于2015年在山西经济出版社出版，后被评为山西出版传媒集团“年度好书”；与苏京春博士合作的《供给侧改革：新供给简明读本》和《中国的坎：如何跨越“中等收入陷阱”》在2016年由中信出版集团出版后，分别获评全国出版物月度好书和中国图书评论学会与央视联评的2016年度“中国好书”；中国出版集团东方出版社出版了我的《供给侧改革十讲》，被中组部、原国家新闻出版广电总局和国家图书馆评为全国精品教材。我作为主编于2016年在商务印书馆出版的《供给侧改革：理论、实践与思考》获评该社好书。2017年后，又领衔出版《中国住房制度与房地产税改革》《新供给：创新发展，攻坚突破》《构建现代治理基础：中国财税体制改革40年》《新供给：迈向高质量发展》和《战略与路径：迈向2049的中国》等。根据《中国社会科学评估》公布的2006—2015年我国哲学社会科学6268种学术期刊700余万篇文献的大数据统计分析，我的发文量（398篇）、总被引频次（4231次）和总下载频次（204115次）均列第一位，综合指数3429，遥居第一，被认为是经济学核心作者中的代表性学者。

在我看来，实现人生价值的目标所在，应该是为实现民族复兴、社会和谐和国家现代化，真正做到“先忧后乐”，奋发有为，锐意进取，生命不息，求索不止。为我国经济社会的全面现代化而努力，为国家的长治久安献计献策，为人民群众谋求幸福，为弱势群体分忧解难，在研究生涯之中，我都努力自觉地将这些时时系于心头、处处落于笔端。

当年我在博士论文的后记中写道，“做学问的甘苦，如鱼在水，冷暖自知，不足为外人道，但关于做学问的‘指导思想’，我愿意在此一披襟怀：写出一些论文或著作并不是目的，这是探索之途上的一小步，是争取为人类的思想认识之海中加一滴水。我深信，一切人生的虚荣浮华都是过眼烟云，而真正的学术和真知灼见，才能垂诸久远”。

耳顺之年过后，回首自己的学术求索历程，其实也是不断寻找人生意义的过程。几十年来的研究形成的言说，可以用“彼岸情怀此岸言”来概括——这是自己为新近问世的《贾康演讲·访谈录》（商务印书馆，2018年）提炼的书名。

近40岁时，曾有一段自己写的小结：人们蓦然回首往事时的心境，多为感慨人生之须臾如白驹过隙，而志向空老，所谓“浩荡胸怀何日遂，临风莫拭英雄泪”。我难出其境。往前看，与人生的不惑之年已经很近，不禁越来越多地想到惑与不惑这个题目。其实，所惑者，不外名利色三大欲念，除了对于出家人，都属“可少不可无”的酒色财气之类，只能自斟自节。所不惑者，先要认识世界与自己。积有生以来对“生活”的体验，深知世界变幻无穷，万物生生不已，衰老与发展，永远是宇宙法则、自然规律。我们个人的生命是极其渺小的——“重要的是参与”，以不懈的求索，使自己与人类进步的新陈代谢联系在一起。充分领会自己天南地北的经历这笔宝贵的财富，我或可不惑。

特引我过去的小诗一首结束此节：

《人生·历史》

物质不灭
我们都得化烟化灰
星辰亘古
生命只是来去匆匆
顾不上总结
来不及叹息
活的是感觉
留的是延续
在有限的磨练和消耗中
争取一点意义
如白驹过隙
清风一缕

20世纪60年代末期与父母、妹妹们在北京合影

贰

主要基础理论贡献

一 新供给经济学和供给侧结构性改革研究

在北京电视台举办的论坛活动中发言

1. 研究的切入点：宏观调控中为什么要注重理性的供给管理

2008—2009年，我基于从亚洲金融危机到世界金融危机引发的反思，开始锁定新供给经济学的研究方向。切入点上的认识，是宏观调控，特别是中国特色的宏观调控，必须注重理性的“供给管理”。我在以此命题发表的论文中指出：“供给管理”，与经济学理论框架中的“需求管理”合乎逻辑地形成一对概念，后者强调的是从需求角度实施扩张或收缩的宏观调控，已为人们熟知，而前者则不然。在中国改革开放的经济实践中，就先后有一些学者在扩展的意义上讨论“供给管理”，侧重于讨论因政府而使总供给发生变化的机制中更多样化的政府作为，并特别注重与政府产业政策等相关联的结构优化，强调在供给角度实施结构优化、增加有效供给的宏观调控。可以说，这体现的已是理论层面的“中国特色”。与之相反，西方不论是凯恩斯主义独领风骚，还是货币主义大行其道，争论如何激烈，在注重总量调控而忽略结构调控上，都是一致的。美国人前些年所标榜的“华盛顿共识”，体现的是只注重“需求管理”的思路，因为其大逻辑是结构问题可全由市场自发解决，所以政府调控上的“区别对待”便可忽略不提。但此次金融危机一来，美国调控当局却实实在在地运用起区别对待的“供给管理”手段。比如，对雷曼兄弟公司这个150余年的老店，就是不救，但对于“两房”“花旗”等，就一定要救；在外贸和产业问题上，更是“区别对待”、于结构上锱铢必较了。我们非常需要全面地观察和总结这些现象，深入认识借鉴别国的调控经验并洞悉其实质，进而做好中国自己的事情。

随后，我强调了四个方面的基本认识：一是总量调控不足以“包打天下”，在新兴市场经济中更是如此。二是我国经济存在着十分突出的结构问题，客观上需要特别注重结构性对策。三是“供给管理”的地位应当摆在长期视野中。四是“供给管理”需以经济手段为主，与深化改革紧密结合。

此后，在这一视角下持续进行的研究努力中，我与同道者有更多的讨论和“理论密切联系实际”的努力，一个有代表性的研究成果，是与姚余栋、黄剑辉等合作发表于《财政研究》2013年第1期的《中国需要构建和发展以改革为核心的新供给经济学》，其着眼点是：中国经济高速增长30多年之后，增速将规律性地向成熟经济体的水平逐步收敛，但较长时间内仍有重大发展机遇，关键是充分释放制度供给潜力，进一步激发活力，促进全要素生产率稳步而持续地提升。论文以梳理和考察西方传统供给学派、凯恩斯主义与非凯恩斯主义的学术进展和政策主张的得失为基础，力求把已有的理论经济学认识与原被理解为分支的制度经济学、发展经济学等的贡献融汇和打通，并面对中国的国情与实践，提出可以洞悉规律和适合中国现代化客观需要的“新供给经济学”理论认识框架，强调以推动机制创新为切入点，以结构优化为侧重点，着力从供给端入手推动中国新一轮改革，有效化解“滞胀”“中等收入陷阱”等潜在风险，实现中国弥合“二元经济”、趋向现代化的新一轮经济可持续健康发展与质量提升。作为中国之必然选择的“三步走”现代化赶超战略，需要科学的理论和政策设计予以决策支撑。在“新供给经济学”框架下，我们提出了现阶段的基本政策主张，后来发展为新供给学派的“八双五并重”建议（见专栏1）。

专栏1　新供给经济学研究群体提出的“八双五并重”建议

新供给经济学研究群体的基本政策主张，是改革统领全局之下的“八双”和面对“两个一百年”历史任务的“五并重”。

“八双”的基本要点是：

“双创”——走创新型国家之路和大力鼓励创业。

“双化”——推进新型城镇化和促进产业优化。

“双减”——加快实施以结构性减税为重点的税费改革和大幅度地减少行政审批。

“双扩”——在对外开放格局中和新的国际竞争局面之下扩大中国对亚非拉的开放融合；适度扩大在增长方面基于质量和结构

效益的投资规模（对于消费的提振当然是比较重要的，已经有不少研究成果和重视程度的明显提高，但是对于投资这方面的进一步认识，我们认为也需要强调，所以放在“双扩”概念之下来体现）。

“双转”——尽快实施我国人口政策中放开城镇体制内“一胎化”管制的转变，以及积极促进国有资产收益和存量向社保与公共服务领域的转置。

“双进”——在国有、非国有经济发挥各自优势协调发展方面，应该是共同进步，需要摒弃那种非此即彼、截然互斥的思维，在“混合所有制”的重要概念之下，完善以“共赢”为特征的社会主义市场经济基本经济制度的现代化实现形式。

“双到位”——促使政府、市场发挥各自应有的作用，双到位地良性互动、互补和合作［这方面的分析认识，需扩展到中国势必要发展起来的第三部门，即志愿者组织、公益慈善界的非政府组织、非营利组织，这些概念之下的一些越来越活跃的群体，应该在社会主体的互动中间发挥他们的潜力。我们非常看重国际上已高度重视的公私合作伙伴关系（中国官方意译为“政府与社会资本合作”）——PPP模式，在此模式之下寻求共赢，应该是最基本的认识视角］。

“双配套”——尽快实施新一轮“价、税、财”配套改革和积极地、实质性地推进金融配套改革。

在上述基本考虑中，“双创”是发展的灵魂和先行者；“双化”是发展的动力与升级过程的催化剂；“双减”则代表着侧重于提升供给效率、优化供给结构以更好地适应和引导需求结构变化的制度基础；“双扩”是力求扩大供给方面在国际、国内的市场空间；“双转”是不失时机、与时俱进地在人口政策和国有资产配置体系两大现实问题上顺应供给结构与机制的优化需要，以支持打开新局；“双进”是明确市场供给主体在股份制现代企业制度安排演进中的合理资本金构成与功能互补和共赢效应；“双到位”是要在政府与市场这一核心问题上明确相关各方的合理定位；“双配套”是对基础品价格形成机制和财税、金融两大宏观经济政策体系，再加上行政体制，以大决心、大智慧推进新一轮势在必行的制度变革与机制升级。

“五并重”的基本内容是：

第一，“五年规划”与“四十年规划”并重，研究制订基于全球视野的国家中长期发展战略。

第二，“法治经济”与“文化经济”并重，注重积极逐步打造国家“软实力”。

第三，“海上丝绸之路”和“陆上丝绸之路”并重，有效应对全球政治经济格局演变。

第四，柔性参与TPP与独立开展经济合作区谈判并重，主动参与国际贸易和投资规则的制订。

第五，高调推动国际货币体系改革与低调推进人民币国际化并重。

这个“五并重”思路设计的视野，是把中国顺应世界潮流而寻求民族复兴的时间轴设为百年、空间轴设为全球，来认识和把握综合性的大格局、大战略问题。

2. 学科建设的“破”与“立”和基本认识框架

经过潜心研究的努力，我与苏京春博士合作于2015年出版了专著《新供给经济学》（山西经济出版社），于2016年推出《供给侧改革：新供给简明读本》（中信出版集团）。我们初步总结了新供给经济学的“理论密切联系实际”创新中的“破”与“立”，这种认识浓缩地体现于我2017年2月11日在伦敦政治经济学院“中国经济论坛”上的如下发言中：

中国当前被称为“战略方针”的供给侧结构性改革，具有两个重要背景：一是中国经济在进入中等收入阶段后经历发展阶段转变，需要引领“新常态”打造发展的“升级版”；二是自中共十八大以来，全面改革的大政方针逐步清晰化，形成了“四个全面”战略布局。

中国供给侧结构性改革的切入点，表述为“去杠杆，去产能，去库存，降成本，补短板”的要领，并要求市场、政府作用的合理结合。这一改革是理论密切联系实际的创新，是问题导向下引领新常态激活要素潜力的动力体系再造创新，是通盘规划的系统工程式全局长远创新，以及以改革为核心、以现代化为主轴的制度供给创新。与之呼应的经济学基础理论层面“新供给经济学”的创新认识，概要地讲有如下的“破”与“立”。

“三破”：破偏颇，破脱节，破滞后

从世界金融危机和中国改革开放的现实生活经验层面考察，人们普遍发问：为什么经济学家对“千年之交”后震动全球的金融危机既无像样的预测，又无有效、有力的经济学解说与对策思路框架？如何以经济学理论总结分析各经济体在应对危机中的成败得失，特别是如何阐释中国的不凡发展与艰巨转轨进程？众多研究者认为：经济学理论迄今已取得的基本成果亟待反思。我们认为，这一中外人士反复提到的挑战性问题可以归结为经济学理论所需要的、在新供给经济学研究中已致力作出的“破”，这至少集中于如下三大方面。

第一，主流经济学理论认知框架的不对称性。古典经济学、新古典经济学和凯恩斯主义经济学虽然各自强调不同的角度，都有很大的贡献，但是共同的失误又的确不容回避，即它们都在理论框架里假设了供给环境，然后主要强调的是需求侧、需求管理的深入分析和这方面形成的政策主张，都存在着忽视供给侧、供给管理的共同问题。对最近几十年有较大影响的“华盛顿共识”，理论框架上是把“完全竞争”作为对经济规律认知的假设条件，但是回到现实，即联系实际的时候，并没有有效地矫正还原，实际上拒绝了在供给侧作深入分析，在这样一个重要领域存在明显不足。世界头号强国美国前几十年经济实践里，在应对滞胀的需要和压力之下应运而生的供给学派是颇有建树的，其政策创新贡献在实际生活中产生了非常明显的正面效应，但其理论系统性应该说还有明显不足，他们的主张还是长于“华盛顿共识”框架之下，重在分散市场主体层面怎样能够激发供给的潜力和活力，但弱于结构分析、制度供给分析和政府作为分析方面的深化认识——因为美国不像中国这样的经济体有不能回避的如何解决“转轨问题”与“结构问题”的客观需要，也就自然而然地难以提升对供给侧的重视程度。相比于指标量值可通约、相对易于建模的需求侧，供给侧的指标不可通约而且千变万化，问题更复杂，更具长期特征和“慢变量”特点，更要求结构分析与结构性对策的水准，更不易建模，但这并不应成为经济学理论可长期容忍其认知框架不对称的理由。

第二，经济学主流教科书和代表性实践之间存在的“言行不一”。美国等发达市场经济在应对危机的实践中，关键性的、足以影响全局的操作，首推他们跳出主流经济学教科书来实行的一系列区别对待的结构对策和供给手段的操作，这些在他们自己的教科书里也找不出清楚依据的操作，在实践中却往往得到了特别的倚重与强调。比如，美国在应对金融危机中真正解决问题的一些关键点上，是教科书从来没有认识和分析过的“区别对待”的政府注资。美国调控当局一开始对雷曼兄弟公司斟酌“救还是不救”，之后任由这家具有150多年历史的老店垮台，有了这样的一个处理结果后又总结经验，再后来对“两房”“花旗”，一直到实体经济层面的通用公司，分别施以援手。大量公共资金对特定主体的选择式注入，是一种典型的政府区别对待的供给操作，并且给予经济社会全局以决定性的影响。然而，如此重要的实践，迄今还基本处于与其经典学术文献、主流教科书相脱离的状态。

第三，政府产业政策等供给侧问题在已有经济学研究中的薄弱和滞后。比如，在经济发展中“看得见摸得着”的那些“产业政策”方面，尽管美国被人们推崇的经济学文献和理论界的代表人物均对此很少提及，但其实美国的实践可圈可点，从20世纪80年代《亚科卡自传》强调的重振美国之道的关键是“产业政策”，到克林顿主政时期的信息高速公路，到近年奥巴马国情咨文提到的从油页岩革命到3D打印机，到制造业重回美国，到区别化新移民和新兴经济等一系列的亮点和重点，都不是对应于教科书的认知范式，而是很明显地对应于现实重大问题的导向，以从供给侧发力为特色。不客气地说，本应经世致用的经济学理论研究，在这一领域，其实是处于被实践远远抛在后面的“不够格”状态。

“四立”：立框架，立原理，立融合，立体系

有了上述反思的“破”之后，我们强调，必须结合中国的现实需要，以及国际上的所有经验和启示，以更开阔的经济学理论创新视野，考虑我们在新供给经济学框架中能够和应当“立”的方面。

第一，经济学基本框架需要强化供给侧的分析和认知。这样一个金融危机刺激之下的始发命题，需要更加鲜明地作为当代学人“理论密切联系实际”的必要环节和创新取向。在基础理论层面，我们强调：应以创新意识明确指出人类社会不断发展的主要支撑因素，从长期考察可认为是有效供给对于需求的回应和引导，供给能力在不同阶段上的决定性特征形成了人类社会不同发展时代的划分。需求在这方面的原生意义，当然是不可忽视的——人有需求才有动力，才要去追求各种各样的可用资源——但是从经济学的角度看，过去对于有效供给对需求引导方面的作用却认识不足。我们从供给能力在不同阶段特征上的决定性这样一个视角，强调不同发展时代的划分和供给能力，以及与“供给能力形成”相关的制度供给问题，具有从基础理论层面发生而来的普适性，也特别契合于在中国和类似的发展中国家怎样完成转轨和实现可持续发展方面的突出问题。回应和解决这个视角上的问题，其实也包括那些发达经济体怎样在经历世界经济危机冲击后更好地把理论服务于现实需要。在现实生活中，关键是在处理“要有产品与服务满足消费”的需求侧问题的同时，解决“生产什么”和“如何生产”的供给侧问题——尤其是“制度供给怎样优化”的问题。这种把需求与供给紧密联系起来的研究，在人类经济社会发展实践中正在日益凸显其必要性和重要性。

第二，正视现实，加强经济基本理论支点的有效性和针对性。比如“非完全竞争”，应作为深入研究的前提确立起来，因为这是资源配置的真实环境，牵涉大量的供给侧问题。过去经济学假设的“完全竞争”环境，虽带有大量理论方面的启示，但它毕竟可称为一种1.0版的模型。现在讨论问题，应放在非完全竞争这样一个可以更好地反映资源配置真实环境、涵盖种种垄断竞争等问题的基点上，来升级、扩展模型和洞悉现实。需求分析主要处理总量问题，指标是均质、单一、可通约的，但供给分析要复杂得多，处理结构问题、制度构造问题等，指标是非单一、不可通约的，更多牵涉到政府—市场核心问题这种基本关系，必然在模型扩展上带来明显的挑战和非比寻常的难度，但这是经济学创新与发展中绕不过去的重大问题。更多的中长期问题和“慢变量”问题，也必然成为供给侧研究要处理好的难题。过去经济学研究中可以用一句话打发掉的“‘一般均衡’或‘反周期’调控中可自然解决结构问题”，我们认为有必要升级为在非完全竞争支点上的一系列并非完全自然演变过程，而有待加入供给侧能动因素做深入开掘的大文章。

第三，市场、政府、非营利组织应各有作为并力求在创新中合作，这是优化资源配置的客观要求。在明确认同市场总体而言对资源配置起决定性作用的前提下，我们还需要有的放矢地来讨论不同的主体，即市场和政府，还有“第三部门”（非政府组织、志愿者、公益团体等），它们在优化资源配置里面可以，以及应该如何分工、合作、互动。在不同的阶段和不同的领域，分工、合作、互动的选择与特点又必有不同。由分工、失灵到替代，再由替代走向强调“公私合作伙伴关系（PPP）”式的合作，反映了人类社会多样化主体关系随经济发展、文明提升而具有的新特征、新趋势。

第四，制度供给应该充分地引入供给分析而形成一个有机联系的认知体系。经济学研究中“物”和“人”这两个视角，在供给侧应该打通，各种要素的供给问题和制度供给问题应该内洽于一个体系，发展经济学、制度经济学、转轨经济学、行为经济学等概念下的研究成果，需要加以整合熔于一炉。通过这样的“立”来回应转轨经济和中国现实的需求，形成的核心概念便是我们在理论的建树和理论联系实际的认知中，必须更加注重“理性的供给管理”。在中国要解决充满挑战的现代化达标历史任务，必须借此特别强调以推动制度和机制创新为切入点、以结构优化为侧重点的供给侧的发力与超常规的“追赶—赶超”的长期过程。我们应用最为宽广的视野，最为开阔的心胸，把人类文明发展中在经济学及相关学科领域的一切积极成果，集大成式地形成科学体系，把供给侧“物”的生产力要素供给的分析认识与“人”的生产关系制度因素的分析认识内洽地、有机地结合在“认识世界，改变世界”的人类社会进步之中，“生产力决定生产关系”是规律，“生产关系反作用于生产力和释放生产力”也是规律——对于转轨中的中国：深刻认识理解前者，就要认识、尊重和敬畏市场，坚持以经济建设为中心这一发展硬道理不动摇；深刻认识理解后者，就要在坚持市场取向改革，让市场总体上在资源配置中充分发挥其决定性作用的同时，处理好“政府更好地发挥作用”的挑战性问题，以供给侧结构性改革“守正出奇”地提升经济发展中整个供给体系的功能、质量和效率。

新供给经济学研究中涉及的以上这些“破”和“立”，决不意味着我们可以忽视需求方面的认识——“需求管理”的认识在已有的经济学理论成果中已经相对充分，我们希望在供给这方面更丰富地、更有针对性地提高认识框架的对称性。这样的认识落到中国经济学人所处的现实中，必然合乎逻辑地特别强调要“以改革为核心”，从供给侧入手推动新一轮“全面改革”时代的制度变革创新。这是有效化解矛盾累积和“滞胀”“中等收入陷阱”“塔西佗陷阱”“福利陷阱”式的风险，实现中国迫切需要的方式转变与可持续健康发展而直通“中国梦”的关键一招和最大红利所在。我们的研究意图和可能贡献，是希望促使所有可调动的正能量把重心凝聚到中国迫在眉睫的“党的十八届三中全会、四中全会、五中全会之后新一轮改革如何实质性推进”这一问题上，以求通过全面改革和理性的供给管理，跑赢矛盾与危机因素的积累，化解矛盾累积隐患叠加的风险，破解中长期经济增长、结构调整瓶颈，从而使“中国梦”的实现路径可以越走越宽、越走越顺。我们致力深化的“新供给经济学”研究，也是与经济理论和人类文明一切积极成果中探究的共性规律的发现与认识提炼相通、相呼应的。

3. 合作提出新供给经济学研究群体对中国供给侧结构性改革重大现实问题的研讨与建言

我和新供给经济学研究群体的研究者共同努力，在迎接中共十八届三中全会、四中全会、五中全会之前，做了针对重大现实问题的专题研究，并首先以内部研究报告的形式送选决策层，以求为推进中国现代化，实行供给侧结构性改革和引领经济新常态，提供决策参考意见。

中共十八届三中全会前，我和姚余栋、黄剑辉等上送了《以新供给经济学理论创新促进可持续发展——在改革中加快实现“中国梦”进程的政策建议》（后公开发表于《新供给：经济学理论的中国创新》，中国经济出版社，2013年），基于前期理论创新研究成果，在分析我国与世界主要发达经济体的差距，以及现代化实现过程中可能面临的主要问题的基础上，就推进我国改革开放进程，打造中国经济升级版，提升国际竞争力，加快实现“中国梦”，提出了可概括为“八双五并重”的政策建议，梳理了从供给侧入手，深化重点领域改革的思路并排出了具体的路线图与时间表。

中共十八届四中全会前，我和黄剑辉、苏京春等起草，以华夏新供给经济学研究院和中国新供给经济学50人论坛的名义，上送了《以增加有效供给的“聪明投资”促进稳增长、促改革、优结构、护生态、惠民生的建议》（后来公开发表于《新供给经济学：理论创新与建言》，中国经济出版社，2015年），提出要注重增加有效供给的选择性“聪明投资”，把政府“有所为有所不为”的结构性导向与“让市场充分起作用”的配置机制和多元主体合作制约之下审慎务实、高明聪慧的项目科学决策结合为一体，充分利用我国可用、可观、可贵的选择性投资空间，以“改革创新”为核心理念，以提升经济增长质量和改善生态、民生，实现可持续发展为落脚点，争取使经济“新常态”对接一个尽可能长的“中高速”而“质量升级”的增长平台期，具体包括五大方面的政策建议：

（1）在2015年、“十三五”期间及更长的历史时期，我国应积极考虑适当加大基于质量和效益的结构导向选择性“聪明投资”，作为进入“新常态”、对接一个尽可能长的中高速增长平台期的重要宏观政策方略和理性“供给管理”的有效选项，周密稳妥实施。

（2）通过加大相关领域改革力度攻坚克难，为提升投资质量和效益创造良好的政策环境和支撑条件。

（3）创新国际国内投融资模式，实现“中国全球共赢”“政府市场双到位”“国企民企双进步”。

（4）结合发展战略、产业政策，通盘规划加大高质量、高综合效益的投资力度，用中高端的“新供给”淘汰落后低端的“旧供给”。

（5）财政和金融政策要为“稳增长、促改革、调结构、惠民生、护生态”提供有效支持。

中共十八届五中全会前，我与冯俏彬、黄剑辉、姚余栋、苏京春等讨论撰写，以华夏新供给经济学研究院课题组的名义上送了内部研究报告《改善供给侧环境与机制，激发微观主体活力，创构发展新动力——“十三五”时期创新发展思路与建议》（主要内容公开发表于《新供给：创构新动力》，经济科学出版社，2016年），在强调必须注重宏观调控中理性的供给管理、认识基本国情约束条件、明确未来经济社会发展战略目标与战略分期的前提下，提出了解除供给抑制、放松供给约束、优化供给侧环境与机制、变微观潜力为发展活力而托举经济“升级”式增长的系统化政策建议：

（1）立即调整人口政策，从控制人口数量转向优化实施人力资本战略。

（2）积极审慎推动土地制度改革，逐步建立城乡统一的土地流转制度。

（3）全面实施金融改革，积极解除“金融抑制”有效支持实体经济。

（4）切实以改革为企业经营创业活动“松绑”“减负”，激发微观经济活力。

（5）大力实施教育改革和创新驱动战略，培育高水平人才有效建设创新型国家。

供给侧的以上举措，离不开我国行政、财政、国企、收入分配、价格、投资等多方面的综合配套改革。对此，我们亦有以下建议：

（1）“结合式”深入推进行政审批制度改革、大部制改革和“多规合一”制度建设。

（2）继续深化财税改革，支持政府治理体系与能力现代化。

（3）有序推进国有企业改革，促进国有资产收益和存量的转置。

（4）改善收入分配与再分配相关制度，打造“橄榄型”现代社会结构。

（5）以满足公共服务需求、优化结构和调动潜能为大方向，积极理顺基础资源、能源产品比价关系和价格形成机制，积极实施选择性“有效投资”和PPP机制创新。

4. 专著及进一步的理论模型探究

其后逐步深化研究中的代表作，还应提到我发表于《经济与管理研究》2018年第1期的《供给侧改革及相关基本学理的认识框架》，以及与冯俏彬合作发表于《经济学动态》2017年第7期的《我国供给侧改革的背景、理论模型与实施路径》，以后者为基础形成的英文本，又于2018年6月发表于*International Journal of Economics*，*Finance and Management Sciences*。

《供给侧改革及相关基本学理的认识框架》一文中，在勾画中央明确提出供给侧结构性改革的背景和相关思路与要领之后，试图以经济发展动力体系的完整认知来勾画供给侧改革相关的基础理论模型，强调供给侧对于需求侧的响应机制和它的特征，是划分经济社会发展不同阶段和不同时代最关键的因素，形成了供给侧创新作用原理的图形表达（阶跃量化曲线）（见图2–1）和供给侧视角的人类社会发展概况（见表2–1）。进而强调了“供给侧五大要素组合的优化，要聚焦全要素生产率的认识”。在分析中，我们在“索洛余

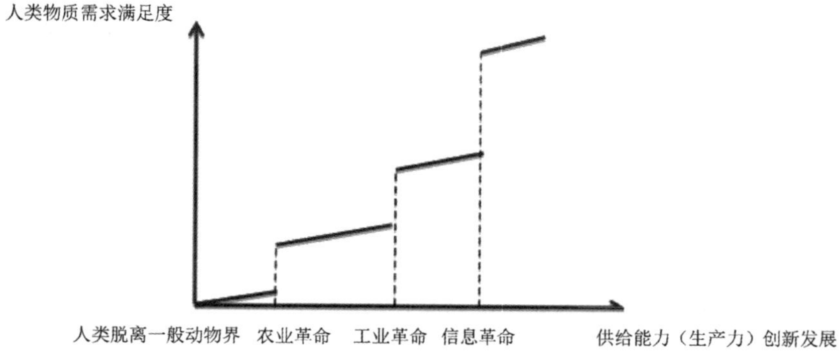

图2-1 供给侧创新作用原理的量化表达（阶跃量化曲线）

值”认识基础上，强调指出“要把制度和科技放在一起，而且实际上在转轨过程中，要把中国的制度变革摆在全要素生产率的关键位置”。

表2-1 供给侧视角的人类社会发展概况

时代特征	供给侧特征与突破（人与物，生产力）	制度特征与进展（人与人，生产关系）
旧石器时代（Paleolithic Age）	以使用打制石器为标志	在洞或巢中混居、群居（生成分工合作的采集、狩猎的组织）
新石器时代（Neolithic Age）	以使用磨制石器为标志（发明了陶器，出现了原始农业、畜牧业和手工业，酝酿产生农业革命）	氏族公社（组织功能扩展至农耕等）农业革命与“剩余产品”出现
青铜器时代（Bronze Age）	以青铜采冶业为标志（犁铧，兵器）	国家出现、奴隶制
铁器时代（Iron Age）	以铁制工具和武器的应用为标志	奴隶制社会加速瓦解，封建社会在欧洲成为主流；亚洲有中国式“东方专制主义社会”

（续表）

时代特征	供给侧特征与突破 （人与物，生产力）	制度特征与进展 （人与人，生产关系）
蒸汽时代 （机器时代，the Age of Machines）	以机器的广泛应用（机械化）为标志（机器代替了手工劳动，工厂代替了手工工厂）	工业革命与资本主义社会（资本主义战胜封建主义；工业化和城市化进程明显加快；资本主义国家社会关系发生重大变化，工业资产阶级和无产阶级成为两大对立阶级；以自由经营、自由竞争、自由贸易为主要内涵的自由主义经济思潮兴起；资本主义国家加快殖民扩张和掠夺；世界市场初步形成；两千年帝制在中国被推翻）
电气时代 （the Age of Electricity）	以电力的广泛应用（电气化）为标志（电力、钢铁、化工、汽车、飞机等工业迅速发展，石油开始成为最重要的能源之一）	社会主义实验，资本主义调整
信息时代 （the Age of Information）	以计算机技术的广泛应用为标志，计算机技术的发展经历了数字处理阶段、微机阶段、网络化阶段、大数据阶段，并正在走向人工智能阶段（半导体、互联网、移动互联、万物互联及依托大数据、云计算的“智能化”“共享经济”……）	社会主义实验中的改革转轨、资本主义调整（“和平与发展”特点）与“全球化+新技术”革命（信息时代下：对内，制度和治理结构不断发生变化；对外，全球化程度和世界格局不断发生变化）、“人类命运共同体”的共赢发展

《我国供给侧改革的背景、理论模型与实施路径》一文中，结合康德拉季耶夫周期理论，在考察中国推进供给侧结构性改革的大纵深时代背景后，给出了从供给侧诸要素及其运动规律表达的供给侧改革理论模型，包括增长函数公式与要素运动公式（见专栏2），进而讨论政府与企业定位与合作的优化问题，并给出图示表达（见图2-2）。最后，引出供给侧结构性改革基本实施路径的认识：①从低效、过剩领域中释放要素：以五大重点任务（“三去一降一补”）为切入点；②破解阻碍要素自由流动的壁垒和障碍：深化重大关键领域的改革；③优化要素配置：大力促进实体经济升级和积极发展新经济。

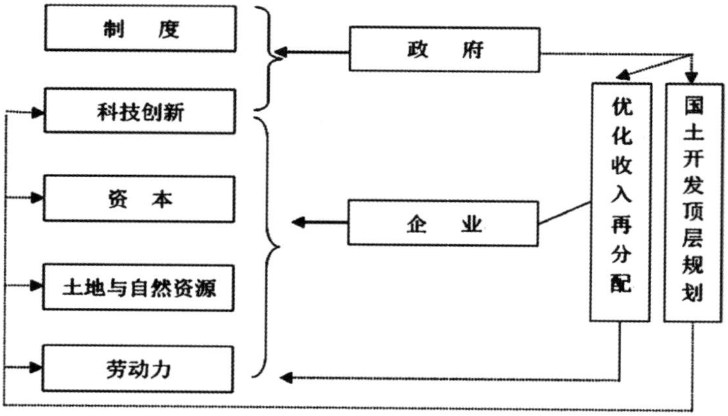

图2-2　要素视角下的供给侧结构性改革中政府与企业的定位

专栏2　供给侧改革理论模型

（一）影响经济长期增长的决定性因素是供给侧的五大要素

基于经济增长理论和新供给经济学等方面的已有成果，我们在肯定需求的原生动力意义、又明确供给对需求的响应机制是生产力水平阶跃式发展的关键性动力贡献基础之上，从供给侧把经济增长的要素抽象为劳动力、土地与自然资源、资本、科技创新、制度（含管理）这五大要素。笼统而言，这五大要素都不可缺少，对经济增长都有贡献，但在经济发展的不同阶段，它们的相对贡献有所不同，且不同要素相互之间的组合情况在极大程度上影响乃至决定经济增长态势及其综合效益。所以，适应经济增长的阶段转换、在五大要素的结合方面“推陈出新”、顺应规律创新发展就十分必要。

五大要素形成经济增长的一组函数，其理论模型可表示如公式：

G=f（L, R, C, T; I）

其中，G代表经济增长，L代表劳动力，R代表土地与自然资源，C代表资本，T代表科技创新，I代表制度（含管理）（冯俏彬，2016；贾康，2016）。经济学意义上的要素，是指所有经济主体在从事生产经营活动时，都会涉及的主要投入。但在不同发展阶段和不同时期，各要素的作用力度和影响效应各有不同。一般而言，在经济增长的早期，劳动力、土地与自然资源及资本是最明显、最主要的要素。在经济体进入中等收入阶段后，科技创新、制度这两大要素一般会表现出巨大的潜力以及对冲前三项因素支撑力滑坡的重要价值，甚至成为全要素生产率（TFP）的主要贡献因素（贾康，2015；彭鹏、贾康，2016）。

以上五大要素还可以做两个层次的划分：一是流动性、竞争性较强的要素，主要包括劳动力、土地与自然资源（使用权、开发权层面）、资本、科技创新。二是非流动、非竞争性要素，主要是指制度。制度安排以及由此生成的制度环境虽然也始终处于变迁之中，但总体而言属于慢变量，属于由生产力发展决定的生产关系范畴，要经由诱致、压力等综合作用而不断发生演变、进化，最后才形成特定历史条件下正式或非正式的制度供给体系。简言之，制度供给是对经济社会生活中已经存在的制度需求做出的相对滞后、相对稳定但又具有显著能动性作用的响应（贾康、冯俏彬，2004），其所提供的有利于或不利于竞争性要素充分流动、顺畅重组的环境与条件，也就总合而成为有利于或不利于解放生产力的生产关系、社会形态。

（二）要素始终处于循环往复、相互继起的运动过程之中

从“经济人假设”出发，人类的经济活动过程就是为满足人的利益而发生的供给与需求互动的无限循环过程，即社会再生产过程。在供给侧，劳动力、土地与自然资源、资本、科技创新等诸种竞争性的要素始终处于不停息的运动过程之中，它们运动的方向是以效率最大化为目标，在一系列的竞争中最终落实于“用户体验”最大化所形成的市场占有率与回报水平。简言之，效率与收益是引导要素流动的直接驱动力，而用户体验的提升是收益驱动带来的社会检验机制与运行客观结果，也是最根本的支持力量。进一步说，促成要素流动的基本机制是竞争中社会平均利润率的形成过程，即凡是回报低于社会平均利润率的行业或部门，要素将会流出，且回报率越低，要素流出的驱动力越大；凡是回报等于社会平均利润率的行业或部门，要素会处于相对稳定状态；而凡是回报大于社会平均利润率的行业或部门，要素将会流入，且流入的数量与速度，与该行业的实际利润率高出平均利润率的程度成正比。就一个行业而言，随着要素的流出或流入，其收益将逐渐向社会平均利润

率收敛，直到等于社会平均利润率，此时要素运动便在此行业归于相对稳定状态。表示如公式：

$$K_i = \Delta P V_i^{\Delta P} t_i^{\frac{1}{\Delta P}}$$

其中，K_i为第i行业资源流入量；P_i为第i行业的利润率；Pa为社会平均利润率；$\Delta P = P_i - P_a$，V_i为第i行业单位时间资源流入量；t_i为第i行业资源流入时间。

从动态的角度看：当$\Delta P_1 > \Delta P_2$时，$V_i^{\Delta P_1} t_i^{\frac{1}{\Delta P_1}} > V_i^{\Delta P_2} t_i^{\frac{1}{\Delta P_2}}$，要素加快流入；当$\Delta P_1 < \Delta P_2$时，$V_i^{\Delta P_1} t_i^{\frac{1}{\Delta P_1}} > V_i^{\Delta P_2} t_i^{\frac{1}{\Delta P_2}}$，要素流出；当令$P_i = P_a$时，$K_i=0$，要素处于均衡状态，既不流出，也不流入。

二 广义、狭义价值规律

1. 对价值范畴的广义理解

广义价值规律与狭义价值规律的区分，早在20世纪50年代已由孙冶方同志提出，这是了解孙冶方同志价值论的一个重要关节点。但由于各种原因，这一命题在孙冶方同志那里没有得到充分的展开。我认为，这一命题本身是具有极大的理论探讨意义的。在潜心研究的基础上，我于1984年在《经济研究》杂志第6期上发表了《论广义、狭义价值规律》一文，以价值和交换价值的严格区分和关于生产分工条件下价值实现的考察，论证广义、狭义价值范畴的区别，明确提出：应该把社会必要劳动时间形成的价值，理解为广义的价值范畴，它不是与商品经济同生共灭的；与商品经济一起消失的，仅仅是这一范畴在商品经济中的具体形式。建立这一广义理解的支点，是价值与交换价值的严格区分；另一条依据是，关于价值实现的考察。论文中在对这些作出展开分析后，引出了关于广义、狭义价值规律较完整的学理阐释。

2. 广义、狭义价值规律的概念阐述

我分析得出的认识结论是：按广义理解的价值范畴具备了其形成和实现的全部要素，具备了运动过程质的规定性，我们可以把它的运动规律称为广义价值规律，相应地，商品经济社会中价值以交换价值面目出现时的运动规律，可以称为狭义价值规律。二者构成了有密切关联的一对范畴：前者在更抽象的形式上包容了后者；后者不等于前者，但却是由前者派生的，是前者作为一般社会生产的内在规律于特定的商品生产阶段的表现形式，或具体作用形式。

广义价值规律，即产品价值由两种意义统一的社会必要劳动时间来决定的规律，亦即时间的经济和按比例分配劳动时间的规律，它是人类社会生产的一般内在规律，是一种“程度极高的规律”，具有极为丰富的内容。它揭示的是社会生产中最本质的内部联系，有其他一系列规律在它之上展开或由它派生。称为广义价值规律，可以更为凝练、更为准确、更具条理化形式地反映节约时间规律与按比例规律的不可分割的联系，说明作为二者本原的是同一规律，并反映这一规律与通常所说的市场价值规律的有机联系，从而有助于我们对作用于社会主义经济生活的一系列经济规律和一系列

重大经济现象的分析和认识，并澄清一些理论上的模糊点。

狭义价值规律，是广义价值规律在商品经济条件下派生的规律，带有自身的独特规定性，为商品经济所特有。它也就是大多数人通常所称的“价值规律”。这一规律的具体内容，并不因广义价值规律的提出而改变。我的归纳是：广义价值规律和狭义价值规律，分别是一般社会生产和商品生产的基本矛盾运动的规律。

三 财政学基础理论

1. 财政本质研究的集大成认识：“社会集中分配论”

“社会集中分配论”是我在20世纪90年代首先提出的，并力图在理论研讨和财政改革发展的实践中不断加以完善的财政学基础理论认识。最早是于1998年发表的《从“国家分配论”到“社会集中分配论”》集中阐释了这一理论框架。文中总结梳理了“国家分配论”以及其余各种较有影响力的理论流派如“共同需要论”“社会再生产前提论”“剩余价值分配论”的主要观点，并在此基础上创造性地提出了“社会集中分配论”的基本主张和逻辑体系。在此后的研究中，我又考察分析了“社会集中分配论”揭示的财政本质在新的经济社会条件下的外化形式，提出了包括公共财政概念、内涵、基本特征和基本框架在内的公共财政模式，以及人们一度热衷于讨论的“民生财政”概念，从而不断丰富“社会集中分配论”的理论体系。

“社会集中分配论”体系的构建采取基于历史唯物主义

原理的研究方法，从社会集中分配最基本的事实出发，以求探究财政本质问题。我强调：唯物史观，在我们作深入探讨以求正确认识财政本质的时候，应当成为理论的基础，逻辑体系的开端，解剖问题的指南。

“社会集中分配论”采取从历史到现实、从现象到本质、再从本质到其外化和实践形式的逻辑思路。以人类的需要为研究的逻辑起点，认为人的需要及使其得到满足的供给响应，是理解人的活动和人类社会历史的关键范畴。在人类社会之初，人的需要大致可以分为个人需要、群体需要和社会共同需要，并且更多地表现为三者之间的统一性。为了满足这种社会共同需要，在经济前提（剩余产品出现）和政治前提（社会权力中心形成）具备的条件下，就有了原始财政。随着三种需要的逐渐分离和生产力的不断发展，原始财政也就逐步进入奴隶制国家财政、封建制国家财政、资本主义国家财政和社会主义国家财政等不同的形态。在对诸种表现形式各异的财政现象进行抽象和概括的基础上，“社会集中分配论”提出了理论的核心内容——财政的本质。

社会集中分配的最基本范畴——财政范畴，有广义、狭义之分。广义财政在现象形态上指的是人类社会发展各阶段以社会性的权力中心为主体的理财活动，包括国家出现之前的原始财政、国家出现之后的国家财政，以及将来国家消亡之后公共权力中心的财政；狭义财政在现象形态上可以特指人类社会某个具体发展阶段上的以社会权力中心为主体的理财活动——由于我们现在处于国家作为社会权力中心的社会，所以今天通常所说的财政，即为国家财政（或国家各级政府的财政）。财政的本质，是在种种纷纭繁复的现象形态后面掩盖着的某种带有集中性特征的分配关系，是一个客观经济范畴。这种带有集中性的分配关系，是生产资料所有制起决定性作用的广义社会生产关系的一个组成部分，即生产、分配、交换、消费四个环节构成的广义生产关系链条中分配环节的一个组成部分，它内在于社会再生产之中。当生产力发展到一定水平后，由集中性的分配来配置社会总产品中剩余产品的或大或小的一部分，成为总体社会再生产及人类社会生活的客观必要，于是这种集中性的分配关系便产生、形成了。

财政的本质，是由当时的社会生产力和社会主导的生产关系所决定的一种带有集中性特征，以社会总产品（主要是其中的剩余产品）为对象的分配关系，是该时代的广义生产关系的一个组成部分。国家财政的本质，是上述“财政”一般的本质在阶级社会中的特性化、具体化，即集中性分配的主体由统治阶级主导的国家充当——换言之，国家财政的本质，是由各类阶级社会生产方式中居主导地位的生产关系所决定的，以国家政权为主体并在主体总揽全局的情况下，主要以社会总产品中社会剩余产品为对象的分配关系。由生产力和占统治地位的生产关系所决定，以社会权力中心为主体的分配关系，是所有财政现象的深层本质。本源的财政分配关系决定着派生的财政分配手段。人们在日常生活中所说的“财政”，往往是一种笼统的泛称，既可指本源层次的财政分配关系，也可指派生层次的财政政策、制度、工作、部门、收支等，需在不同场合、不同上下文关系中具体明确其何所指。我在我的代表作之一《财政本质与财政调控》（经济科学出版社，1998年）中指出，理论分析上必须把“财政”区分为财政分配关系（生产关系总和的一部分）与财政分配手段（政策、体制、工具等），前者属于财政基础，后者则属于上层建筑。作为现象的财政收支、管理，要运用政策、制度等，既是财政本质的外化，也是财政职能作用得以发挥的过程，即社会权力中心为实现其职能，在总揽全局的情况下，运用财政分配手段对社会总产品、国民收入的一部分（主要为剩余产品的一部分）实行分配，从而能动地影响、调控经济与社会的过程。在国家财政分配主体的意愿上，调控是为了巩固、维护其政治统治及其经济基础，但实际的调控则可能如愿，亦可能相反，关键在于主体是否能顺应生产力、生产关系、分配关系的客观规律要求。这一财政本质论，既坚持了“国家分配论”的基本内核——把对财政本质的认识最终落在分配关系上，又吸收了其他流派的合理内容，使“国家分配论”纳入一个更为宏大的认识框架，在新的历史条件下得到进一步的发展与超越。

“社会集中分配论”构建起一个具有丰富内涵的理论框架，在突破既有“国家分配论”不足的同时，又吸纳其他理论流派的合理、科学内容，意欲形成集大成的和充分扩展的认识框架。

2．政府职能及两个层次上的财政分配平衡原理：“量入为出”和“量出制入”的关系

我在财政基础理论研究领域，在基于政府职能考察了财政分配的顺序、范围及实现方式之后，分析考察财政分配运作中的平衡原理，明确地得出认识：“量出制入”与“量入

为出”是两个层次上的平衡原理。

我在《财政研究》1998年第7期发表的论文《财政职能及平衡原理的再认识》中，首先对政府与财政的基本职能与职能范围作出概括（见图2-3和图2-4），进而，我作出如下论述：财政职能的发挥，要凭借其收支运作，即通过财力收支及管理规范，体现政策，产生各种直接或间接的影响与调控作用，达到职能设定的目标。因而，把握收支总体规模的相互关系，便成为理财的第一要义，这种关系在经济哲学上可以归结为一种平衡关系。

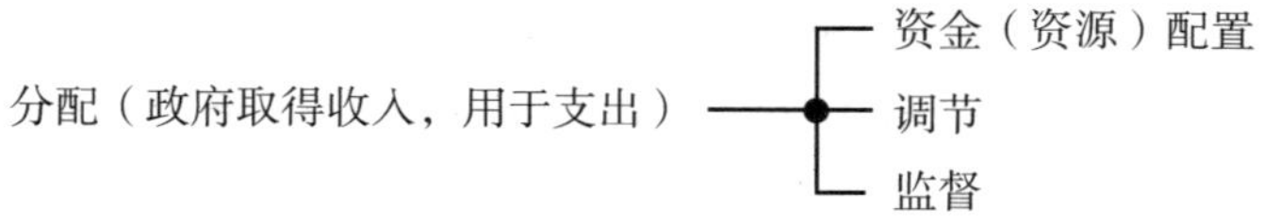

图2-3　财政最大项的基本职能

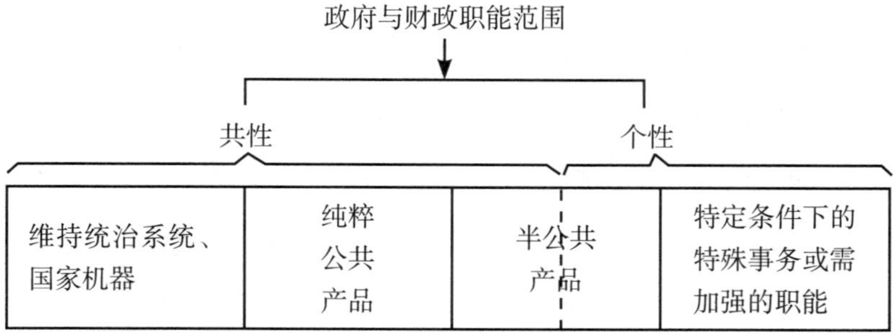

图2-4　政府职能及财政职能共性与个性的关系

关于收支双方的这种平衡关系，可以从两个角度上讨论：其一是为人们熟知的“量入为出”，即“有多少钱，办多少事”，由收入框定支出的上限。这个“以收定支”的道理与生活常识相吻合，容易理解。其二是“量出制入”，即“要办多少事，去筹多少钱”，从逻辑上说，如果以常规方式筹不足钱，事又非办不可，就要考虑以非常规方式（举债等）取得资金补足入不敷出部分，所以仍然归结为一种平衡关系。这个“以支定收”的道理往往不太适合微观单位（尤其是家庭的情况），但对于国家政权的理财来说，却自有其深刻之处。

我们知道，国家财政作为以国家政权为主体的分配，其运作是基于政府职能的，或曰，是为政府实现其职能服务的。因此，从根本上说，在承认客观分配关系的内在决定作用之后，关于财政运作的状态及其运作状态平衡的原理，便要以政府职能为出发点来阐释和理清。只要是政府合理职能范围内必做的事，便具有处于第一优先位置的意义，财力的筹措和使用从逻辑上说，要服从于这个第一位的任务。当然，现实中政府合理职能的具体范围往往是有争议的、难以精确量化的，但至少可以从下限来把握，所以不妨碍这里的分析。而且，国家政权是具有强制性分配手段的机关，在为实现其职能目标筹集财力时，具有在一定弹性区间或限度内设计、增加这类手段的余地（这一点是与微观单位的重要区别）。所谓“量出制入”，就是先考虑政府该做什么事情，做好这些事情大致财力支出需多大规模，然后再考虑按这种政府职能和财力支出的数量界限来组织自己的收入。如果没有量出制入，政府职能的实现是没有保证的，在相应财力规模的把握上也是没有基本的参照系的；而只要把政府职能明确定位，在分配主体总揽全局、面对社会总产品（可以用

100%的 GDP代表）“切蛋糕”时，就自然要引出“量出制入”这样的思路。

“量出制入”的思想古已有之。我国西汉著名的理财家桑弘羊为支持当时行政运转、巩固边防、治理江河等方面的支出需要，行汉初“量吏禄，度官用，以赋于民”方略，并较为成功地运用了盐铁专卖、平准等措施，其理财思路就带有“量出制入”的鲜明特征。唐朝中叶，杨炎正式提出了“凡百役之费，一钱之敛，先度其数而赋于人，量出以制入”的表述。列宁在1922年提出，“我们的财政机关必须用全部力量在最短时间做到靠税收来保证工农国家的一切国家机关为进行应办的事业所必需的资金”，可以说十分明确地表示了量出制入的思想。毛泽东在延安时期提出“发展经济，保障供给”的财政工作总方针，其前一句话的侧重点在培植财源，后一句话则包含了在“负担虽重而民不伤”的前提下量出制入的意思。1953年9月12日，毛泽东在中央人民政府委员会第二十四次会议的讲话中重提1941年陕甘宁边区征收二十万石公粮的事例，强调大道理要管小道理，这也正是“量出制入”思想的体现。

综上所述，可知从逻辑源头上说，政府理财在收支规模方面的始发原则应当是“量出制入”，换言之，是在明确政府合理职能和必要支出任务的前提下，设计筹措财力的通盘框架，以此规制财政收入规模。这应看作财政分配第一个层次的平衡原理。

但是，在逻辑源头上肯定“量出制入”，绝不意味着要全然排斥和否定“量入为出”原则。这两者不是同一层次的问题。量入为出属于另一个层次上的平衡原理，即在以量出制入原则设计、规制总收支规模之后，在财政常规运转、政府安排落实具体项目的层次上，特别是在财政个性职能的范围内，应当注重量力而行，以收定支，有多少钱办多少事，维护收支平衡（这里也不能绝对化地理解为每一年度或时期都做到收支平衡）。

从财政运作总体的动态过程看，可以说“量出制入”和“量入为出”是对立统一、相辅相成的。应当首先“量出制入”，然后“量入为出”。这一对于两个层次上有先有后的平衡原理，共同构成了政府财力分配的逻辑链条和平衡系统，各自的合理性都是有条件的、非绝对的、在特定前提下会转化的。

我的这一研究成果，澄清了被议论多年的财政收支平衡关系的基本学理。

在复旦大学校友会专题论坛上作演讲

3. 财政分配“三元悖论”

我和苏京春博士合作的《财政分配“三元悖论”制约及

其缓解路径分析》发表于《财政研究》2012年第10期，首次提出财政分配的“三元悖论”分析框架：减少税收、增加公共福利支出和控制政府债务及赤字水平三大目标至多只能同时实现两项。对这种制约关系处理不当，在中等收入阶段已具有拉美“中等收入陷阱”的前车之鉴，这种关系在我国现阶段政府调控管理中，也带来了明显的棘手难题。正视“三元悖论”制约，是调控当局的必然命题；缓解“三元悖论”制约，有必要特别重视与“少花钱、多办事”“用好钱、办实事”“少借钱、多办事”“扩财源、优事权”紧密相联的四方面机制创新和综合配套改革。

（1）三目标关系的一般考察。

比照蒙代尔–克鲁格曼的“不可能三角”与“三元悖论”形式，考察财政分配的内在制约，可以于常规限定条件下得出财政分配的“三元悖论”，即在财政经常性支出的管理水平、政府的行政成本水平和政府举债资金融资乘数既定情况下，财政分配中减少税收、增加公共福利支出和控制政府债务及赤字水平三大目标，至多只能同时实现其中两项，而不可能全部实现。

图2–5直观地表明前述限定条件下，财政分配的“不可能三角”：任一特定时期，人们在减少税收、增加公共福利支出和控制政府债务及赤字水平这三个通常看来都“很有道理”的目标之中，其实只能进行三种选择。第一，若在财政分配中“减少税收”和“控制政府债务及赤字水平”，那么必须以减少（而不可能是增加）公共福利支出为前提。第二，若在财政分配中“减少税收”和“增加公共福利支

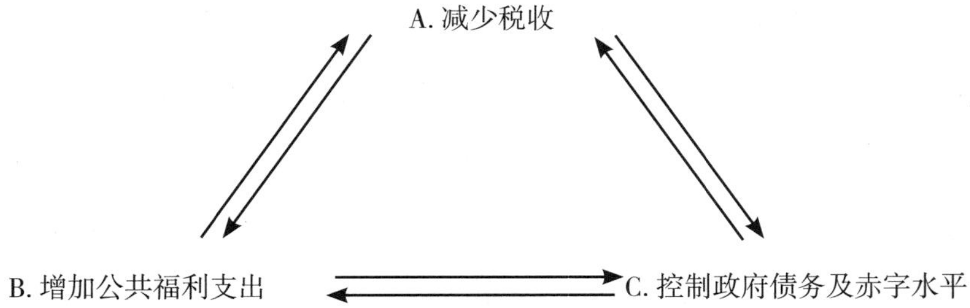

图2-5　限定条件下财政分配的“不可能三角”

出”，那么必须通过提升（而不可能是控制）政府债务及赤字水平来实现。第三，若在财政分配中“控制政府债务及赤字水平”和“增加公共福利支出”，那么必须通过增加（而不可能是减少）以税收代表的政府非债收入来实现。由此可得到图2-6：财政分配“三元悖论”，三角形每一顶角上所标目标的实现，要求相连两条侧腰线上标出的事项配合，必然违反另外两个顶角上各自标出的目标中的至少一项。

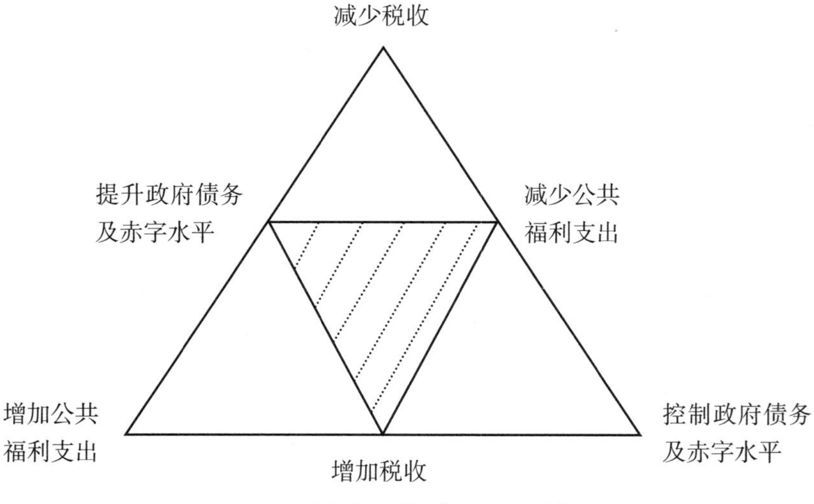

图2-6　财政分配的“三元悖论”

以上分析可归结出一个基本认识：虽然公共福利的增进是经济社会发展的出发点与归宿，但在某一经济体发展的任一特定阶段、具体条件下，公共福利的水平（可以用公共福利支出规模为代表）却并非越高越好，高过了一定点，对于经济发展的支撑作用会迅速降低，甚至导致经济增长过程不可持续。公共福利支出水平带来的福利增进对于经济可持续发展的正面支撑效应及其转变，在直角坐标系上可简明表示为图2–7：

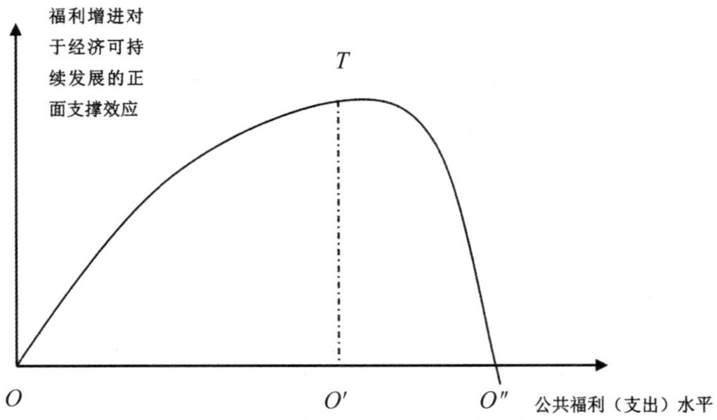

图2–7　福利增进效应转变曲线

图中横轴表示公共福利水平（以公共福利支出水平为代表），纵轴表示福利增进对于经济可持续发展的正面支撑效应（亦可按一定数值单位量化）。在原点O，假设无公共福利，其正面效应当然无从谈起，而一旦有一定的公共福利，便会随其水平上升迅速表现为对经济成长的正面支撑效应的上升（现实生活中常被称为人民群众的积极性基于物质利益原则的激发与调动等措施而促成经济活力的上升），一直可上升到对应于横轴上O'的曲线上T这一最高点（最佳值）。但若还一味继续增进福利，其正面效应的下滑（现实生活中表现为经济体成长活力的迅速滑落）将迅速导致O''点上，正面效应丧失殆尽而进入负值区间（可与拉美式“中等收入陷阱”案例比照），而O'到O''的距离是相当短的。也就是说，公共福利水平一旦超出最佳值，对一国经济可持续发展的正面支撑作用就会很快转变为迅速下滑后的负面效应，所以从调控当局而言，必须精心、审慎地把状态控制在接近或达到峰值但不超过临界点的区间内。

这一“福利增进效应转变曲线”与我于20世纪90年代提出的国债规模正面效应变化曲线十分相似，两者的内在逻辑完全一致（本书下文有专述），可认为是同一演变过程中的不同角度表述。

（2）限定条件与权变逻辑。

对财政分配的“不可能三角”与“三元悖论”的相关分析论述建立在若干限定条件基础上，这些限定条件具体包括：第一，财政经常性支出管理水平既定。第二，政府行政成本既定。第三，政府举债资金融资乘数既定。这些限定条件都是短期难以再现较大改观的“慢变量”，但又是可以变化的。它们的变化，对于财政分配“三元悖论”中的各项目标均会产生影响（财政分配“三元悖论”的数字公式推导及解析本书从略）。

（3）缓解财政分配“三元悖论”制约的可能途径。

财政分配的“三元悖论”制约具有广泛存在的共性，并在我国中等收入阶段的经济社会发展进程中，与矛盾凸显过程相伴随而愈显其不容忽视。为长远计，欲尽可能以较平稳、社会代价较小的方式和过程实现造福于中国人民和全人类的中华民族“三步走”现代化战略目标，决策上在进入中等收入阶段之后需特别注重避免民粹主义基础上的福利赶超倾向，避免因增加公共福利支出而造成税收减少与政府债务及赤字水平过高的状态，规避经济社会发展的“中等收入陷阱”。现阶段，我国应当在全面、协调、可持续的科学发展观指导下，精心、审慎、合理地权衡把握财政政策目标组合，沿合理逻辑路径处理财政分配服务于可持续发展的一系列棘手问题，既正视财政分配“三元悖论”的限定条件制约，又积极、能动地通过提高财政支出管理水平、有效降低政府行政成本、扩大政府举债资金融资乘数、实质性转变政府职能类型和优化社会管理，以改革和创新中的活力与潜力释放缓解“三元悖论”制约关系，坚定而有序地走向现代化国家。

关于具体的可选择途径，我提出了四个方面的机制创新：

①切实提高财政支出管理水平：“少花钱，多办事”；

②有效降低政府行政成本：“用好钱，办实事”；

③扩大政府举债资金融资乘数效应：“少借钱，多办事”；

④实质性优化转变政府职能：“扩财源，优事权”。

4.“权益-伦理型公共产品（公共物品）”

消费上的非竞争性和非排他性是经典公共产品理论的基

石，有关政府与市场职能划分的依据、公共产品提供方式的合理化等认识，皆由此而来。但是，萨缪尔森等人的经典定义，却不能令人信服地解释基础教育、医疗服务、廉租房等这类具有竞争性和排他性的产品为何被认定为公共产品。对此，我与冯俏彬教授合作提出了“扩展的公共产品定义”，并进行了相应的理论阐释，研究成果《权益-伦理型公共产品：关于扩展的公共产品定义及其阐释》发表在《经济学动态》2010年第7期，旨在从理论上对经典公共产品定义进行改进和补充。

（1）权益-伦理型公共产品和扩展的公共产品理论框架。

在扩展的公共产品定义下，政府既可以提供公共产品，也可以提供直观形式上的私人产品，前提是只要公共选择程序决定这么做。教育、医疗、住房，固然可以排他，也可以有竞争性，是可以由市场提供的私人产品。但是，当社会发展到一定程度以后，每一个公民能得到基本的教育、生病的时候能得到救治、有基本的住房保障、有一份工作、年老的时候能得到基本生活品等被视为人之所以为人的“基本权利”，被视为一个文明社会理应具备的仁慈与人道关怀。这种价值观在得到广泛的共识后，经过公共选择的程序，转化为现实的社会政策。于是，这些以前的私人产品，顺理成章地进入了政府提供的公共产品的清单。不可否认，由政府提供基础教育、医疗服务、住房等在满足当代社会对于公民权利的诉求，在贯彻“公平”“平等”等基本价值观的同时，的确还给全社会带来了实实在在的利益，即大多数文献中所声称的效用不可分割的“正外部性”或公益性带来的社会和谐。由此，我们将这类新的公共产品称为“权益-伦理型公共产品”。在扩展的公共产品定义基础上，公共产品的范围如图2-8所示：

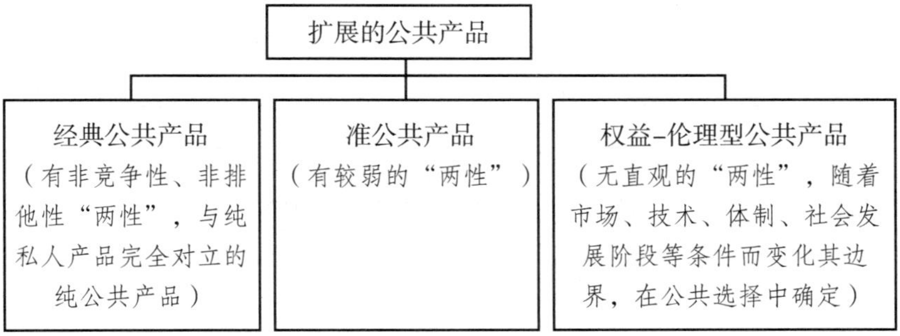

图2-8　扩展的公共产品结构

（2）概念。

权益-伦理型公共产品的基本特点是“有私人产品特征的公共产品”，这也是相对于经典公共产品而言，权益-伦理型公共产品具有的双重性。也就是说，基于政治伦理，它应当由全体社会成员平等消费，因此只能按照政治原则分配。但是，基于产品属性，则既能排他也有竞争性，且某种这类产品在一定时间的消费总量X等于i（i=1，2，3……n）个消费者消费量之和，用公式表示为$X=\sum_{x=i}^{n} X_i$，因此消费它们的效用可分割、受益主体可识别且受益程度可计量，具备了收费的全部条件。由此，在其生产中可以引入经济原则，并打开通向公共部门与私人部门合作（Public-Private Partnership，简称PPP）的大门（见图2-9）。

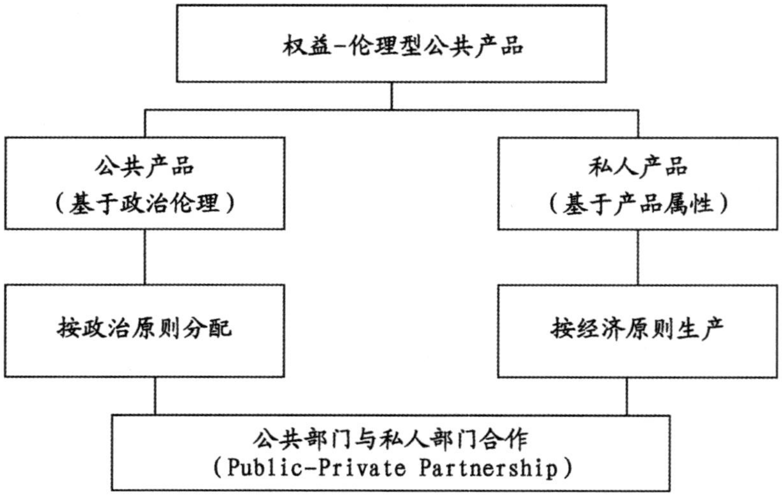

图2-9　权益-伦理型公共产品的基本特点

（3）供给机制与功能表现。

①按政治原则进行分配，但特别重视那些缺乏权利的人群。大凡公共产品，都应是可由全体国民平等享受的。权益-伦理型公共产品基于“每个人都应平等地享有某种权利”的价值观念而产生，因此，理论上讲，政府应当向全体国民平等地提供。但现实中权利的普及对象是那些权利不足的“弱势”群体。注意到这样一个事实，有助于精准锁定权益-伦理型公共产品在某一特定时期的重点供给对象，即那些由于自身不能控制的原因，无力支付学费、医药费、生活费等的低收入者。

②具备由私人部门生产的条件，因此生产中可全面引入“经济”“效率”原则和“使用者付费”“公私伙伴关系”模式。权益-伦理型公共产品的提供，主要体现为政府收入再分配的功能。突出强调权益-伦理型公共产品由私人生产的

种种优点，并不意味着否认和降低政府在其提供中的重大作用。如前，在公共产品的生产和消费之间，横亘着政府这一中介体。除了在消费环节要按政治原则进行分配这一点必须要由政府执行和保证以外，政府还必须在筹资、付费、管理等“中间环节”上发挥不可替代的作用。

（4）边界确定和相关决策制度问题。

当代，权益型公共产品的主要内容是教育、医疗、住房、就业、个人服务以及对低收入人群的救济等。在经典理论中，公共产品的边界漂移与动态调整已是可观察的普遍事实。对此，最一般性的解释是排他性技术的进步与成本的下降导致了某些产品从“公域”到“私域”的移动。另外，市场经济体制的发展和经济社会发展阶段的不同等因素，也造成公共产品的边界漂移。就权益–伦理型公共产品而言，确定边界的标准不仅是纯粹的技术条件与冰冷的经济因素，而且要包含有复杂政治互动因素的社会政策，其中起决定性作用的影响因素是大多数人持有的某种“政治伦理”或“价值观”。进一步来说，最重要的不是政府应当提供什么样的权益–伦理型公共产品，而是要在制度层面建立其动态调整、定期重划的公共选择机制。

（5）加入权益–伦理型公共产品后的社会产品“光谱”。

扩展的公共产品定义及其相关阐释，使我们可以粗线条地勾画一张社会产品从公共产品到私人产品基本分布状态的“光谱”示意图（见图2–10）。在最左侧的纯粹公共产品和最右侧的纯粹私人产品之间，分布着边界可漂移的、为数众多的准公共产品和权益-伦理型公共产品，这个领域的社会产品特征，是不严格满足“非排他性”和“非竞争性”两个性质，以及微观上不满足、宏观上却有一定程度的满足，这既有别于左侧的“完全满足‘两性’”，也有别于右侧的“完全不满足‘两性’”。但无论是纯粹公共产品，还是准公共产品和权益-伦理型公共产品，都具有不可分割的“正外部性”效用，区别于私人产品的“无明显的正外部性”，但程度可以明显不同。

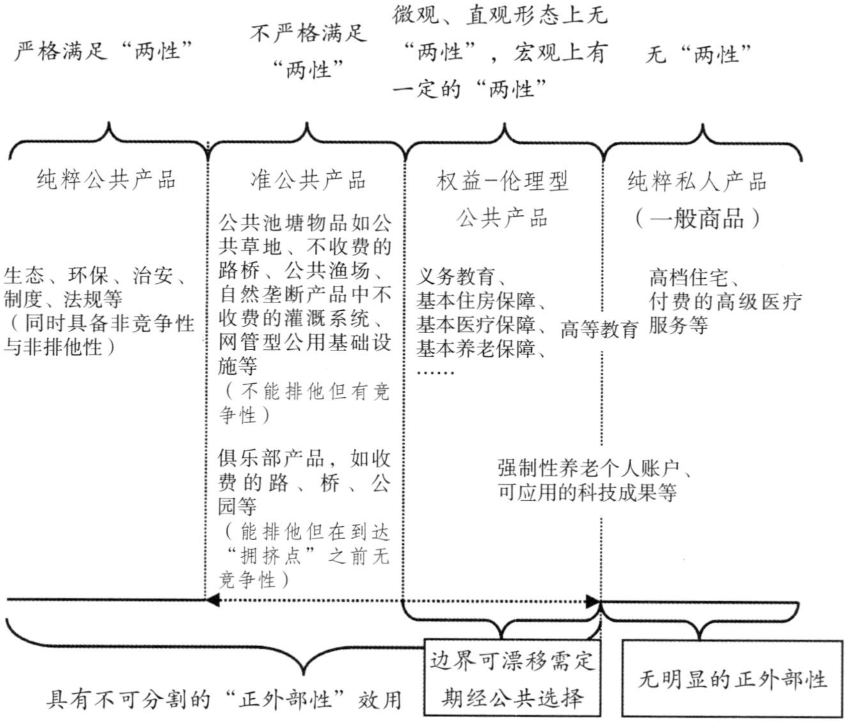

图2-10 公共产品到私人产品基本分布状态“光谱”

综上所述，在可形成关于扩展的公共产品定义下，公共产品三个组成部分的基本认识：①确定无疑具备消费的非排他性与非竞争性的纯粹公共产品；②部分满足上述“两性”的准公共产品；③微观、直观形态上不具“两性”而宏观、综合形态上则具有一定“两性”的权益–伦理型公共产品。进一步地，应明确地加以强调：公共产品内部各分类之间及其与私人产品之间的分界是可以随发展阶段、技术、市场、体制等相关因素和条件的不同而漂移的；权益–伦理型公共品的具体范围，尤其需要每隔一段时间经公共选择程序重新进行界定。

这一研究成果，已译为英文发布于SSRG *International Journal of Economics and Management Studies*的2019年5月号。

5. 公债规模效应曲线

公债（含国债与地方债）是政府筹集资金缓解财政压力和实施宏观经济调控与现代金融管理的重要手段。但是，关于国债规模以多大为好，是否存在一个具有客观性质的合理界限，一直存在争议。有一种源于凯恩斯主义“国债非债”说的观点认为，既然“国债不是债”，可以不断借新还旧，因此可以不必考虑与顾忌其规模适度与否的问题。对此，我在关于国债适度规模的理论研究中，提出了公债（可以是国债、地方债总合而成）的规模效应曲线。

相关理论分析框架如下：

从理论上说，国债的适度规模，或者最佳规模，是指国债规模处于这样一种数量状态下，该状态使国债的积极影响达到最大化，或更准确地说，使国债积极影响抵消其消极影响之后的净积极影响达到最大化。换言之，能使得国债的净正面效应达到最大化的国债规模，即为国债的适度规模。这一基本关系可用直角坐标系表示如图2-11：

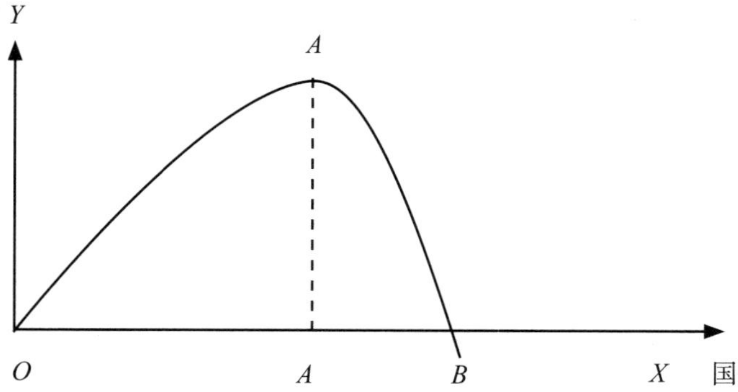

图2-11　国债适度规模曲线

图中，X轴表示国债的规模，Y轴表示国债的净正面效应。在原点O上，没有国债发行，也就不存在国债的外在影响或效应。随着国债的发行及其规模的扩大，其净正面效应首先表现为一条Y轴对应值的上升曲线。在曲线达到拐点A以前，国债的净正面效应随着国债规模的扩大而增长，到达A点时，国债的净正面效应最大化，在其后，随着国债规模的继续扩大，其净正面效应反而下降。与拐点对应的国债规模为X轴上的A点，这一点即为理论上的最佳国债规模，或适度国债规模区间的中点。国债规模超过A点后，每增加一单位国债，其负面效应就会明显增加，从而使国债的总体正效应呈一条下滑曲线，如果超出过多（经过B点后净正面效应为负），甚至将造成危机性的后果。许多经验性材料告诉我们，越过A点之后国债正面效应的下滑曲线是相当陡峭的，很快便是落入“债务陷阱”的阶段。

很显然，国债的适度规模是国债净正面效应最大化时的国债规模，而不是国债的最大可能规模。潜在的国债最大规模可以认为是国家信用崩溃的临界点对应的国债规模。在非经济强制的条件下，国债规模甚至可以达到“竭天下之财而举一家”的地步。因此，在正常情况下，值得讨论的问题是国债规模究竟以多大为宜，而决不是国债规模的单纯最大化问题。迄今为止，各国国债运作的实践，也反复证明了这一点。

国债的适度规模客观存在，但在具体实践中，却往往很难把握其具体数量界限。然而，把国债规模控制在适度的区间之内，并使其尽可能地趋近于最佳点，是国债管理的重要目标之一。这一公债正面效应曲线的提出及其刻画阐释，是从国债规模角度切入，进而要求对规模与效应的影响因素进行必要的、扩展的分析探讨，以求科学认识国债发行的需要和可能，进而寻求较为适宜的国债规模和争取国债综合绩效的最大化。这方面的认识，首先发表于《财政研究》1996年第10期，其后又由我和赵全厚合作的《国债适度规模与我国国债的现实规模》发表于《经济研究》2000年第10期，进一步扩大了其影响。

叁

重大现实问题的创新型理论研究成果

一 中国财政“分税制”改革研究

1. 认定分税制改革大方向并一以贯之努力深化研究

财政体制是经济体制的重要组成部分与关键内容之一，财政体制改革在中国旨在实现现代化的经济社会转轨中，成为几轮改革的突破口和先行军。在20世纪80年代改革开放之初以财政体制实行“分灶吃饭”为突破口的分权改革之后不久，这种“行政性分权”财政体制的局限性便逐渐显现，如何确立中国财政体制改革的大方向，使之能够匹配市场取向改革和“三步走”现代化事业的全局要求，成为重大的现实问题。我于20世纪80年代中期较早地明确提出，建立以分税制为基础的分级财政是中国财政体制改革的大方向，并对此种“经济性分权”的体制作出理论上的深入分析和理论密切联系实际的改革基本思路与要领的研讨，形成了系统化、条理化的认识与对策主张。相关研究成果于1986—1988年在《中国经济体制改革》《财政》《财政研究资料》等刊物发表后，我又多年持之以恒地进行深入研究，结合美国等经济体国际经验的启示，对中国财政改革相关问题不断形成和发表有分量的论文和文章，推动相关理论研讨，力求对国家管理部门的改革思路决策和方案设计产生建设性的参考与影响作用。在1994年分税制改革实施前后，我把自己的研究成果融汇在中央电视台的改革系列讲座节目中，形成较广泛的社会影响和对改革推进与深化的支持和贡献。其后多年，我持之以恒地进行关于财政体制改革的深入研究，始终坚定地站在主张和促进、深化分税制改革的最前沿，基于学理和实证分析，据实批驳了把基层财政困难、隐形负债和土地财政短期行为等矛盾问题归咎于分税制的观点，清楚剖析了似是而非的分税制应“纵向分两段，横向分两块”（即中央和省间搞分税制，省以下不搞分税制；非农业区域搞分税制，农业区域不搞分税制）主张的谬误性质，针对1994年分税制改革后的现实情况，系统化地提出了深化财政分税制改革的务实思路与相关要领。我与白景明研究员合作发表于《经济研究》2002年第2期的论文《县乡财政解困与财政体制创新》，成为中国财政体制改革研究成果的代表作，获得了孙冶方经济科学奖。

2. 关于分税制改革的基本认识

（1）“分灶吃饭”包干体制的主要问题。

虽然20世纪80年代以后财政体制改革有一系列进展，但直至1994年实行分税制改革前，普遍实行的“分灶吃饭”框架内的财政包干制，却始终未能消除传统体制弊病的症结，主要问题表现在：

——仍然束缚企业活力的发挥。

各级政府“条块分割”地按照行政隶属关系控制企业，是传统体制的根本弊病所在。在改革之后实行的“分灶吃饭”财政体制中，由于是按照行政隶属关系组织各级政府的财政收入，因而这一弊病于政府财力分配中以体制因素形式得到延续，只不过在行政性分权格局中，行政隶属关系控制总的说从“条条为主”变为“块块为主”，由行政部门单一的指令变为指令加上企业实际很难违拗的“商量”和暗示。相应而来的，是各级政府始终热衷于尽力多办“自己的企业”和对“自己的企业”过多干预与过多关照，“放权”难以真正放到企业——尽管国家“减税让利”走到了“山穷水尽”的地步，多数国有企业仍然迟迟不能“搞活”。搞不“活”的另一面是搞不“死”，企业经营不善，亏损严重，照样由政府搭救，基本上不存在规范的优胜劣汰、存量重组的机制，破产法对绝大多数国有企业形同一纸空文。也正是与行政隶属关系控制体系紧密相联，国营（国有）企业的行政级别，始终是对企业行为影响十分重大的因素，其厂长经理，总是作为行政系统“官本位”阶梯中某个台阶（级别）上的一员，这一身份与市场经济要求他们扮演的企业家身份，在不断地发生冲突。因为这两种身份必然要接受不同的信号导向，追求不同的目标，前者为行政系统的信号和官阶升迁的目标，而后者为市场的信号和企业长远赢利的目标。结果必然是形成企业所谓的“双重依赖”问题，而且在前述体制环境中，国有企业厂长经理对于上级行政主管的依赖（或跟从），必然是更为主导性的和“荣辱攸关”的。于是，企业自主经营仍步履维艰，大量的行政性直接控制或变相的行政性控制，以及各种老的、新的“大锅饭”，难以有效消除。

——强化地方封锁、地区分割的“诸侯经济”倾向，客观上助长了低水平重复建设和投资膨胀。

“分灶吃饭”财政体制与过去的“总额分成”体制相比，固然提高了地方政府理财的积极性，但这种积极性在增加本级收入动机和扭曲的市场价格信号的导向下，必然倾向于多办“自己的企业”，多搞那些生产高税产品和预期价高利大产品的项目。因而地方政府热衷于大上基建，兴办一般营利性的项目，特别是加工工业项目，不顾规模经济效益和技术更新换代的要求，不惜大搞低水平的重复建厂，并且对本地生产的优质原料向其他地区实行封锁，强行在本地安排销售“自己的企业”生产的质次价高产品和阻止其他地区的优质产品进入本地市场。国家对烟、酒等产品规定高税率，本来是要达到限制其生产、消费的“寓禁于征”的政策意图，但在这种体制下，高税率却成了地方政府多办小烟厂、小酒厂以增加本级收入的刺激因素，发生了明显的“逆调节”。遍地开花的“小纺织”“小轧钢”“小汽车（装配）”等项目均与体制因素有关。收入上解比重较高的地区，地方政府还有明显的“藏富于企业”倾向，即对组织财政收入不积极，有意让企业多留利之后，再通过收费摊派等手段满足本级财力需要。尽管这些低水平重复建设、地区封锁、市场分割的做法，从每一个局部的角度，都可以举出一系列“正当理由”，但从全局看，却构成了推动投资膨胀、加剧结构失调的因素，对构建统一市场、提高整体效益、促进企业公平竞争和国民经济协调发展产生了不利影响，并阻碍地方政府职能从注重投资于一般营利性的企业，向注重基础设施、公共服务和发展第三产业的方面转变。

——中央和地方的关系仍缺乏规范性和稳定性。

各级财政支配的财力大小在极大的程度上取决于地方上解、中央补助或共享分成的比例和基数的高低，而这些的核定又缺乏充分的客观性，难以避免种种“讨价还价”因素，各地都倾向于增加支出基数，压缩收入基数，提高分成比例。同时，预算支出虽“分级包干”，但在许多具体事项上并不能划清范围，结果“包而不干”，最后矛盾集中反映为：中央财政“打破了统收，却实际并未打破统支”的困难局面；中央日子不好过，又反过来向地方财政寻求财力，“分灶”之后中央向地方借钱、调整基数和让地方“作贡献”的做法屡屡发生。

——国家财力分散，“两个比重”过低；地方缺少必要的设税权和稳定财源，中央缺乏必要的宏观调控主动权。

由于在体制上不能保证政府财力必要的集中程度和中央地方间合理、稳定的分配关系，一方面，在各行其是的减税让利超过合理数量界限的情况下，财政收入（不包括内外债）占国内生产总值的比重由1979年的28.4%滑落到1993年的12.6%；另一方面，随着地方分权，中央财政收入占全国财政收入的比重由1979年的46.8%下降至1993年的31.6%。就财力分配关系而言，地方、中央各有突出问题：地方政府财权虽比改革前有所扩大，但却没有从本地实际出发建立健全地方税种的权力——在中国这样一个地区差异十分显著的大国，地方无设税权，不利于因地制宜地筹措财力和形成地方性的稳定财源。与此同时，就总体而言，中央财政本级组织的收入不能满足本级支出的需要，因而必须依靠地方财政的收入上解来平衡中央级收支。这种情况在世界各国都是极为罕见的，在很大程度上促成了中央政府调控能力的弱化和中央财政的被动局面，宏观政策意图的贯彻难以得到充分的财力保证。

总而言之，“分灶吃饭”代表财力分配的“行政性分权”还没能够跳出传统体制把企业禁锢于“条块分割”行政隶属关系之中的形式，因而难以适应社会主义市场经济发展的客观要求。如果仅仅停留于这种体制，深化改革将会遇到无法逾越的阻碍，因此必须跳出行政性分权思路，寻求实质性推进改革的新方向。

（2）选择分税制作为改革大方向的基本原理。

中国的市场取向改革和建立社会主义市场经济的客观需要，决定了中国财政体制改革的大方向和基本思路是“建立以分税制为基础的分级财政”。我在20世纪80年代发表于《中国经济体制改革》的文章和其后的多篇研究成果中，形成了如下的分析认识要点：

从整体配套的角度考虑财政体制改革的方向，应是使财政体制的目标模式适应社会主义市场经济的总体规定性，具备如下几方面的体制功能：

第一，有效地维护企业的商品生产经营者、法人主体地位和企业之间开展公平竞争的外部环境，贯彻国家宏观经济调控权、国有财产收益权和国有企业经营权实行分离的原则，一方面使企业得到自主经营、发挥活力的广阔天地，另一方面使国家掌握必要的宏观调控能力和应有的国有资产权益。

第二，正确地体现政府职能和正确地处理中央与地方间以及不同区域间的利益分配关系，建立起稳定的财权与事权相顺应、财力与事权相匹配、分级运行而又统一协调的财政体系，使各级政府合理而有效地履行自身的职责。

第三，有力地推动社会主义市场经济中财政资金的筹集、使用过程进入“生财有道、聚财有度、用财有方”的轨道，充分调动各方面的积极性和充分发挥资金的效益，从而通过初次分配和再分配中国家财力“取”与“予”的良性循环，卓有成效地为国民经济的良性循环、社会各项事业和公共服务的蓬勃发展服务。

符合上述要求的财政体制形式，是以分税制为基础的分级财政。

所谓分税制，其真正的含义在于作为财政收入来源的各个税种，原则上要分别划定为国税或地方税（不排除必要的共享税安排），企业均需要按照法律规定，既向中央政府交纳国税，又向地方政府交纳地方税。在这一格局中，各级政府可以主要根据以本级税收为主的收入，相应安排其支出，相对独立地组织本级预算平衡，做到“一级政权，一级事权，一级财权，一级税基，一级预算”。同时，中央和省级应保持必要的自上而下对转移支付的调控能力。

以分税制为基础的分级财政体制的关键内容和特点在于：一方面，它可以有效地淡化过去实行的各级政府对企业“条块分割”式的行政隶属关系的控制，企业将不再把税款只交给作为自己行政主管的特定一级政府（再由地方政府与中央政府分成），而是依法把不同的税，交给各级政府，从而有助于消除政府对“自己的企业”的过多干预和过多关照，促使各企业自主经营，站在“一条起跑线”上充分地展开公平竞争；另一方面，它可以清晰地划开中央、地方间的财源和财政收入，稳定地规范各级政府间的财力分配关系，在发挥中央、地方“两个积极性”的基础上形成各级预算各行其道的真正的分级财政。为了更具体地描述以分税制为基础的分级财政体制，可列举这一体制的要点如下：

——不再按照企业的行政隶属关系，而是按照税种划分中央财政和地方财政各自的收入，企业不分大小，不论级别，不看经济性质，不讲隶属关系，依法向中央、地方政府分别纳税，自主经营，公平竞争。法人税收与自然人（公民、居民）税收都合理纳入多种税、多环节征收的复合税制安排。

——中央、地方政府通过财政对经济实行的分级调控管理，将主要运用税收、债券、贴息等经济手段和调整企业外部条件的措施。同时，健全国有资产管理体系，按产权规范，以适当的方式（如授权委托）管理、运营企业中的国有资产（资本）。进而在宏观经济运行全局中，以财政、货币两大政策为主实行间接调控。

——在中央、地方间划分税种的同时，各级政府要调整和明确各自的事权，重新核定各级财政支出范围。与保证中央集中财力和实现全国性的经济调节关系密切的税种，应划为中央收入；有利于地方发挥征管优势、宜于由地方掌握的税种，应划为地方收入。除中央政府要承担一些大型、长周期、跨地区的重点建设项目的投资外，大量的一般营利性项目，应交给企业和企业联合体去办，地方财政则基本上不再承担营利性项目的直接投资任务，而把支出重点放在基础设施、公用事业等方面。

——中央财政承担调节各地区间差异的责任，主要方式是通过自上而下的转移支付实行对地方政府的财力补助。各地具体补助数额的确定方法，要改传统的基数法为比较客观、严密的因素计分法。

——在各种配套条件基本到位之后，应形成大宗、稳定收入来源的地方税体系，并使地方政府具有一定的税种选择权、税率调整权，乃至从本地实际出发设立、开征某些地方税种的权力，因地制宜地为地区非营利性设施建设和各项公共服务、事业发展提供必要的资金来源。

——以上述几方面为基础，中央财政与地方财政间形成相对独立、自求平衡的中央预算和地方预算。中央预算中要掌握足够的转移支付资金。各级财政都要以法律形式强化其内部、外部的制度约束和责任约束。

总之，以分税制为基础的分级财政体制，可以三位一体地处理好国家（政府）与企业、中央与地方、公权体系与公民三大基本经济关系，适应社会主义市场经济发展的内在要求，所以它是深化财政体制改革的大方向，应成为财政改革与中长期整体改革相配套的轴心。

3. 关于分税制处理中央地方政府间关系的基本要领

20世纪90年代，在改革研讨中，我向决策部门上送了题为《分税制改革与中央、地方政府间关系》（发表于《改革》1990年第4期）的研究报告，引起有关领导部门高度重视。我指出，研讨中的分税制改革的牵动面很大，配套因素很多，一些看起来属于“细节”的问题，若处理不好，也有可能引起全局性的失利。为各方面条件所限，今比较彻底的分税制只能作为长远目标，分阶段、分地区逐步实现，因而必须设计、掌握好周密的过渡方案与措施。

我分三大方面讨论分析了相关要点：

（1）地方的大宗稳定收入和税收设置权。

有些同志担心分税制会把大家的财力、稳定的收入都划归中央，使地方失去稳定的收入来源。我认为这主要是囿于现行税制结构的框架来理解分税制，没有考虑到分税制改革与税制自身改革的动态连接与配合过程。分税制要在我国的实践中取得成功，必须使中央、地方都能获得相对稳定的收入来源，而这一点，正是分税制的优点。按一般原则，在分税制条件下，那些与保证中央集中财力和实现全国性经济调节关系密切的税种，应划为中央收入即中央税；那些有利于发挥地方征管优势和为稳定地方财力宜于由地方调节掌握的税种，应划为地方收入即地方税。具体来说，我国现阶段税制结构是以流转税类和所得税类收入为主，其他税收为辅，在分税制起步时的分税方案中，可行的选择大体上是将流转税类划为中央税，所得税类则根据各地不同情况由中央、地方共享或由地方专享，其他的税种再酌情划分（在一些地区，开始阶段甚至对流转税也不得不实行中央、地方间的某种共享）。但是必须指出，这样的划分，还不是一种比较稳定的中央、地方财力分配结构，而是具有浓厚的过渡色彩。因为其中中央有大宗稳定的专享收入（流转税），而地方即使在所得税的共享中获得较大份额，也会因所得税收入随经济波动起落的风险而感到财力稳定性不足。至于中央、地方间在共享收入具体分配份额的划定中发生纠葛，更是可想而知的。因此，分税制过渡方案能够获得预期发展的前提条件之一，是税制结构要以其自身的改进来加以配合，为地方提供足以使其获得大宗稳定收入的专享税种。这样的税种目前在我国税制结构中已见端倪，就是资源税和不动产（房地产）税，只是现时在税收总量中所占比重还不大。按照税制结构进一步合理化、完善化的要求，今后，它们的比重应当得到显著的提高。

资源税调节的主要是自然资源的级差收益，它在筹集财政收入的同时，还要起到保护资源使之得到合理开发利用和在资源开发者之间促进公平竞争的作用。由于各地区、各矿、各地段的资源状况千差万别，从价或从量征收的决定性因素相互迥异，资源税的征管比较适合交由地方来掌握，以期因地制宜地达到资源税的特定调节目标。它属于一种比较稳定的财力来源，只要本地有资源的开发使用而且发生级差收入，就有资源税收入。我国目前实际上只对煤、石油、天然气三种资源产品开征了资源税，而金属和非金属矿产品都还处于“暂缓开征” 状态，对森林、水流等则还未包括在视野之内。此种状况若长久拖延下去，对于发挥税收应有的筹集财政收入和调节经济的作用，以及为形成社会主义统一市场提供配套条件，都是十分不利的，应该创造条件尽快全面开征资源税。

属于财产税类的房地产税，其作用除筹集财政收入外，也主要体现在对资金有机构成和土地使用方面的级差收益加以调节。使用房地产的生产者，因用地规模、地段位置和不动产数量等因素而获得某些级差收益，对此国家需要通过房地产税的收取，促使其开展大体平等的竞争；对使用房地产作为消费资料的居民，房地产税则成为调节居民个人收入分配的一种手段，使他们在个人不动产方面的动机与行为，得到一定的外部制约与引导，并适当缩小社会上居民的收入差距。房产税具有相当稳定的税源，同时又因征收对象的复杂性而只适合于由地方来掌握。我国目前房地产税只在部分城市开征，而且征收中一般还没有覆盖消费性住房，也没有很好地考虑地段的区别。加入地段位置因素的房地产估价，是个比较复杂的问题，但又是对于充分发挥房地产税的作用至关重要的环节。再者，由于住房改革远未完成，一个时期内对居民住房的普遍征税也不具备条件。尽管如此，随着经济发展和改革的深入，房地产税收入总额在近几年已迅速上升。今后随着相关条件的改进，可以更为普遍地征收房地产税并较为细致周密地处理房地产估价等问题。届时来自这一税收的总收入将显著地增加。

当然，随着资源税类与财产税类收入总量增加和在总税收量中所占份额的上升，需要适当调低流转税类和所得税类的税赋水平，使社会总的税赋水平并不上升过大，而只是税赋承担结构更为合理化。

考虑到资源税类收入和财产税类收入的性质、发展趋势及税制自身改革的客观要求，只要恰当地把税制结构的完善与分税制改革的深化结合起来，那么分税制体制将不仅不会降低地方财政财力来源的稳定性，相反还将使地方财政获得大宗、稳定的收入来源。

此外，比较彻底的分税制，还包含地方依照法律而具备某些地方税的设置权和税率的规定权与调整权。设税权在目前体制改革和起步过渡初期不够彻底的分税制中，尚不具备条件，但待分税制达到比较彻底的程度，中央、地方政府事权有了清晰的划分，进而对财权亦能作出清晰的划分，可以形成各自独立、自求平衡的中央预算和地方预算之后，地方拥有法定的设税权就是必要和可行的了。它可以使地方根据本地实际，在法律规范下为本级预算加上筹集资金和调节经济方面的弹性选择余地，从而进一步保证其财力的稳定性和应变能力。地方还可以因地制宜发行地方政府债券，使其财流更具弹性和预算更具应变能力。

（2）中央补助的因素计分法与补助专项化。

经济相对落后地区的一些同志担心在分税制下由于各地预算自求平衡，会失去中央财力补助，使支持本地区发展的财力更为匮乏。其实，分税制下各级预算的独立性和自求平衡，并不排除中央政府向地方政府的转移支付，问题只在于如何使这种转移支付更加合理而规范，更加有效益。

我国是一个地区经济发展水平差异极其显著的大国，调节全国各地区发展不平衡的矛盾，理应是中央政府的职责。在这方面，中央对地方的财力补助，是最主要的调节手段。在分税制中，中央财政必须长年掌握一笔雄厚的财力，专门用于对地方财政的补助，以贯彻中央政府宏观调控的政策意图和支持不发达地区的经济建设与社会发展。在设计分税制方案时，应当充分考虑这一方面的要求。

自中华人民共和国成立以来，中央对地方的财力补助，对于支持老、少、边、穷地区和不发达地区，发挥了重要的作用。目前在中央补助方面存在的问题主要有：①确定补助额时运用基数法，在核定地方收支基数后给予“差额补助”。由于在各地基数的核定过程中：一方面大框子放在承认既得利益上，谁把支出规模打大谁就占便宜；另一方面牵涉到的主观因素也不少，“讨价还价”者多，因此基数很难体现出真正的客观性。而且，基数一旦确定，后续的变动又大都是依基数而来的“一刀切”或小修小补，基数的非客观性会影响整个体制周期。这样，对各地确定具体补助规模时，因缺乏科学的、具有令人信服的客观依据的方法而导致“苦乐不均”。②中央补助款大部分不是专项使用的，地方拿到各自的补助总额后再自行安排，并不对这笔资金承担项目责任，也不必对资金使用跟踪问效。这样很不利于贯彻中央补助在优化国民经济结构等方面的政策意图，也不利于加强补助资金的管理及提高资金使用的经济效益与社会效益。

在今后实行分税制的过程中，可以借助中央、地方间划清各自收支的有利条件，针对上述问题作出如下改进。

第一，根据“因素计分法”来确定对不同地区的补助规模。因素计分法的要领是，先确立在决定中央对各地的具体补助规模时依据的诸项相关因素，如人口数量、土地面积、人均耕地、人均GNP、少数民族居住情况、自然资源和社会发展状况的若干综合指标等，再规定这些因素各自所占的分值或计分权数，然后分别计算出各省、区、市的分数，把所有地区的分数加总，去除中央财政的财力支持总额，得出每一分对应的补助支出额，这时便可具体计算出各地区应得的中央财力支持的具体数量。这种因素计分法比传统的基数法科学合理，因为它有了基本统一的客观标准，体现了寓公平于差别对待之中的原则，没有留下“讨价还价”的余地。当然，为了保证其合理性，还需要周密地确定各个因素及其分值与权数，并进一步提高统计数据的准确程度。

第二，实行补助的专项化。在根据因素计分法确定各地补助规模之后，还需要通过补助专项化来具体确定对各地补助支出的结构，以贯彻中央在宏观上的政策意图，达到有效调节地区间发展差异和优化总体产业结构与社会发展结构的目的。首先，需要依据国家产业政策和区域发展政策，制订补助项目总目录和各项目的相关实施准则。各地每年依照项目范围和实施准则编制补助资金支出计划，通过中央补助管理机构的审查和地方的预算政策审议程序之后付诸实行。其次，要实行补助项目资金的专项使用责任制，从资金投入使用到项目完成的每一个环节，都要落实责任者。有关管理机构要建立项目专门账户和实施跟踪问效制度，每一个补助项目在其资金运用过程中，都应提交决算报告和审计报告。对违反规章挪用资金者和玩忽职守造成资金浪费者，要依照法纪严肃处理，甚至追究刑事责任。

总之，由于在分税制体制下中央、地方的各级预算各自独立编制，同时中央对地方的补助因采用因素计分法而具备了较强的客观依据以及确定过程的高透明度，因此各地在充分发挥积极性安排好本级预算收支的同时，既不必考虑如何扩张支出以提高基数，也不必花费精力去与中央讨价还价多争补助，各欠发达地区从中央财政获取应得的财力支持，就能够得到更加切实、更为充分的保证。加之实行补助专项化，将使中央补助资金既有力地支持各地的各项发展，又有效地优化国民经济整体结构，从而发挥出较高的资金效益。

（3）“资金向下流动”格局与政府事权。

我国政府间的财力分配从总体上说，多年来是一种“资金向上流动”的格局，即中央财政支出相当大的部分，要依靠地方财政的收入上解来满足其财力来源。今后实行分税制改革，总的体制框架是中央、地方预算各自独立编制，各自的收入分别来自其以税收为主的财源，地方向中央的收入上解将不复存在，而中央对地方的补助却不能取消，因而以往总体上的“资金向上流动”格局，将不可避免地转变为“资金向下流动”的格局。

“向上”和“向下”虽为一字之差，但财力分配系统的运行状态与特点却迥然不同。资金自地方向上流动，容易发生地方“拥财自重”、尾大不掉的倾向和中央财力依赖性强、资金紧张、支出结构僵化，从而导致宏观调控能力不足的弊病。而在地方拥有一定的稳定财源基础上的资金自中央向下流动，则可以使中央政府在追求宏观目标与贯彻全局发展战略方面比较主动，能够通过规范补助的投向与数量来实现自己的政策意图。因此，分税制在提供中央、地方预算各自独立性的同时，保持一种资金向下流动的格局，比较有利和适当。

那么，在“资金向下流动”格局中把补助地区规定为多大范围，实际上要涉及政府事权调整中极为关键的一点，即生产性建设投资权如何划分。我认为，在比较彻底的分税制中，地方政府应当从一般营利性项目的投资领域退出，将自己的投资重点放到非营利性的基础设施建设等方面，把一般营利性生产建设项目交由企业和企业联合体运用自有资金和信贷资金去办；而某些大型、长周期和跨地区的生产建设项目，或简称为“重点建设”项目，则应当由中央政府掌握，通过国有资产管理系统的投资公司去办。这样划分中央、地方政府事权的最主要理由，是在配合分税制打破对企业“条块分割”的行政隶属关系控制，消除中央、地方政府间一向存在的投资权的纠葛，从而为各自划清财权提供坚实基础的同时，又适应我国的具体国情，通过中央政府承担重点生产项目投资来发挥财政必要的生产建设职能，优化生产力布局和加快产业现代化步伐。

既然在分税制体制下中央政府将承担那些大型、长周期和跨地区的生产建设项目，那么把中央政府对地方政府提供补助的范围安排得比较宽广，不仅包括不发达地区，也包括中等发达地区，甚至还包括比较发达的地区，就是很有必要的了。这样，中央政府才可以通过专项补助对必然会涉及各个地区的重点建设项目提供各个方面的配套条件，使中央宏观调控覆盖产业发展全部阶梯和生产力整体布局，以建设项目资金同补助资金两方面的相互配合来更为有力地提高资金使用效益。

需要说明的是，由于我国是一个幅员辽阔、各地区相互之间不平衡状况十分突出的发展中的大国，在一些地区的一定时期，尤其是在那些不发达地区走向工业化的初期，地方政府结合本地资源条件来直接投资兴办某些营利性项目，恐怕是一个难以超越的发展阶段。因此，地方政府退出一般营利性项目的直接投资领域，不可能一蹴而就和一概而论，只能区分地区和区分先后，逐步实行。但是，将此作为分税制改革的远景目标，并从起步阶段时就与此目标相配套地考虑如何逐步创造其各项相关条件，却是极为必要和十分重要的。我们深知“退出”目标决不可能迅速地全面实现，但对逐渐接近此远景目标的各个步骤的设计，则决不应当掉以轻心。而且，在我国少数发达地区和某些经济特区，即使是在目前的阶段上，“退出”也已经大体具备了现实可能性，那么就应当积极地推进这一过程。

地方政府从生产建设项目的直接投资领域退出，以及与此相联系，在分税制中大部分甚至近乎全部地区接受中央政府提供的专项补助，体现了地方事权范围一定的收缩和与此相应的财权范围的收缩。我认为，这既是配套改革的需要，也有助于促使地方政府的积极性趋于合理化。这样做，一方面地方政府将不再去热衷于兴办那些仅从本地区利益考虑而不惜冲击全局产业结构平衡关系的生产建设项目，从而消除各地方政府的“盲目、重复建设”和“地区封锁”，推动统一市场发育；另一方面，地方政府可以专心致志地承担理应由地方承担的道路、桥梁、通信、水利、环境保护等基础设施建设、公用事业发展和科教文卫、社会福利、社会治安等社会公共事务的组织与管理，并以此为主要标准改变以往以各地产值增长为主要指标考核地方政府政绩的做法，从而为企业自立经营、公平竞争创造良好的外部环境，并缓解多年来我国国民经济发展深受其制约的基础设施供给能力的短缺，以及扭转日甚一日的生态环境恶化趋势。地方政府退出生产建设项目的直接投资领域后，某些与公益事业关联紧密，又具有一定营利性的项目，可以由地方政府以债券形式筹资后投资兴办。

总之，地方调整事权后失去一些方面的积极性而增强了另一些方面的积极性，结果是使地方政府的积极性更趋于合理化。

世界上许多国家，如美国、日本、澳大利亚、英国、法国、瑞典、印度等，其中包括以“分权程度高”为标榜的联邦制国家，也包括号称“有一定集中倾向”的单一制国家，都实行“资金向下流动”的财政体制，中央的补助遍及国内全部或绝大部分地区，其主要目的就在于保证中央政府必要的宏观调控主动权。这方面的经验，是很值得我国借鉴的。此外，分税制改革还必然要求财政系统之外价格、计划、金融、投资等方面的体制改革来配套。只有作为一个系统工程来加以配套设计、配套实施，分税制改革才有可能取得预期成果。

4. 1994年分税制改革后深化改革的重大现实问题剖析与体制优化思路、任务

“94改革”后经济生活中表现的基层财政困难、隐性负债和土地财政短期行为等三大现实问题，是分税制改革深化不到位而出现的热点、难点问题，引起了各方多轮热议和不同观点的争议。我以大量的调研为基础，通过全面、深入的分析，明确指出：1994年后分税制在省以下不能得到真正贯彻落实，重要原因在于按中国原五级行政框架（省以下共有四级）的“五级分税”思路无解，把板子打在分税制上

是打错了地方，并会由此实际否定1994年改革的大方向，实为不可忽视的大是大非的问题。今后的根本出路在于以“扁平化”改革形成中央、省、市县三级架构为前提，在继续深化改革中达到“财权与事权相顺应、财力与事权相匹配”的“一级政权，配之以一级合理事权，以及一级财权、一级税基、一级预算、一级产权、一级举债权，再加上中央、省两级自上而下的转移支付、辅之以横向转移支付”的境界，使中国即使是最欠发达地区的地方政府，也具备推行基本公共服务均等化的能力。这样的财政体制，才能合意地服务于国家治理现代化全局和维护经济社会发展的长治久安。

三级政府框架下，必须积极地由粗到细形成各级政府的事权一览表、支出责任明细单和共同承担的事权与支出责任的具体操作规则与方案，并动态优化。我多年间强调的这一改革任务，已在2017年后见于具体工作部门的实践。

二 公共财政及其相关认识

在1998年之后，中国的财经决策层面，就建立公共财政框架有明确的要求，学界对此众说纷纭。我积极参与研讨，提出了较为系统的认识和有影响力的研究成果。

1. 公共财政的概念与基本特征、主要因素

“财政”的英文表述为“Public Finance”，直译为汉语便是“公共财政”，但自20世纪50年代以来，中国的学界一

直约定俗成地以"财政"二字，对应英语语境里的"公共财政"。1998年国务院主管财政工作的李岚清副总理和财政部项怀诚部长所强调的"建立公共财政框架"中的公共财政概念，显然是要求对于我国的财政形态除旧迎新，即从非公共财政向公共财政转变。鉴于在学者的讨论中，迟迟未能对公共财政的具体定义与内容形成无争议的表述和认识，我陆续发表多篇研究成果，力求作出较清晰的勾画。

我的基本观点是：首先应把公共财政看作中国实施政府和财政职能调整，在经济社会转轨中完成财政转型的一种导向，以求最好地适应建立社会主义市场经济体制战略目标的要求。随着国家职能的转变，以国家为主体的财政分配体系势必发生一系列变化，包括财政分配范围、收支内容和运行特点及调控方式，都与传统体制有所不同，财政分配和管理模式正在发生巨变，这些变化都可以并应当提高到财政形态转变的高度来概括和认识。如给出定义描述，公共财政强调的是财政分配的公共性导向和分配机制中的公共决策性质。在我国现阶段以理论联系实际的角度审视公共财政和构建公共财政框架，是以制度建设为内涵和主线的转型过程，需要把握和发展公共财政的基本特征，切入点就是强调"公共性"而展开制度创新，以及与之呼应的，协调、配套的管理创新与技术创新。

我提出了公共财政的四大基本特征：

第一个基本特征，既然表述为公共财政，顾名思义，关键的内在导向是强调财政的公共性，而以满足社会公共需要作为财政分配的主要目标和财政工作的重心。这个导向的实质就是必须坚决摒弃“阶级斗争中继续革命”的思维，应把注意力更多地集中在满足社会公共需要、实现社会公共目标、公共服务职能方面。

第二个基本特征，是财政应该以提供公共产品和服务作为“以财行政”的基本方式。这个基本特征的内涵和实质性要求，就是合理地处理和把握政府与市场的分工关系。凡是不能由市场有效提供的公共产品和服务，必然要由政府来牵头提供。只有政府和市场形成合理的相辅相成的分工互补关系，才能有利于生产力的充分解放、社会总体效益和总体福利的最大化。

第三个基本特征，是以公民权利平等、政治权利制衡为前提的规范的公共选择作为决策机制。这一基本特征及其要求的实质，是在公共经济事务民主化和政治文明提升的过程中，来发展法制化、民主化的公共选择机制，并由这种规范的公共选择来形成财力运用的决策、监督的宪政化、法治化、民主化。

第四个基本特征，是公共财政在管理运行上必然要以现代意义的具有公开性、透明度、完整性及事前确定、严格执行、可问效问责的预算作为基本管理制度。这个基本特征的实质内容，是以周密的理财制度防止公权扭转和落实公共财政的目标、原则和所有追求。预算是政府理财在公共财产之下最后能成为实质性的公共理财的内在联系链条所必然延伸出的运行载体与具体形式。预算的阳光化、完整性，充分体现民意而事前决定、严格执行，都是其“规范性”的必备要素。如果预算不透明、不完整，缺乏民意基础和有效监督，执行上是很随意、很有弹性的，那么随之发生的种种扭曲就会背离原来确定的政府活动的范围和方向，那些背离公众意愿、政府意图的事情就变成了不可控的，公共权力可能会局部化到部门、权力环节和操作者，最终很有可能使公共权力变成一种不受制约的、变相的私权而背弃公共利益。预算需要在严格执行中一并发展政府理财的绩效评估和官员的问责制，以求更好地对公众利益负责尽责。

在中国建设和发展公共财政，必然是一个由粗到细的动态过程，根据上述关于其基本特征和基本要求的认识，今后一个时期在维持构建和发展公共财政框架的过程中，应该抓住如下一些主导因素：

一是按照公共财政发展的要求在政府和财政的基本职能中收缩生产建设职能。

二是合理掌握财政分配顺序。首先应是保证国家机器在效能前提下的正常运转（在转轨过程中要结合精简机构等基本问题逐步解决效能问题），其后排在前面的应是满足公共需要即公共产品和服务的提供，如生态环境保护、国土整治、社会保障、义务教育的普及、公共卫生医疗与防疫体系建设等。然后，才是政策倾斜方面和重点建设方面的事项。

三是逐步形成规范的公共选择机制。依靠法制化的程序来形成决策方案。

四是政府部门、财政部门、税收部门等要形成理财系统为公众服务的意识和制度规范。还要积极依托现已启动的“金财工程”，靠现代信息技术的支持来配合预算管理改革的推进。

五是理财方式必须转变，努力发展“四两拨千斤”新方式。如以参股、贴息、信用担保、BOT（建设—运营—移交）、TOT（移交—运营—移交）等形式，调动社会资金贯彻产业政策。

六是形成协调配套的复式预算体系，把公共收支、国有资产管理、社会保障和投融资等相对独立地纳入该体系实现有效的统筹协调。

2. 人类社会公共财政发展“否定之否定”的历史轨迹

2002年，我与叶青教授合作，于《财政研究》发表论文，分析刻画了人类社会发展中公共财政“否定之否定”的历史演变轨迹。

我们指出：公共财政，顾名思义，是指以社会权力中心为主体代表公众利益、为满足社会公共需要而发生的理财活动，属于社会再生产分配环节上的公共分配。

从财政学理论的严谨、彻底、全面考虑，应当在科学考察中把人们所称的“财政”做广义、狭义两种解释。广义的财政概念涵盖了各类形态的狭义财政。广义财政在现象形态上指的是人类社会发展各阶段以社会性的权力中心为主体的理财活动，包括国家出现之前的原始财政、国家出现之后的国家财政，以及将来国家消亡之后公共权力中心的财政；狭义财政在现象形态上可以特指人类社会某个具体发展阶段中的以社会权力中心为主体的理财活动——由于我们现在处于国家作为社会权力中心的社会，所以今天通常所说的财政，即为国家财政（或国家各级政府的财政），它是人类历史长河中狭义财政形态的一种。

从研究者的一般眼界看，国家财政注定还要在遥远的未来国家消亡之前（如果根本否定国家消亡的可能前景，则另当别论）的至少十几代或几十代人的历史阶段中存在，跳出这个一般眼界考察广义的财政，现实意义何在？我们的回答是：理论的生命在于彻底，财政理论的彻底在于勾画出人类社会中财政这一特定事物的产生、存在、发展、演变的轨迹和规律，而这客观上需要有通观整个人类社会发展历史的视野。没有这个大视野，不利于深入研究国家财政和公共财政，也不利于为正确认识现阶段的财政工作、政策、改革等现实问题提供理论基础。

马克思主义的历史唯物论认为，人类社会发展的基本轨迹表现为一种“否定之否定”的螺旋上升，即无阶级社会（原始共产主义社会）—阶级社会（包含阶级与国家形成过程、阶级社会历经不同形态的存在、再走上阶级消亡过程即社会主义初级或低级阶段）—无阶级社会（社会主义社会的高级阶段——未来共产主义社会）。与此相应，我们认为，人类社会中财政发展的基本轨迹也相应地表现为一种“否定之否定”的螺旋上升，即公共财政（原始财政）—国族财政（公共财政逐渐被否定的过程）—非公共财政（国家财政的帝皇财政或王室财政形态）—公共财政渐进重现过程（从资产阶级革命开始的，将由社会主义时期完成的由形式到内容的公共性回归）—公共财政（未来共产主义社会的财政），如图3-1所示。

在分别考察了原始财政、国族财政、奴隶制财政、封

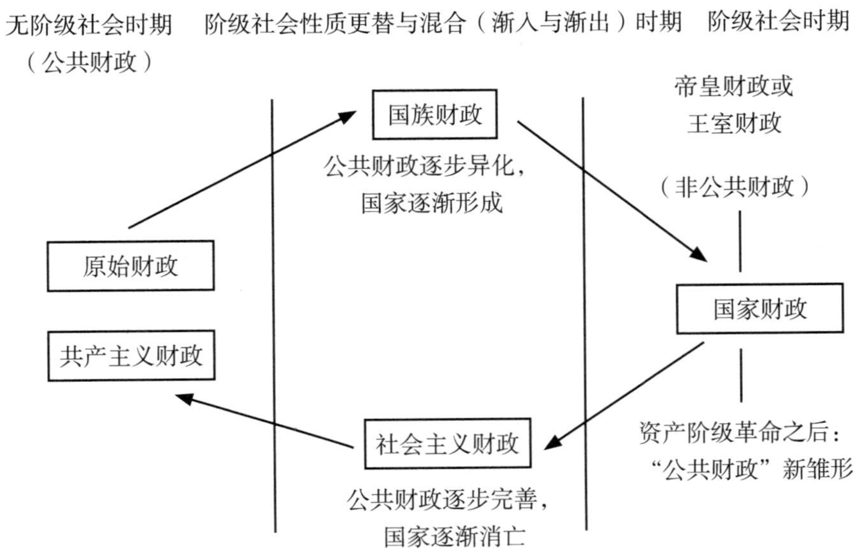

图3-1　人类社会中的财政发展情况

建的中世纪财政之后，我们特别论述了随资产阶级革命成功而出现的资本主义国家财政。资本主义生产关系的基本特征是资本家占有生产资料，雇佣工人向资本家出卖劳动力。资本主义制度问世后的一大历史功绩，是在极大地解放生产力的同时，也极大地提升了社会权力中心“以政控财，以财行政”统治管理的文明形式。作为与中世纪“王室财政”对立的“公共财政”（Public Finance），正是在资产阶级革命之后应运而生，以法治化、民主化的制度框架为依托，对王室财政取而代之。一整套基于公民权力平等、纳税人义务与权力对应、议会代表公众权力、政治体系内权力制衡、理财系统透明、规范和受监督等的理念、原则和制度规范，得到了长足的发展，现代意义的政府预算和管理体系，在初具形态之后又不断完善和发展，社会公共支出和福利支出有很大的加强和改善。可以说，资本主义国家财政从形式上揭开了人类历史中公共财政在其原始形态上被否定之后，又在新的更高阶段上以新的形式复归的序幕。

客观地考察，资本主义来到世间，曾有“从头到脚，每个毛孔都滴着血和肮脏的东西”的原始积累时期，其后，又经历过长期而激烈的劳资冲突以及海外殖民掠夺中与民众的严重对立。但是，应当看到，再之后资本主义有一系列的调整变化。在进入较发达阶段之后，特别是在新技术革命突飞猛进的近几十年，典型资本主义国家中总体的社会文明程度得到了很大提高，社会性的收入再分配在缓和阶级矛盾方面发挥了重要作用，对殖民地的宗主国身份已大为减少和淡化（更多地转为经济性的控制），显示出资本主义生产关系所能包容的发展生产力的潜力还没有发挥净尽，也表明资本主义在经过一系列的调整之后，于协调内外部矛盾、减轻对立方面，取得了不小的效果。

但是，这些并不能否定资本主义社会的剥削性质：生产资料的绝大部分，仍然掌握在社会成员的很小一部分人手中，资本家对剩余价值的攫取只是采取了表面上较为文明的形式，资本主义“自由、平等、博爱”的精神，在现实生活中仍然落在马克思所总结的最根本的一点之上：“平等地剥削劳动力，是资本的首要的人权。”实质即是凭借生产资料的所有权无偿占有他人劳动。资本主义的国家财政，的确已经更为理智地从事于公共工程等“公共财政”的提供，但其在担当一定的“共同需要”职能的同时，更主要、最基本的导向性，仍在于维护资本剥削制度，满足这个制度中统治阶级的需要。“国家既进入资本家时代，资本家则为国家之主人，一切以他们为本位。”（黄仁宇语）政府的理财（国家财政），不可避免地成为服务于这种本位的工具——这一切的根源在于占统治地位的资本主义的所有制。也正因为如此，当资本剥削制度受到某种威胁时，资本主义的国家机器做出反应是毫不含糊的。比如，以军警对罢工、游行工人的镇压，当航空公司员工联合罢工时，政府动用军队的航空人员接替，等等。这后面财政的支持作用一目了然。

总之，从奴隶制、封建制财政演进到资本主义财政，虽然外在表现形式、具体收支方式和管理体制、方法等有诸多变化，但这些财政形态都具有一条共通的客观定性：都是由当时占统治地位的生产关系所决定的剥削阶级国家掌握的理财工具，一般而言，在履行一定的社会公共职能的同时，都以满足剥削阶级统治需要为首要职能。当然，这也不排除在特定时期、特定情况下，整个人类社会于自然界中生存的需要，或民族间的矛盾，可以超越阶级矛盾而上升为主要矛盾，从而社会共同需要的首要地位成为此时出现的一种特例。

关于社会主义财政及其发展远景，我们指出：

按照马克思主义的观点，社会主义是共产主义的初级或低级阶段，由于社会主义社会在阶级社会中第一次以公有制生产关系为主导，所以与剥削阶级统治的社会已有本质的不同。按照社会主义制度的内在逻辑，这时的国家其实不是要巩固阶级的统治，而是要经过一个过渡阶段（即使是一个相当漫长的历史阶段），在不断解放生产力和使物质财富空前增长、极大丰富的基础上，引出无阶级的社会和导致国家的消亡。当所有制的社会主义改造基本完成之后，作为人民民主专政对象的敌对分子已失去了其完整的经济形态。经过逐渐的演化，人民民主专政最终要引向完全消灭阶级差别和消灭其自身。所以，列宁曾称社会主义国家为“半国家”，指出在向无阶级社会过渡中“实行镇压的特殊机构，特殊机器，即‘国家’，还是必要的，但这已经是过渡性质的国家，已经不是原来意义上的国家”。还认为国家消亡过程要经历“政治国家—非政治国家—国家完全消亡”三个阶段。因此，把社会主义社会与奴隶社会、封建社会、资本主义社会放在一起，统称为“国家”，难以体现“国家是阶级矛盾激化的产物”这一概念。也就是说，社会主义社会的一些特征与“国家”的一些特征已开始大相径庭，或者说开始进入有“国家”之名，而无“国家”之实的演变。当然，现实中社会主义国家的具体情况，要远远比上述原则性的描述复杂得多，但作为一种大的历史走向的分析和勾画，这种原则性描述仍然是必要的。

与马克思和恩格斯的设想有所不同，社会主义社会不是首先出现在最发达的西方资本主义工业化国家，而是出现在欠发达的东方国家。由于我们目前尚处于并将长期处于社会主义的初级阶段，即处于社会主义初始的不发达形态，社会主义的一系列时间和理论问题都还在探索之中，所以，对社会主义的许多具体认识只能是初步的、不成熟的，但是从最主要的生产关系特征来说，可以明确认定：社会主义是以公有制为主体的、以消灭剥削为导向的社会制度。社会主义初级阶段的生产力还是相对低下的、不平衡的、有层次的，由此决定的生产关系也是有层次的、有多样性的。至于外部环境，仍然是与资本主义体系在“全球化”过程中的并存和竞争，我国现阶段以共产党为执政党的，处在改革和完善过程中的政治统治，既是人民民主专政的具体形式，又是代表最广大人民群众根本利益的公众事务管理，两种因素形成一种混合形态，相应使我国财政在本质层面上也必然是阶级国家财政与公共财政的混合体，但这种混合是内在机制不存在对抗性矛盾的特定过渡状态：其发展趋势是前者（阶级性为前提的专政）逐渐淡化，后者（公共性）愈益强化和完善；前者的目标，也完全在于后者的水到渠成。改革开放以后，基于邓小平理论和“三个代表”重要思想对社会主义的新思维，业已明确提出了积极建立公共财政框架的方针，随着我国社会主义社会的向前发展，将由不完全的公共财政不断走向比较完全的公共财政。

如果说，国族财政和社会主义财政都是在人类社会阶级社会性质更替、混合期的财政，那么前者作为“渐入阶级社会”的过渡，其公共性和阶级性的“二元”在动态中是对立取代、对抗分离的；而后者作为“渐出阶级社会”的过渡，其阶级性和公共性的“二元”是弥合取代、自然归一的，最后将归位于纯粹的公共财政。

基于论文中的展开考虑分析，我们形成的结论是：

以出现剩余产品为前提，人类社会早期社会权力中心为行使公共权力而发生的理财，是广义财政的初始阶段，并具有纯粹的公共财政形态和内容。

经过私有制出现、国家起源的重大演变，进入国家财政阶段后，公共财政形态被取代和否定。在奴隶制社会和封建的中世纪，出现以“帝皇财政”“王室财政”为具体形态的国家财政，公共职能仅作为统治者不得不兼顾的从属性的职能，公共选择机制成为外在于统治体系的、非规范的矛盾爆发（革命）式的历史演化机制。在资产阶级革命以后，以法治和现代民主制度的生长为依托，以规范的预算为运作形式，公共财政形式重新出现，其公共权力职能的实现，在理念上也被明确地推崇，但在实质上，仍保留着阶级统治职能在财政形态中的统领地位。然而，资本主义财政毕竟在形式上揭开了公共财政复兴的序幕。

以最终使阶级归于消灭、国家归于消亡为导向的社会主义财政，是由阶级社会财政向无阶级社会财政的过渡形态，在社会主义初级阶段，业已开始启动公共财政的实质性复归过程，并将在未来，随着社会主义向更高阶段发展，逐渐充实其公共性，并完善其公共选择机制，最终走向共产主义社会的纯粹满足社会公共需要的公共财政形态。

因此，公共财政在人类历史长河中，正好表现为一个“否定之否定”的螺旋上升过程。中国现阶段的国家财政，正处于其第二个“否定”的初期，或公共财政复兴重现的初期。认识这一点，对于明确我国当前积极建立公共财政框架的努力方向和这种实践在历史长河中的地位，显然是十分有益的。

3. “公共财政”与“民生财政”的关系

在发展公共财政和贯彻科学发展观、构建和谐社会的导向下，关注和改进民生成为持续的社会热点，财政如何支持民生的改进，也成为管理部门和社会各界关注和讨论的重要问题。讨论中，概念和术语使用不一，分析尺度口径各异，期望颇多，褒贬并存，意见往往相左，解释常有抵牾。除了学理上的分歧可能造成意见不一致外，基本概念使用上的混乱，也是原因之一。2011年我与梁季、张立承两位博士合作，于《中共中央党报学报》发表论文，力求理清有关民生的一些基本概念，进而分析探讨公共财政与民生之间关系的一些基本点。

我们明确地作出分析讨论：公共财政就是民生财政。接着，我们在论文中分析和强调如下几大方面的认识：

（1）公共财政的基本逻辑是要首先保障基本民生：

——需要与可能的矛盾以及轻重缓急的合理把握是财政分配中的永恒主题。

——公共财政的特征限定政府保障民生首先要侧重于对“基本民生”的托底保障。

——有限的财力决定政府应有重点地统筹保障民生，且随发展阶段而动态优化保障重点，瞻前顾后衔接民生的短期与长期利益。

（2）“取之于民，用之于民”的公共财政分配中，收入再分配是其应有之义与关键内容。

（3）财政管理的科学化、精细化是改善民生进程中提升公共政策效力的必然要求。

——随着社会发展进步，用于改善民生的财政资金规模趋于扩大，需要科学化精细化以提高管理效率。

——经济社会发展中改善民生的财政管理的复杂程度趋于上升，需要科学化精细化以规范业务工作全程。

——公共财政改善民生的政策取向需要“花钱买机制”，并需要以科学化精细化加以保障。

（4）政府提供公共服务与管理必然要支付成本，行政成本的合理化与民生的改进是相互呼应的关系。

——行政管理费用关联于政府为改善民生而提供的一系列公共服务所必须支付的运行成本，任何时期任何国家都存在，无法“消灭”，只能尽量降低，而中国面临的这方面挑战尤为严峻。

——我国行政管理费用高企，有特定的国情、发展阶段等方面的原因，对与之相关的复杂问题须全面认识分析。

——努力降低行政成本是新时期公共财政和政府管理面临的重大挑战与重要任务。

——降低行政成本、增惠民生需要深化财政改革和全面配套改革。

在全国政协大会上发言

4. 税费改革的“分流归位”与预算外资金宏观管理的“三而二，二而一”

我在财政部科研所攻读硕士学位时学位论文的选题，就是预算外资金管理。留在财政部科研所工作后，我继续关注这个研究方向，在深入调研和思考的基础上，形成了关于我国公共财政建设中非税收入“分流归位”和预算外资金管理改革“三而二，二而一”的解决思路。

在1999年发表于《财经问题研究》的论文《“费改税”相关问题分析及基本对策思路探讨》中，我基于国际国内比较研究而概括提出如下认识：

（1）市场经济相对成熟、发达的国家中，各级政府也都有一定比重的财政收入来自规费和使用者付费，不存在政府只收税、完全不收费的情况。但总体上说，以收税为主，收费为辅。

（2）这些国家来自政府收费而形成的财政收入，也要反映在政府预算之内，并且也要通过与税收相类似的审议批准程序，因而收费的规范程度比较高，管理也比较严格。

（3）一般而言，地方政府收费占财政总收入的比重大于中央政府，特别是在人口稠密区集中提供公用事业服务的城市政府的财政收入中，收费收入所占的比重较高。

反观我国的现实情况，有如下主要差别：

（1）收费的数量庞大。20世纪90年代后期据财政部统计，预算外资金收入规模相当于预算内资金收入规模的50%以上。另据研究测算，“制度外资金”的规模也大体与预算外资金相当。“预算外”和“制度外”两大块资金加在一起，至少要与预算内资金“平起平坐”，其中大部分来自各种各样的收费。

（2）项目繁多、五花八门的收费，基本上不反映在预算中，甚至相当大的部分也不反映在预算外资金收入规模中。这些收费不受预算程序的制约，规范性很低。

（3）不仅我国城市区域地方政府收费的比重很高，农村区域也如此。乡镇一级政府往往在“头税轻，二税重，三税四税无底洞”的格局下，使收费自筹资金成为财力大头。从东部、中部一些地区的调查情况看，有不少乡镇自筹资金相当于预算内资金的比重可以高达100%~200%，管理上则相当混乱。

总而言之，我国政府体系税费格局及管理现状，与世界上市场经济国家的通常情况相比，差别是巨大的。借鉴市场经济国家的经验，对照我国现实，可知要建立社会主义市场经济新体制，在政府收费方面的努力方向是：一应减少其数量规模；二应提高其管理上的规范程度。

我提出，如果对“费改税”这种改革作更全面、更准确的称呼，可以称作以清理整顿预算外、制度外资金和各种收费为前提，使政府税收、规费、使用费和非政府预算的商业性收费分流归位的一种综合性税费改革，其中包括 “费改税” 这种归位，也包括众多收费向政府规费、使用费和非政府的商业性收费的各自归位，从而形成不同性质、不同形式资金较规范的分流归位。

关于这种分流归位税费改革的基本思路和要点，我提出如下内容：

（1）税费改革的基本思路。

以积极稳妥的精神，在清理整顿各种现行收费的基础上，按照现代市场经济的导向，决定税收、规费、使用费和非预算收费的组合方式和通盘管理框架，依照不同的资金性质、特点使它们分流归位，各行其道，从而大大提高政府资金分配与运作的规范性、合理性和资金使用效益，并理顺相关的分配关系及社会经济关系。

（2）分流归位的基本设想。

——从清理整顿现行各种收费项目入手，并结合政府机构的精简，将那些明显不合理的收费取消。企业、居民、农民群众得以减轻负担，将主要由此而来。

——在优化现行税制的大原则下，适当开征若干新的税种，覆盖和替代大部分原来具有合理性的政府与部门收费，从而以正税形式筹集吸纳必要的资金用于公益事业、基础设施、公共服务、社区建设等。与此相对应，所筹资金的支出也可以显著提高规范性、严密性和使用效益。考虑到我国税制和宏观税负的现状及各种制约因素，新开征的税种不宜过多，并应注意出台时的循序渐进、衔接照应，不宜强求一步到位。首先可考虑以燃油税替代原来的道路养路费，进而可考虑以社会保障税的征收替代社保基金的交纳，以教育税的征收替代原来上交的附加费与多种收费等。

——在提高税制的法治化和规范化程度、加强地方税体系建设的同时，与以分税制为基础的分级财政体制的逐步完善相呼应，应给予地方立法机构（首先是在省级）适当的因地制宜设税权、某些税种开征与否的决定权或税率调整权。这种税收机动权限，本是分税制分级财政的题中应有之义，但在体制过渡色彩较重的情况下，只能审时度势徐缓推进。

——某些具有合理性，但由于量小、零星以及与具体特定的政府服务直接相关等原因而不宜改为正税的收费，也应力求转为预算内的规费与使用费形式。

——除正税、规费、使用费外，在我国现实生活中还很难完全排除地区、社区内出于公共工程、公益事业等目的而进行的某些一次性集资。原则上，这类集资应经过公共选择程序（如社区全体公民投票、人民代表会议审议等）决定其可行与否、数量多少以及在不同社区成员间如何分摊等事宜，不应简单地由政府部门和领导者个人专断决定。

——那些属于原政府单位“企业化”之后的经营性收费，应与政府财力运作系统脱钩，转入商业性（企业经营型）资金运作模式。这方面的一个关键因素，是这类收费单位企业化之后，要真正与政府权力背景完全脱离，这样其收费才能够真正地商业化。

（3）可供选择的过渡性安排及远景目标。

考虑到我国预算外、制度外资金问题的复杂性和现阶段配套改革中多种主观、客观因素的约束，我国政府预算完整性的实现，必须要经历渐进过程，需作出过渡性安排去积极地逐步接近远景目标。总体上恐怕要划分“三而二，二而一”两大阶段。

第一大阶段的目标，可设定为将预算外资金和制度外资金全面纳入财政视野，进而将“制度外”并入“预算外”，取消“制度外”的存在，并对预算外资金以全面的专户存储、“收支两条线”等方式加强管理，但仍需保留预算外资金范畴。在把那些已可水到渠成地转为预算内的资金“内转”的情况下，这一阶段上仍然不得不多少保留一些继续属于预算外资金的收费，同时要坚决促成商业性收费的“外转”。概言之，这一阶段以归位为导向的分流已见眉目，但还不得不保留预算外收费的一席之地，原来政府系统的三块财力只是并作两块。然而，预算外的规模将明显缩减。

第二大阶段的目标，再延展推进到将预算外收费乃至预算外资金范畴完全取消，形成真正完整统一的政府预算。届时预算内、预算外两块财力归于一统，政府税收、规费覆盖所有凭借政府权力的财力征收，一次性集资和非政府的商业性收费也将有成熟的规范，分流归位将真正到位。

我国改革的实际进程中，是于2000年前后以几轮“治理小金库”完成了“三而二”，使“制度外资金”成为非法，一旦发现，即要或并入预算内，或并归为预算外。到2012年，明确宣布“二而一”，取消了“预算外资金”概念。至2012年于党的十八大上，明确“全口径预算”概念，并于其后在修订预算法时，加以法律确认。

5. 财政投资支出绩效综合评价框架

2011年，我与石英华研究员合作，于《财政研究》第11期发表了题为《我国财政投资支出绩效综合评价框架探讨——基于从宏观决策到项目全周期的通盘视野》的论文，在该项研究成果中，结合追求财政资金绩效和推进科学化精细化管理的发展要求，基于从宏观决策到项目完整周期的通盘视野，提出了在中国特色公共财政建设中，于全面的财政效益观之下把握财政投资支出资金综合效益的“分层次六大环节”认识评价框架，意在为具体指标体系的构建和未来我国投资支出绩效预算的编制提供理论支撑。

文中指出，在公共财政建设发展中，追求财政资金（即其所代表的公共资源）配置使用的绩效最大化，是必然的逻辑起点与运行目标。我国财政资金的绩效问题，已日益成为社会各方关注的重大问题，每当财政政策有重大举措（如应对世界金融危机冲击而启动政府“四万亿元”投资计划），关于政府使用财政资金的绩效如何，更成为公众议论的热点。应以全面的财政效益观认识财政投资资金综合效益的内涵。针对这一重大现实问题，我们进而指出：财政效益有别于微观效益，它体现的是在宏观、中观、微观各层面，贯穿于相关资源配置的各个环节和财政资金运用的全过程。运用财政资金安排投资，在确定财政政策的大方向和力度、制定具体政策要领、确定资金在项目群与具体项目上的配置、监督资金使用、公共工程项目竣工交付使用后的运营和维护等方面，都与效益有关。换言之，财政投资支出效益贯穿于公共事务决策和公共产品提供的全过程，涵盖公共产品和产出品的整个生命周期。

以这种全周期、全要素式的整体考量，才能无遗漏地反映和把握全面的财政效益观和完整地认识财政投资资金的综合效益问题。可知，这一效益的内涵必然是从经济社会全局评价的财政投资资金正面效应的最大化。我们给出的示意框图如图3-2：

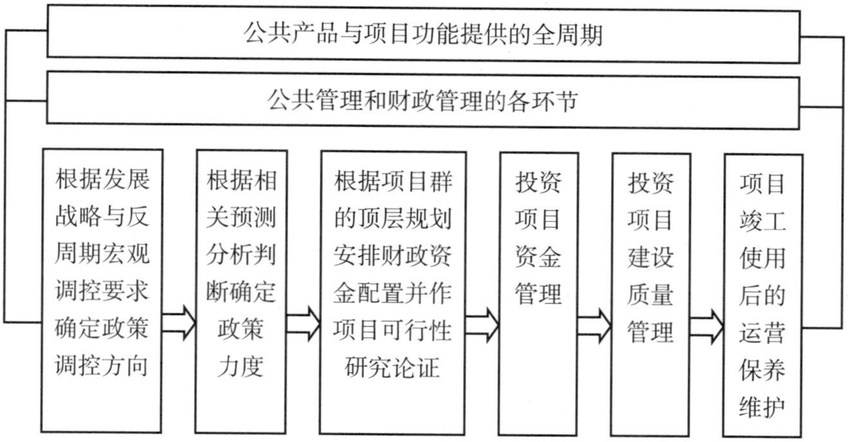

图3-2　财政投资资金综合效益主要体现环节

文中分别展开讨论的追求财政投资支出绩效必须把握的六大环节是：

（1）在财政政策的基本思路上，首先大方向必须正确。

每当在宏观经济形势发生重大变化时，决策层能否见事快、方向明，及时下决心，确定实行适应客观规律和客观需要的扩张型或收缩型财政政策，是决定和影响财政投资支出综合效益的基础。实践证明，每当处于这种抉择关头，“扩张”还是“收缩”首先表现为政策大方向的认定，社会上可能众说纷纭，但大方向的最优解其实是唯一的，自然成为对决策的一种考验。

（2）在财政政策力度安排上，要力度适当。

在总体思路和大方向正确之后，还需要力度适当。力度不够，难以实现预定效果；而力度过大，又会造成对非公共部门的经济产生挤出效应和公共部门负债率过高等风险因素，可能过犹不及。这是在政策大方向之后对财政资金综合效益的第二重保障因素。但这种力度的掌握，不可能十分精确，决策上的考验是要做到“八九不离十”。

（3）在政策实施中，具体的项目选择要正确。

资金投入项目的合理选择和尽可能充分的可行性论证，成为保障财政投资支出效益的又一个重要环节。而这与项目群的通盘“顶层规划”及各个项目尽可能充分的可行性论证密切相关。

“顶层规划”如同整个棋盘上的通盘布局，不看全盘只讲某一棋子是否应该部署，是无法形成合理答案的。比如要在某地建设一座主力火电厂（用煤发电），其合理性必然涉及我国电力产能的通盘布局问题。首先，涉及火电、水电、核电、风电等的大全景规划；其次，涉及火电概念下煤炭资源的分布与坑口电站、非坑口电站、电网、运煤干线的全局性合理规划；再次，涉及在诸种制约条件下此方案与其他各种可选方案之间在中长期眼界内的利弊对比；等等。只有这个“顶层规划”到位并具备了应有水准，其中各个局部的正确性，包括这座主力火电厂建设的正确性，才有讨论的前提。否则，看起来发改委在起劲儿地批项目，公共财政在热闹地配资金，但追求绩效的依据都还是未形成的。

有了合理的、有前瞻性和统筹协调应有水准的“顶层规划”，还须在具体项目上进行可行性论证。具体项目方案的决策正确与否，往往是在“细节决定成败”的层面上直接关系到各个工程实际造价的高低与总体上投资支出效果的好坏，从而关系到财政政策预期效应的发挥和财政综合效益的高低。

（4）在项目资金管理上，要防止挪用、厉行节约。

资金（所代表的资源）是具体落实财政政策的物质基础与手段。追求财政资金的使用效益，需要在前述政策大方向、力度正确和项目可行的基础上，保证资金的准确合规使用，使已确立的项目资金按进度拨付到位，不被挪用。还要在资金的使用中严防浪费、厉行节约，通过财政管理和监督制度的细化完善，把有限的财政资金使用好。

（5）在项目施工建设中，要严格监理，保证质量。

政府投资的公共工程、建设项目，不论是道路、桥梁等准公共产品，还是产业领域如大钢铁、大化工之类的重点企业设施，工程量大，投资金额高。如果前面一切正确，但施工单位在施工过程中由于一线施工人员素质较低，没有按相关规定要求保证质量，监理单位未认真履行职责，把关不严，导致不按图施工、野蛮施工，偷工减料等问题出现，造成质量低劣的豆腐渣工程，也会导致财政资源的巨大浪费而使资金综合效益归零，甚至带来由于额外拖累、收拾残局而形成的负效益乃至极高昂的补救成本。为避免出现豆腐渣工程，必须切实加强一系列相关的具体制度保证。

（6）在项目建成运营后，要创新运营中的保养维护机制。

公共工程项目竣工投入运营后，还十分需要形成适当的运营机制，保证项目效益和公共工程效能的正常发挥，使相应公共服务可及时提供，发挥公共资金投入的放大辐射效应和支持全面发展的应有后劲。可以预见，我国公共工程运营期搞好保养维护的客观需要将进一步凸显，公众对公共服务质量的需求会不断提升，未来我国将面临公共工程运营维护机制创新的更大制度需求压力。重视公共工程运营中的保养维护，加快完善相关制度，创新运营模式，积极采用PPP模式下的BOT、TOT、服务外包等运营维护机制，具有重要的现实意义。

这些方式所包含的新机制，既能培育凭借专业资质和内在的激励—约束机制尽心尽力做好项目运营中保养维护工作的法人主体，又能以大的乘数发挥政府资金“四两拨千斤”的放大效应，“少花钱、多办事”，甚至利用民间资本和社会资金使政府“不花钱、也办事”，当然会显著地提升财政资金的综合效益水平。

接受采访

步出会场

三　中国配套改革思路、要领与“顶层规划”及破解“非常之局”的系统论

在研究中，我高度重视系统论思维，强调合理的配套改革思路、要领与“顶层规划”和认清中国国情的“非常之

局”而寻求高水平的“非常之策”等。

1. 市场取向的改革与改革的配套

关于中国市场取向的改革与改革的配套，我于20世纪90年代前期作了深入思考，于《财政研究》1993年第4期发表的《市场取向的改革与改革的配套》这一研究成果中，我首先指出，改革的主题是发展社会主义市场经济，这是社会主义初级阶段解放生产力的必由之路。从总体上说，使市场成为主要的资源配置机制，才能真正发挥企业活力和人的积极性，充分调动各种生产要素的潜力，从而实现高效益和高生产率。走向市场经济的新体制，意味着要对传统体制下的政府职能和一整套管理方式实行整体性的转轨，由政府对企业的直接控制转向间接调节。并且，这种重大的市场取向的变革，必然牵动政治、法律、思想观念等社会生活的其他方面，产生一系列深刻的连锁反应。这是一项宏大的，需要十几年、几十年甚至更长时间才能成功的系统工程。

我接着强调，配套是改革的纵深攻坚。

我国改革之初，经验欠缺，几乎一切从零开始，难以解决整体配套问题，打一些“撞击反射”式的“前哨战”是不可避免的，“弃难就易”作为探索过程中一定阶段上的策略考虑，也无可厚非。由于社会主义在历史发展的长河中毕竟还是一种年轻的、不够成熟的新事物，其改革迄今尚无十分成功的国际经验，加之中国作为一个具有独特国情的大国，改革的复杂程度更高，只能先“摸着石头过河”。但这同时决定了对下一阶段更为严格的制约条件：在经过一段时间，走出一段路程之后，回旋余地日蹙，“牵一发而动全身”的联动效应渐强，种种问题相互缠绕扭结，如再不推出整体的“纵深战”和“攻坚战”，便极易陷入矛盾重重、顾此失彼、停滞不前或难以取得实质性进展的境地。

当我国农村改革于20世纪80年代前期取得重大成果，城市改革全面铺开之时，尚未搭起整体配套的框架，也未十分注重对宏观环境的把握。1984年底，《中共中央关于经济体制改革的决定》刚刚公布不久，需求膨胀不期而至，余波震荡影响数年。1985年，经济过热之势已成，价格改革颇不顺利。1986年全年关于价税财联动方案的研究，是试图初步解决城市改革配套问题的重大部署，但终因宏观形势制约和企业改革“路数不清”等原因，最后放弃联动方案，转移重点，寻求以“承包制”另辟蹊径：此后几年间的事实证明，承包制有一定积极作用，但负面效应也甚大。1988年，提出价格“闯关”，虽然其大方向并没有错，但时机不对，配套欠缺，在过热的经济环境中，价格改革欲一马当先，可未动已满城风雨，稍动便激起抢购浪潮。随后，被严峻的形势所逼迫，不得不放弃“闯关”，转入全局性的治理整顿。

现在来回想改革的主脉络，早在20世纪80年代初，就明确提出了要吸取新中国成立之后历次对地方放权而均不成功的经验，不仅对地方，更重要的是对企业放权。问题是，其后按照行政隶属关系系统的“放权让利”，并没有实质性地消除旧体制政企不分、“吃大锅饭”的弊病，只不过行政隶属关系控制总的说从“条条为主”变为“块块为主”，由行政部门单一的指令变为指令加上“商量”（实际是难违拗的）和暗示；企业经营不善，照样由政府搭救。因此，国有企业在“双重依赖”中对行政主管的依赖与跟从是更为主要的，总的说仍然没有“搞活”。于是，越来越多的人认识到，对企业的放权，必须要有跳出“行政性分权”框架的新思路。1991年，决策层开始认真地考虑在建立健全社会保障制度的同时实行企业破产、兼并和打破“三铁”（指铁饭碗、铁工资、铁交椅）的措施，可以说是新思路趋于成型的端倪：在划开国家两种职能、推行“税利分流”“试行股份制和逐步实行财政分税制”等方面，得到了理论界和实际工作部门越来越广泛的认同，并且价格改革借“市场疲软”之机迈出了坚实的几步，都预示着循新思路的改革探索将要步入新的阶段。南方谈话之后，风起云涌，改革的攻坚战，又一次合乎逻辑地、十分鲜明地被推上历史的前台。

基于以上的认识，我提出了三大视角的配套改革建议：

（1）相关方面的横向配套。

市场经济中，“间接控制为主”的体制，有三个层次或三大方面互为条件的构成要素，缺一不可。

①宏观调控系统，即经济参数（经济杠杆）手段比较完备、职能适当、作用充分的政府调控层。以诸种价值形态调节杠杆为工具的指导性计划，要在极大的程度上取代指令性计划。

②市场中介，即一体化的，包含各种生产要素、具有正常的价格形成机制、健全的法规制度和较完备的组织机构与联结网络的市场体系。宏观层次的调控，主要通过经济参数变量影响市场上商品与生产要素的价格信号，来发挥调控

功能。

③微观基础，即那些作为商品生产经营者、有强烈的创利与创新动机和较硬的预算约束、能够对市场信号变动作出较灵敏反应、有较充分的流动性和正常淘汰途径的企业。企业以独立利益主体身份在市场上展开竞争，并接受一律的规则制约。宏观层次通过市场中介传导过来的调节信号，不仅可以对企业资产增量进行导向，而且能够引出资产存量的重组，从而相对完全地实现调控目标。

只有上述三大方面的条件都具备，间接控制为主的体制才能构建起来，而且在其生长过程中，三个方面的进展必须相互呼应、“相互调试”。很难想象缺少了其中任何一个方面，间接控制为主的体制能够发展和运转。由20世纪80年代中期持续至今的价格改革和企业改革谁为关键、由谁先行的争论，在形成正常市场信号和形成市场主体两方面各自着力强调的论据，都是深刻的，但是绝对化的单方“先行”和单方“关键”，却难免有“偏爱”之嫌。在此问题上，如果非说“关键”，我认为只能说，配套和呼应是关键。当然，在总体呼应的前提下，的确并不排除（而且必然有）某种进展安排上的“次序”问题，但相互呼应是最根本的、战略性的、第一位的，而先后次序的考虑在这里是从属的、策略性的、第二位的。

改革目标模式的构成要素及其相互关系，决定了最基本的横向配套要求。如果要实现前述三大方面的配套呼应，必然涉及计划、价格、财税、金融、投资、资产管理、物资流通、外贸、劳动、人事等方面的改革安排。总体上说，这些方面的改革虽不能严格地齐头并进，却必须时时注意它们的紧密衔接，及时策应，使它们相辅相成。这些趋于目标模式的各相关方面改革的配套，可统称为“横向的配套”。

（2）推进过程的纵向配套。

改革既要掌握转变的方向性规定，又要满足能使转变得以实现的操作性要求。中国的改革不可能“毕其功于一役”，它是一个较长时间的转变过程，必须前后衔接，逐步推进，因此在横向配套（诸元的配套）之外还要加上纵向配套（阶段转接、轻重缓急的配套，即对趋于目标模式的发展过程的某种自觉设计与把握）。横向配套与纵向配套的同时考虑，归结为一种总体的系统工程配套。

已历时十余年改革实践中正反两方面的经验，以及国际经验，至少已向我们表明了纵向配套的如下一些要点：

①控制功能前后衔接。体制改革与经济发展在总体上必须处理成兼容和促进关系，国民经济整部机器和社会再生产的宏观控制系统不能“停机检修”，要在其运行中精心安排体制的转换和控制功能与方式的替代，防止发生大的“脱节”式失控和再生产过程的混乱。

②注重起步环境和时机。在经济体制改革过程中，经济问题、政治问题和社会安定问题必然胶着于一体，密不可分。凡要取得改革的“高潮”式实质性进展，必定需要一个具备一定稳定程度、总需求不过多超过总供给的宏观环境。如果改革已产生实效，当然会有助于长期稳定，但从初始阶段的角度说，稳定却是一种先决条件，是解决经济问题的政治前提，也是使改革所要引入的市场机制较正常地发挥作

用的必要环境。否则，各种改革措施都会受到牵制而难以出台，即使勉强出台，也难以迈过预想的区间，而在原来的区间内走成一些损耗甚大的“小碎步”。在未真正进入新体制之前，当发生较严重的需求膨胀和经济失衡时，一般只有偏重于某些直接控制的手段，才能有效地作出矫正，因为间接控制手段的效力此刻还不足以较快解决稳定问题。依靠旧体制的控制效力来创造一个建立新体制所必要的初始环境，是改革策略掌握上不能回避的重大环节，它提供改革不可缺少的出发场地。其后，如果改革配套得法，则行政控制带来的稳定可以成为逐步改变以行政手段为主的直接控制方式的开端——届时必须果断和不失时机地抓住相对稳定的有利环境，通过某些平稳的渐变和某些社会各方面可以承受的突变，逐步实现利益分配格局的重组和经济运行规则与体制模式的转轨。

③由点及面破立结合。改革是一种摸索、创新的过程，大方向明确之后，还需寻找具体的途径和试验操作性方案。这些方案要根植于实际，从人民群众的创造和实践经验中总结、提高。初步的方案设计需要回到实践中去检查，然后一步步完善，再一步步推开。试验开始时，往往只能侧重于“破”，随后寻求“立”的成型；相反，待取得经验大面积推开时，则必须强调“先立后破”。

④全方位权衡利弊。改革不可能直线式发展，大大小小的迂回曲折总难避免，还往往必须接受某些暂时的“妥协”和权宜之计。有的办法或措施，在短期内利大于弊，但在中长期则会转为弊大于利，如一时不得不用，则要积极创造条

件，在达到利弊对比转换点之前，采用新的办法或措施。凡是采取难以避免的迂回措施时，都应保持对于其后利弊演变的预见性，尽量少为后续改革设置障碍或增加困难。

⑤适当处理改革方案与进度的地区差异。在我国这样一个地区差异极为显著的大国中推行改革，不能不极其重视区域战略和策略。向间接控制为主和统一市场大方向趋进的过程中，往往不得不因区域而异区分进展的先后。比如分税制改革，既然不可能以一个方案、一种程度同时推开，所剩的选择就必定是安排不同区域以不同进度推开。在因地制宜区分先后的同时，进度或推移中的"梯度"，不应当是固定和一成不变的，条件具备时，后起的区域或其中的某些局部，也可能通过加快速度，或跃过几个台阶后来居上。

（3）提出进一步改革的配套要点。

总的思路：以优化产业产品结构、调整经济利益结构并改造上述两种结构的调节机制为核心，启动"大配套"的改革，在理顺生产要素的价格信号及价格形成方式、淡化行政隶属关系控制、强化企业预算约束诸方面相互呼应地推进。比较突出的重点环节有：

①市场信号和市场制度方面。在价格调放中进一步缩小指令性计划范围，相应减少国家计划价产品种类、拓宽流通渠道，推动"双轨价"中的计划价转为指导价或与市场价并轨。争取几年内消除农副产品购销价格"倒挂"，初步形成农产品和某些大宗生产资料的期货市场。进一步扩展金融市场、房地产市场、技术市场、劳动市场并大力加强相关的法律建设；通过汇率微调最后取消汇率双轨制。

②政府职能和政企关系方面。实行政府事权调整和分层次的明确划分、兼并政府经济管理机构，地方政府逐步退出营利性项目的直接投资领域（特区和经济发达地区先行）。大力完善和健全国有资产管理体系，以“税利分流”（税后资产分红）为主线深化企业改革，积极试行股份制，鼓励公有制企业和不同所有制企业发展法人交叉持股。创造条件淡化企业行政隶属关系网络和企业行政级别。

③企业制度和经营机制方面。落实企业经营自主权，并以完善、健全社会保障体系为必要条件，坚决推行企业破产、兼并制度，逐步形成市场公平竞争中优胜劣汰的存量重组机制，引导和鼓励专业化协作和生产要素流动。同时在企业内部坚决打破“铁饭碗”，扫除平均主义分配，普遍实行合同工制度，强化岗位责任制，并以劳动人事制度改革相配套，取消企业内部干部与工人的固定界限。

④财税、金融、投资、外贸管理体制方面。在淡化“条块分割”的行政隶属关系控制体系的同时调整各级政府间关系，财政体制向分税制过渡。税收体系内改进流转税，归并所得税，扩展资源税，健全房地产税等地方税种，逐步减少“一刀切”的税后“两金”。中央银行增强独立性，把严格控制货币供应量作为基本目标，各专业银行走企业化之路，将“政策性”的结构调节功能转交给财政信用。扶植和引导现时企业自主投资的生长点，鼓励符合市场规范的集资融资和发展规模经营；中央政府重点建设投资实行基金制，交国有资产管理体系中的投资公司承担，同时开拓各级政府主办基础设施投资时公益性与经营性相结合的新路子。巩固外贸

企业取消出口亏损补贴的制度成果，大力发展工贸结合企业和外向型企业集团，并借鉴国际经验实行进出口代理制，协调国内企业“一致对外”。

⑤掌握宏观环境方面。切实地以优化结构、提高效益为经济发展的中心环节，防止单纯追求产值速度的倾向抬头，充分警惕经济快速升温导致过热和通货膨胀卷土重来。改进、健全国民经济的统计、预警、咨询、决策系统，调控操作中，以零售物价上涨指数一般年份不超过5%、价格改革措施密集出台年份不超过10%为控制上限。

⑥掌握推进步骤方面。加快特区、开发区发展和全局性的对外开放，注意维护沿海区域的经济起飞和改革深化势头。重视发现和及时总结中、西部区域局部地区改革与发展进度加速的经验，向分税制的过渡中可将全国分成若干台阶，按不同分税程度及相关配套事项平行展开。以法律、行政、经济手段多管齐下，逐步扫除“地区割据、诸侯经济”的壁垒，提高市场整体化程度。

2. 新一轮价税财配套改革

在党的十八大提出加快改革财税体制后，我在研究中形成了推进新一轮价税财配套改革的思路。发表于《红旗文稿》2013年第7期，我指出，20世纪80年代已反复探讨的价税财联动改革，在价格调放基本完成于“治理整顿”低通胀期之后，又乘邓小平南方谈话的东风，推进到打造与市场经济相匹配的以分税制为基础的分级财政体制和多税种复合税制，从源头上不再按行政隶属关系组织财政收入，而是让各种类型企业依法纳税、公平竞争，从而正确处理政府与企业、中央与地方两大基本经济关系，构建以宏观间接调控为主的框架，促成了此后延续至今的我国国民经济的活力释放和又好又快的发展过程。

但是目前，在看到我国经济快速发展的同时，也要看到伴随而来的挑战和压力，财政方面，省以下体制一直未进入真正的分税制状态，基层财政困难、大量隐性负债和短期行为明显的“土地财政”偏颇，引起广泛诟病。因此，为了化解矛盾，真正转变和优化政府职能，服务经济又好又快发展，财政体制的扁平化、县级财力保障、地方税体系建设、转移支付改进、预算的规范化都势在必行。而且现实生活正在呼唤新的一轮价、税、财配套改革。在我国一般商品价格已由市场决定的情况下，当前在资源产品价格、不动产价格等方面，仍然存在着严重的比价关系不能理顺、价格形成机制扭曲等问题，愈益形成对国民经济的负面影响，最突出的例子是社会再生产“命脉”层面“从煤到电”的配置机制扭曲，比价关系不能反映资源的稀缺性，不能有效形成产业上、中、下游全程各相关主体的节电、节能、降耗、低碳发展的内在激励机制。与此同时，从资源开发到社会总产品分配中的重要制度——地方税体系和地方政府阳光融资制度建设严重滞后，省以下财政分税制迟迟不能落实，成为政府职能转换、行为优化方面的明显障碍，基层财政困难、地方大量隐性负债、过度依赖“土地财政”等为人们所诟病的问题，都与此相关。

显然，面对新的发展阶段，我们需要以更大的决心和勇气不失时机地大力优化我国发展改革的顶层规划设计，抓住基础品价格机制、税收制度、财政体制等重点，实施通盘设计的配套改革，并以利率市场化、资本市场发展健全等金融改革事项相呼应，使生产要素配置更加合理。

在新一轮价税财配套改革中，营改增改革将在减轻税负、推动产业结构优化、提振消费和提升经济增长质量方面产生深远影响；资源税改革有望成为我国基础品价格改革和电力体制改革攻坚克难的重要切入点，并产生节能降耗的杠杆作用；房产税改革试点适时扩大范围将引导地方税体系框架建设及其配套改革事项的一系列积极拓展，并在房地产调控、收入再分配优化等方面产生正面效应；个人所得税分步走向“综合加分项扣除”模式的改革也势在必行，并将是我国打造现代税制中直接税制度从而调节分配、促进社会和谐的重要改革内容之一；而以省以下财政真正进入分税制为重点的财政体制与行政框架扁平化和政府职能的进一步转变，必将降低行政成本，优化财政支出结构，更好地释放千千万万市场主体的创业创新活力，缓解资源环境、人际关系等方面的矛盾约束，进一步打开我国未来可持续地高速、高质发展的潜力空间。

从考虑深化改革、兴利除弊的思路上看，须指出一个重要的着眼点：市场经济是法治经济，在公共资源配置上，必然要求规则统一，各种以“因地制宜”“灵活务实”为名要求体制问题“一事一议”“一地一议”式的制度安排，一定是滑向设租寻租的、潜规则的、人治的制度，是会导致践踏规则的不良制度。经济社会转轨过程中扑朔迷离的现象和复杂的现实矛盾，要求我们必须以清醒的头脑抓住财税体制问题的实质，坚持1994年财税改革的基本制度成果，坚持与健康市场经济配套的方向。我还和刘克崮等同志合作，形成了这个主题之下的课题研究成果（主要内容发表于《财政研究》2014年第1期）。

3. 辖区顶层规划

从政府统筹协调作用视角，我结合新供给经济学的理论创新，积极探讨了政府牵头的“辖区顶层规划”问题。我与苏京春博士合作，于《全球化》2016年第8期发表《论顶层规划与供给体系的优化提效》，以及在《中国财经报》2016年8月发表《辖区顶层设计优化是政府最好的理性供给》这两份研究成果。我们强调，人类社会发展到现阶段，政府辖区国土开发的结构优化问题，是市场微观主体和基层单位“试错法”所解决不了的，开发中形成的各种不动产如何配置结构不当，若要纠正会产生高昂的社会成本，甚至是无法作出纠正的“生米煮成熟饭”的结果。政府在这个方面发挥其不可替代的功能作用，应认识如下一些要领：

第一，“顶层规划”一定要打出提前量。作为基本公共服务设施的重要组成部分之一，给排水管道系统和类似涵管、光纤等的建设及翻修窘境，近几十年来在全国多个城市最为人们所熟知。在统筹规划不到位的情况下，“马路拉链”的现象屡见不鲜，其所带来的停水、停电、交通堵塞、环境污染等问题又必给公众生活带来诸多不便。每次建、拆和再建，都创造统计上的GDP，这样的“政绩”实成民生之痛。高速公路建设中明显存在某些前瞻性不足问题。北京八达岭高速、沈大高速、沪宁高速建设，均因前瞻性与财力预算安排没有体现较充分的“提前量”，建成后均很快出现拥堵现象而又不得不再次投入资金翻修。

应理性避免供给满足需求过程中的频繁升级。基本公共服务设施的供给大体上呈现这样的轨迹：伊始表现为需求高涨，政府着手组织供给，总规模适度大于需求，或至少使供给与需求达到均衡，其后需求又高涨，下一轮建设再度开始。若前瞻性较高，从“供给大于需求”过渡到“需求供给双方均衡”的区间持续时间较长，下一轮供给开始的时点就可推迟。任何供给主体的投入能力都是有限的，所以设施建设只能分轮次逐步升级换代。由于规划水准和前瞻性不足，中国目前基本公共服务设施建设供给满足需求的时间段较短，首都机场扩建工程二十几年内上马三次就是典型案例。

第二，应着力加强地域配套，发挥综合效益。转轨时期基本公共服务设施前瞻性欠缺的另一个突出表现是配套要素滞后。例如，某些城市棚户区改造和保障房建设按时竣工了，但供暖、燃气并未随之落实；在廉租房、公租房小区内，入托和入学、老人赡养、就医等问题也未解决。再如，在一些边远县、乡镇和欠发达地区，政府“金”字号工程名义上已告落实，各项补贴转入“人头卡”内，但群众因附近缺乏金融网点而难以取现的情况也时有发生。

顶层规划过程正是供给管理过程产业的培育、技术进步的推动、经济区域的协同发展、企业空间位置布局可能产生的聚集效应，实际上都建立在当地政府相关规划的基础之上。不仅如此，与生产力结构相关的市政基础设施结构也必须被囊括在规划范畴之内，从住宅区布局到交通、供电供热、给排水、文教卫生、生态环境等配套系统的建立健全，越来越带有包罗万象的特征。这就对全局视角下的顶层规划提出了更高的要求。

历史上在城市产生和发展的自然过程中，空间上的选择起初都是市场主体本身决策，且在规模效应、聚集效应等的作用下，市场主体的规模结构、产业的技术结构等都在不断发生变化。同时，市场个体在生产、交换、分配、消费过程中形成的空间布局伴随需求的产生以及供给的回应而形成初级阶段的试错式调整。政府运用强制性的旧城改造、城区扩大、城市重建等规划活动来作出重新安排，进而实现生产要素的有序供给，可以力求减少继续发展过程中“试错法”高昂的成本制约与巨大的社会代价，这实质上就是一种以理性、优化的供给管理掌控空间布局升级的过程。

我们提出了“规划先行，多规合一”的顶层规划供给管理对策建议。

规划强调组织供给来处理生产力结构和社会生活结构中区别对待和通盘协调问题的解决方案，实质上就是形成综合要素供给体系的规划供给，以其带出供给管理的全过程。基于此，中国现阶段必须“先行”且走向“多规合一”的顶层规划，相关的规划内容至少应考虑框架、制度、分类融合和动态优化四个方面。

（1）框架：实现法治框架下的规划先行。

顶层规划一方面做到避免规划中缺乏前瞻性导致很快

出现严重供给短缺所引发的更多成本投入，另一方面做到可放可收。经济社会发展最大限度上避免“试错—改错”的有效手段就是“规划先行”，国土开发、城乡一体化发展中所有项目建设都应当建立在具有前瞻性，力求高水平的科学规划基础之上，同时法律所规定的规划权的行使决不能独断专行、率性而为、朝令夕改。顶层规划关系到发展中经济体能否实现赶超战略目标，具体内容涵盖一个经济体国土范围内从城市到农村的所有区域，涉及土地开发利用、生态环境、文教卫体、交通、市政、水利、环卫等各个方面。

（2）制度：打开制度结节，开展先行的多轮顶层规划。

现阶段，中国尤其应当在多轮顶层规划开展之前打开行政审批制度结节，达成“多规合一”的合意结果。截至目前，行政审批制度改革显然已经涉及更深层的体制性问题，要从减少审批项目的数量推进审批质量的提高，这就需要结合“大部制”和“扁平化”改革，实现政府职能机构的整合式瘦身消肿改造与新境界中的协调联动。除了提高行政法治化程度，顺应精简机构的要求之外，更要扩充动态优化设计至全覆盖，以后择时启动整个“大部制”框架下的、行政审批的国家标准化工作，而后联通“规划先行，多规合一”相关工作的开展。多年来由不同部门分头来处理的国民经济发展规划和国土开发、城乡建设、交通体系、环境保护、产业布局、财政跨年度规划等，都应该纳入“多规合一”的综合体系，并基于全国统一的行政审批信息数据库和在线行政审批平台，矫治“九龙治水、非旱即涝”的弊端，实现决策体系和业务流程的优化再造。

就中国的经济社会发展现状而言，所有发展中出现的矛盾和问题亦不可能通过某一次顶层规划全部解决，势必要通过动态处理结构性问题的多轮顶层规划逐步落实。但每一轮顶层规划都应当建立在基于现状对未来力求科学预测的基础上，将城建、交通、文教卫体、市政、水利、环卫等方面规划合理地打上“提前量”，从而最大限度减少沉没成本的发生，提高增长质量、社会和谐程度和发展可持续性。

（3）分类融合：要素分类视角对“多规合一”的把握。

经济增长要素可分为竞争性要素和非竞争性要素，前者包括土地、劳动力和资本，后者则随第三次科技革命的爆发在以往所强调的技术和制度基础上，增加了信息。除了这些经济增长的动力要素以外，某一经济体发展过程中还存在制约要素，主要包括财政三元悖论制约、社会矛盾制约、资源能源制约、生态环境制约等。顶层规划，显然就是将以上经济增长要素与经济发展制约要素全部纳入系统考虑，通过供给管理实现供给侧优化，从而促使经济活力最大化。特别值得注意的是，在经济增长中，土地要素对经济增长产生贡献的效应往往与交通网络有关，交通网络越发达，土地要素对经济增长作出有效贡献的能量（经济上可量化为“级差地租”）就越大。科技创新与制度供给，就社会全局和长期而言，则完全或几近完全属于效用不可分割，受益无竞争性的“公共产品”。随着经济发展，无论采用发展经济学中所强调的弥合二元模式的城乡一体化，还是采用规划学中所强调的区域性、大都市圈或城市群，都是体现城市自身形态的升级，而这一升级对于经济增长的要素支持效应就是环境承载能力、多元要素流通能力、合意配置能力等的提升。以技术、制度和信息构成的非竞争性要素更多地决定着质量增长的实现。经济发展的相关制约要素则决定着经济增长要素在多大程度上能够顺利发挥作用，顶层规划中应当尽量通过合理的供给侧安排缓解经济增长制约。

这里的“多规合一”，实际上包括国民经济和社会发展规划、城乡建设规划、土地利用规划、生态环境保护规划以及文教卫体、交通、市政、水利、环卫等专业规划分类基础上的有机融合。如城市通盘规划中的交通规划决定着城市的运转效率，因此城市交通规划也是都市圈，更是城市群规划是否能够形成的关键所在；城市生态环境规划目标在于通过规划实现人与自然的有序组合和平衡，因此城市生态环境规划在工业化时期，首先是体现制约特征，在后工业化时期，则颇具更高层次的追求特征（“望得见山，看得见水，记得住乡愁”）。

（4）动态优化：锁定不同发展阶段每轮顶层规划的主要矛盾。

经济社会发展的不同阶段，其所面临矛盾的紧迫性会有所不同。“多规合一”的顶层规划下，每一轮顶层规划都应当首先锁定解决当时面临的主要矛盾。从国外经验来看，首先应当解决的就是动态地在产业布局基础上进行均衡性区域规划。

顶层规划首先应当考虑的是工业化相对落后地区增长极的培养、工业化中等发达地区城市点的扩大以及工业化发达地区城市辐射力的增强，这势必要求通过国土规划、产业布局规划、交通规划、环保规划及专项规划的合理衔接、搭配，形成有效合力。针对工业欠发达地区，可启动依托当地资源禀赋建立差别化工业基地的规划项目，工业化水平的提升势必吸引更多人口入驻目标城市，因此目标城市应根据工业、产业发展规划预测未来的人口增长、收入增长，并针对劳动力数量、人口结构及居民收入的预测，有针对性地配以交通、文教卫体、市政、水利、环卫等方面的专项规划。

针对工业化中等发达地区，可启动以几个“城市点”共同带动“城市面”的一体化规划发展。这一轮顶层规划，是基于由几个“城市点”所划的大区域“都市圈”，其最终追求的发展目标是要形成“城市群”式的均衡发展。以中国现阶段经济社会发展的案例观察，“京津冀”一体化就是这一阶段必须优化顶层规划的典型。北京“大城市病”已非常突出，天津既有产业发展潜力又有纠结烦忧，它们周边的河北地区却相对落后，显然有协调、均衡的必要。这一类型的顶层规划，应特别注重“网络”和“网状结构”的应用和落实。交通运输网络是关键，地铁、公路、城际铁路等的供给全面跟进，能够实实在在地缩短附属中心与城市原中心之间的空间距离。对于常住人口已超过2150万的北京市而言，城市运转所面临的问题绝非再建几条环路就可以解决的，势必要突破现有格局，建立“大首都圈”，以北京市、天津市为点，以外围的河北省为一体，在顶层规划中疏解首都非核心功能，确立卫星城式的“副中心”和新的增长点。在“副中心”等区域力求在高水平上全面落实国土规划、产业规划、功能区规划、公共交通规划、住宅区等一系列的顶层规划。

在新城建设的过程中，则应当特别注重为未来发展预留动态优化的空间，同时可在预算约束线以内尽量高水平地加入对建筑设计规划、自然生态规划与人文保护规划的创新。

现代城市的产生和发展是生产力不断集聚的结果，而随着城市自身规模扩大、数量增多，在地理区位、自然条件、经济条件、贸易往来、公共政策、交通网络等多重作用下，会逐步形成一个相互制约、相互依存的统一体。中国目前较为典型的城市群包括沪宁杭地区、珠三角地区、环渤海地区等，这些区域已经形成“一体化”态势，须在进一步发展中高水平制定区域层面贯彻总体发展战略的顶层规划，至少应在总结经验教训的基础上，把在区域内会产生广泛关联影响的产业发展、基础设施建设、土地利用、生态环境、公用事业协调发展等方面的规划内容作出升级版的有机结合。

4. 由“胡焕庸线”认识中国可持续发展的“非常之局”，进而求破局的“非常之策”

以全局视野考虑“中国国情”制约之下的现代化发展，我高度重视由“胡焕庸线”所揭示的基本格局展开认识的中国实现绿色低碳可持续发展的“非常之局”，继而不得不全面考虑破局的“非常之策”。我与苏京春博士合作，撰写了发表于《财政研究》2015年第4期的长篇论文《胡焕庸线：从我国基本国情看“半壁压强型”环境压力与针对性能源、环境战略策略——供给管理的重大课题》。

文中以“胡焕庸线”为思考起点，提出了中国特殊的“半壁压强型”之上“三重叠加”的能源、环境压力与挑战的严峻性，即“胡焕庸线”东南约42.9%国土上居住约94.2%人口所带来的能源—环境高压强，加上近几十年来经济起飞阶段粗放型高速增长形成的能源—环境高压强，再加上资源禀赋能源结构“以煤为主”形成的能源—环境高压强，与我国以雾霾重为代表的环境危机因素的出现密切相关，进而强调优化中国能源—环境战略所必须把握的特殊针对性，且引出其与“供给管理”的天然联系，并讨论了实施有效“供给管理”“以非常之策破非常之局”的路径、重点和应有的理论引领。

“胡焕庸线”由胡焕庸教授于1935年提出，其以黑龙江瑷珲和云南腾冲为点确定的直线，将中国领土划分为东南和西北两部（故亦称“瑷珲—腾冲线”）。迄今为止，虽已历70年有余，但中国人口密度分布基本格局依然遵循“胡焕庸线”这一条说来神奇的中部主轴。伴随着人口密度分布在此线之两边的极度不均，“胡焕庸线”实际上还可揭示中国能源消耗密度和环境压力的极不均衡状态，并会引发与不考虑该线存在时所进行的分析之结论迥异的认识。换言之，据此线考量所得结论，会凸显中国基本国情引出的资源环境压力与挑战的严峻性，可称之为中国发展方面的“非常之局”。

我们在论文中的论述逻辑框图如图3-3：

在讨论了优化中国能源、环境战略必须把握的特殊针对性之后，我们强调指出：对“半壁压强型”之上的“三重叠加”发展制约形成清醒认识之后，优化中国能源、环境战略策略所必须把握的特殊针对性及其对于“供给管理”的天然联系和特定要求，也就呼之欲出，即以“供给管理”而使管

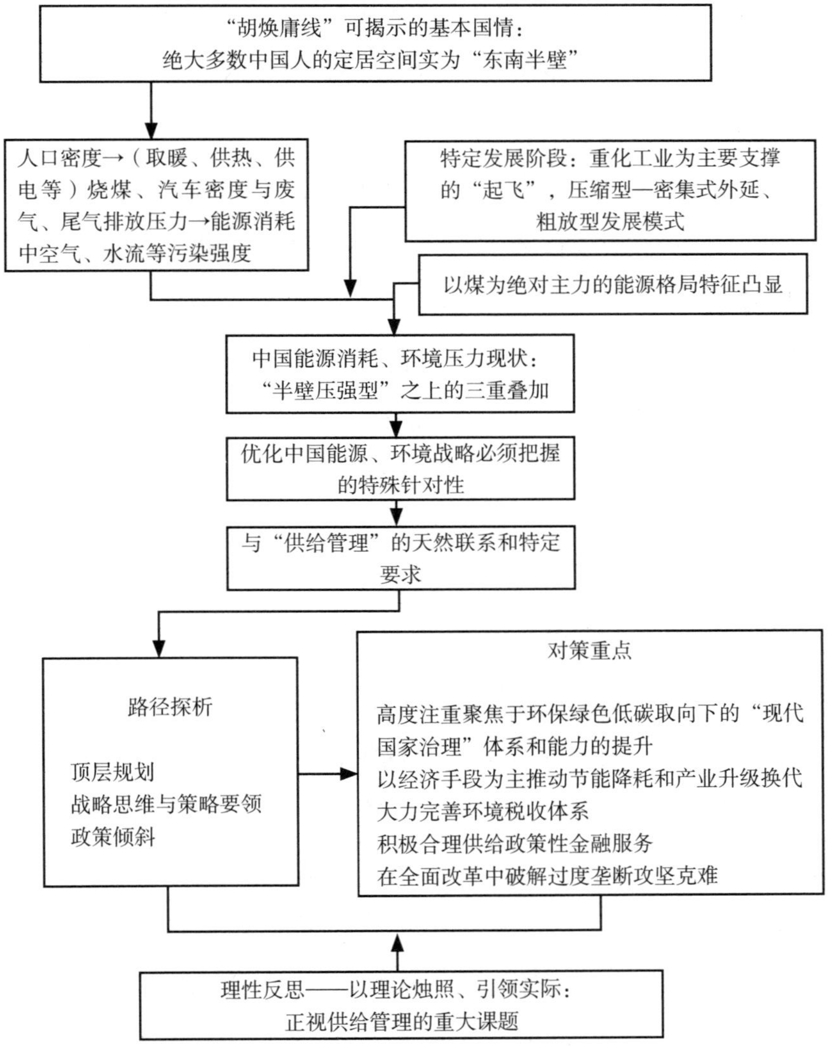

图3-3　"胡焕庸线"可引发的认识逻辑

理调控与特定针对性相结合。

（1）资源开发和能源结构优化需要中央政府通盘规划中的顶层设计供给。

（2）消除产能过剩需要政府"深化改革"的相关制度供给。

（3）解决雾霾危机，倒逼供电供暖“能源清洁化”与重化工业、汽车产业等的技术供给和相关制度供给，实现创新升级。

“非常之局”须有“非常之策”，与其他经济体相比，中国一定要有更强有力的能源战略、环境治理与生态保护方面的政府作为，但其中应该抓住不放的是以经济手段为主的机制建设，使市场决定性资源配置作用得到发挥的同时，可以更好地发挥政府作用，兴利除弊。

毋庸讳言，“供给管理”的理论分析往往明显更复杂、更难以需求管理，并且由于需要政府通过“区别对待”的供给端发力来实施，所以在更大程度上带有政府失误的可能性与不确定性。处理得好，能够有效地帮助达成预期目标，发挥“超常规”发展的支撑效应；但处理不好，也有可能事与愿违，在改革不能够实质性推进的情况下，供给管理的最大风险就是以政策支持为名带来一系列的设租寻租和紊乱、扭曲、不公等不良后果。尽管如此，我们也不能由于供给管理可能会带来的不良后果而放弃中国“追赶—赶超”式现代化追求过程中所可能依仗的这一利器，不应一味地在供给领域畏首畏尾。简单沿着需求管理的思路走，在前述中国“三重叠加”现实国情面前，注定是无望冲破重重约束实现“后来居上”的。从前面几十年间的中国实践看，即使是常常被人们所指责的地方融资平台这样地方政府以潜规则强制替代明规则而实际实施的供给管理，也是根据地方发展战略而联通到策略，以政策倾斜的方式支持超常规发展，虽然存在着不透明、不规范等带来的一些不可忽视的问题，也容易存在种种设租寻租行为，但是从中国经济发展的主流上来看，这种“跌跌撞撞”中出现的供给管理，在各地确实起到了不少积极的推动作用，并在很多情况下开始倒逼着阳光化制度的产生。在全面改革的全局部署之下，我们理应更有信心、更为积极地在中国特色社会主义市场经济发展中，以实质性推进配套改革为核心处理好无可回避的全局性供给管理重大课题，守正出奇、稳妥有力地应对好“三重叠加”式的能源、环境挑战，以非常之策，破解非常之局。

在中央电视台财经频道接受采访

四　国有资产管理体系与企业混合所有制改革

1. 国有资产管理的分类与分层

在改革中探讨国有资产管理体系建设，是20世纪80年代后期我国高度关注的重大问题，我在研究中形成了关于国有资产分类与分层管理的思路，于《财政研究》1991年第5期发表的论文中，作了条理化的阐述。

健全与完善国有资产管理体系，对于深化改革、建设中国特色社会主义，具有极为重要的意义。20世纪80年代我国建立了国有资产管理局（简称资管局），一系列复杂的相关问题也接踵而来，需要认真研讨，以求正确解决。

（1）国有资产的分类管理。

国有资产是一个内容广泛的总体概念，有必要区分其不同组成部分，进而根据各部分的不同特点采取适当的管理形式。从不同的角度，可以对国有资产作不同的分类，如动产与不动产，有形资产与无形资产，实物资产与证券资产，等等。但是，我认为，从宏观的角度，首先需要把国有资产划分为最基本的三类，即自然资源型资产、公益型资产和经营型资产。

①自然资源型资产，包括天然形成的地上水泽、水、地下水源、矿藏、原始森林、山岭、荒地、草原、滩涂等，也包括珍稀野生动植物和未发掘的古文物等。这类资产在处于未经开发的状态时，已构成或潜在地构成国家物质财富的内容，但并不呈现价值形态。其中相当大的一部分也是国家整个生态环境的构成因素，对社会经济生活发生某些直接或间接的影响，但并不加入各经济单位经济效益的核算。这类资产一经开发利用，就要改变其性质，或转变为公益型资产（例如，把自然状态的地下水转变为公益性居民供水系统的水源，把荒地建为公共运动场），或转变为经营型资产（例如，把自然状态下的矿藏转变为生产经营型矿山的开采对象，把滩涂辟为水产基地）。

对于未开发的自然资源型资产的管理，主要涉及对其护卫（如防止偷伐、偷掘、偷猎），防范或减轻自然灾害（如预防、监视与及时扑灭森林火灾），以及纺织污染等方面的工作。这些工作一般需要由国家财政预算的经常性支出项目提供资金来源（有时还需动用预备费）。今后，也有必要开拓和鼓励其他的资金来源，如各种以自然生态保护为宗旨的民间基金会与捐助等。

另外，森林、矿藏、地下水源等自然资源一旦处于开发之中，便立即牵涉资源的计价与补偿问题。通过计价收费，林木这样的再生性资源可以筹得维持其后续采伐量的投资，矿藏等非再生性资源则可以取得其后续替代资源的开发资金。这种计价与补偿的缺少或不足，将给国民经济的长远发展留下重大的隐患。

②公益型资产，包括对社会成员提供公益性服务的道路、桥梁、隧洞、给排水系统、公共场所照明设备等基础设施，某些公众活动、休息、娱乐场所（如广场）与环境美化设施（如绿地），也包括国立公益性文教、卫生、科研单位的资产和为社会生活正常运转所需要的国家行政管理部门的资产。

总体而言，这类资产都必须通过制造或修建过程来形成，而且它们所提供的公益性服务的性质，又决定了它们无法由市场上利润导向的企业行为有效地形成，必须由政府来举办，因而需要以国家财政的经常性支出提供用以形成并维修、护卫这些资产的资金来源。但是，极为值得重视的是，现实生活中，公益型资产的公益性程度高低有别，资金运转方式也相应不同，除了行政管理部门的资产和那些完全不收费的公益设施要百分之百地依靠财政资金之外，不少事业单位和某些可以实行收费服务的基础设施和公用设施，自身都有或大或小的服务收入来源，有的能够借此满足资产维修费用的需要，有的甚至可以收回资产本金。因此，管理方式上应当依据不同情况而加以区别对待。凡对于服务对象收取一定服务费的资产项目，管理上都可酌情采取低拨、差额补助等形式来解决资金来源问题。有一些收费过低、不利于资产合理配置和有效运用的项目，则有必要将收费标准提高，如政府向居民提供住宅的租金，就应采取适当的措施，逐步提高到能够满足房产维修、复建开支的水平——即使达到了这一水平，资产仍然是不赢利的，因而仍未改变其公益型资产的属性。

当然，如果某项原属公益型资产的资产项目，其资金回收能力超出收回本金的水平仍绰绰有余，并且这种超过了临界点的“质变”在经济意义和社会意义上是合理的（如近年在某些从事应用型技术研究的科研单位中发生的情况），那么就应当将其划转为经营型资产，从而与财政经常性开支的资助脱钩。

③经营型资产，包括各种从事商品生产、流通和营利性服务的国有企业中的资产，以及股份企业、合资企业中国家股权所对应的资产。这些资产具有回收并增殖本金的功能，在营运中不仅应该保值，而且应该逐步扩展其总量。对这类资产的管理，是国有资产管理中最为复杂的方面。

回顾以往，我国国有企业之所以存在活力不足、资产使用效益不高的问题，固然有多方面的原因，但国家在资产管理上没有分清经营型资产与公益型资产，无疑是重要原因之一。本来，商品与公共货品有质的不同，资产运动形态上则正好相反，后者需要依靠政府从社会总资产价值中集中一部分剩余产品价值不断提供其资金来源，而前者在社会再生产过程中却理所当然地要产生出一个剩余产品价值部分。因此，从事商品生产经营的资产，应当是增值型的资产，国有企业的经营资产，也不能例外。当然，从全社会的角度考察，由于存在经营风险，总是难免会有某些企业发生亏损，但如果建立了较健全的优胜劣汰的资产存量重组机制，在客观上便能防止国民经济中的亏损总规模过大，并鞭策各企业不断追求经济效益的提高，使剩余产品价值源源不断产生出来。然而，我国长期以来国有企业的亏损是固定地由国家，或在事实上是最后由国家动用财政补贴手段予以弥补的，除特定调整时期的行政“关停并转”措施外，不存在规范化的资产存量筹组手段，这就意味着在常规的经济运行中取消了劣汰机制，并不断地将相当一部分从事商品生产的经营型资产按提供公共货品的公益型资产处置，混淆了两者的界限。

这里也应当指出，出于价格体系状况等因素的制约和为了实现某些特定的宏观调控目标，亏损补贴手段在我国至少现阶段还不能完全弃置不用，但是应当严格限制在某些局部场合和企业发展的某些特定阶段上，同时，补贴总规模宜小不宜大；并且，实行补贴与动用税收、利率等经济杠杆一样（补贴实际上是一种负的税收），属于国家一般社会管理职能的范围，专司资产管理职能的资管局，则不应受理对企业的补贴事宜，而应当把资产保值并增值作为核心的管理目标（资管局在工作中也要配合国家在产业发展、区域发展等方面的结构性政策，但实施这些结构性政策的主体，一般情况下不是资管局，而应是计划、财政、税收、中央银行等综合部门）。

由此可知，划清经营型资产与公益型资产的界限，并严格按照各自的运行规律对它们加以正确处置，保证经营型资产在社会再生产过程中的完整并按期取得应有的产权收益，是资管局义不容辞的重要任务，严格控制亏损补贴，建立和健全资产存量重组机制，是提高国有资产使用效益的重要途径。

（2）国有资产的分层管理。

另外，我国的国有经营型资产，过去一直是“条块分割”地按照企业行政隶属关系由各级政府和主管部门管理的。这一格局产生了一系列弊病。经济改革中国家国有资产管理局的成立，为减轻乃至消除政企不分、条块分割的弊病，改进国有资产管理体制，提供了一个重要的前提条件，但具体如何改进，则是个复杂的课题，我提出了“分层管理、资产分红”的思路。

国有资产的分层管理有两大方面的含义：

其一，前述三大类国有资产在实际生活中分属于从中央到地方的各级政府，因此，在实行分类管理的同时，必须相应地健全分层管理体系。

其二，经营型资产是实现社会扩大再生产的最基本的源泉，对这类资产的管理，也是以往问题最为突出、在改革中复杂程度最高的资产管理领域。我认为，有必要划分成政府、中间机构和企业三个层次来实行经营型资产的分层管理，并以企业实行国有资产分红为基点，实现今后国有企业改革的配套和深化。对此的研究探讨内容包括：

①政府层次上的监督管理和收益处置管理。

各级政府都应以资管局作为专门机构，对资产管理总体负责，对于其中的经营型资产，资管局的核心管理目标可设定为维护资产的完整并促进、推动资产的增值，定期获取产权收益。资管局本身是国家行政机关，但它一方面不同于那些行使国家一般经济管理职能的综合部门，并不以政治权力为依托实行调控，而是直接诉诸国家持有的产权来作用于经济；另一方面，它也并不直接介入国有资产的经营事务，而是在宏观层次制定和掌握关于国有资产营运的制度规范，维护其严肃性，对资产经营与增殖过程实行必要的监督和按照规范收取产权收益。

②中间机构（公司）层次上的资产价值调度经营。

在资管局与企业之间，有必要构建一个中间层次，即设立多个作为经济实体、在业务上开展竞争的控股公司和投资公司。这样做，主要是着眼于防止把资管局建成自上而下全套的行政网络而“换汤不换药”地重蹈政企不分的覆辙，因而在国有资产管理体系内部进一步将资产的价值调度经营和日常具体经营与资管局层次的监督管理分离开来；将资产的价值调度经营放到中间层次，日常的具体经营则放到企业层次。

我国国有企业的数量以十万计，经营特点千差万别，在资管局与如此大量的企业之间构建中间层次，是使国有资产管理具有效率和实际可行性的必然选择。中间机构按照企业化原则塑造：一可以使之在寻求资产增殖的行为中承担经营风险，让动力机制与约束机制相对称；二可以使之脱出行政隶属关系的单线网络而相互竞争，防止形成垄断局面，从而适应经营型资产的属性和商品经济的规律，履行好自查价值调度经营（控股、投资）的职能。公司的设置不应按行政区划分，而应按经济区域或企业群体多头分布，以强有力的法律规范维护公司层次上的公平竞争。在这一体系的形成过程中，与财政的分税制等其他改革措施配合，企业原来的行政隶属关系将被淡化，直至形成企业无行政级别、不分大小一律公平竞争的新格局。

③企业层次上资产的具体经营以及资产分红、税利分流。

企业是国有资产的直接经营者，按照两权分离原则，资管局和控股、投资公司，都不介入企业日常的、具体的经营活动，而是授经营权于企业的厂长、经理，并建立和健全对于经营者的奖罚严明的责任制。公司要派员以董事或监事身份参与企业发展的战略性决策，并按照国家统一规范实行必要的财务等方面的监督。企业既要有充分的经营自主权和对税收、资产分红之后自留利润的支配权，又要有严格的责任约束，承担经营风险。

今后按照“税利分流”的思路实行所得税后的资产分红，是深化企业改革、完善企业层次的国有资产管理的基本方向，应当抓住治理整顿带来的相对有利的时机，在配套改革中创造条件使之尽快出台。

今后以实行资产分红为契机，可以塑造如下的税利分流的格局：企业作为一般经济实体，依法向政府纳税，并接受国家产业政策、技术政策、收入分配政策的指导与其他经济杠杆的调节，作为国有资产的直接经营者，则必须与国家分割国有资产带来的税后利润，凡较多占用国有资产的企业，相应要在较高比率的档次上给国家分红；企业要在竞争中取得优势，就要对资产的占用精打细算，尽量减少占用量，努力以较少的投入取得较大的产出；资产分红分配之后的企业净收入，由企业自主支配，而企业经营不善造成的经济损失，由自有资金弥补，直至依法实行破产处理（通过社会保障体系安置破产引起的失业人员），破产时拍卖财产所得，按股权规范在持股者之间分配。

这样，一般的企业都不再维持与特定某一级政府的行政隶属关系，都接受各级政府规范化的一视同仁的税收调节，同时，国有的或掌握着国有股份的企业，要接受国有股权的经济约束而上交资产收益（至于企业中非国有的股份，自然也要接受相应股权的经济约束），从而形成公平竞争的市场环境，并促使企业权、责、利的结合点到位，焕发出充分的活力和保持正常的长期行为。与此同时，政府依靠雄厚的国有资产不断取得稳定的产权收入而用于扩大再生产，则可以为国家机器的有效运转、政府各项职能的良好履行和宏观经济调控的合理化，以及国民经济整体的蓬勃发展、良性循环，提供极为重要的条件。

2. 国企改革的“股份制—混合所有制”大方向

关于国有企业改革这一中国经济社会转轨中的重大现实问题，我做了多年的研究与思考，形成的基本思路是高度重视“混合经济”概念，把股份制框架下的混合所有制改革作为深化国有经济战略性重组和国企改革的主线，代表性成果之一《国有经济、国有资产及相关问题的认识与改革探讨》发表于《华中师范大学学报》2013年第5期后，《新华文摘》曾转载；近年还有与苏京春博士合作的《混合所有制创新》（《新供给：创构新动力》，经济科学出版社，2016年），与刘薇、苏京春两位博士合作的《供给侧改革视角下的制度创新实践——国企改革与“混合所有制”》（《第一财经时报》2016年11月30日）和我2018年6月4日发表于《第一财经日报》的《于思想解放中认识股份制对私有制的扬弃》。

针对这一主题下已存在多年的热点、难点争议，我们不主张“贴标签”式地讨论“国进民退”“国退民进”问题，且认为“进”“退”也不是仅体现在“领域”的进出、“市场份额”的高低方面。我们主张，要按照马克思“生产力决定生产关系”的原理作为观察问题的着眼点，并按照邓小平“三个有利于”的核心思想作为衡量标准，在经济发展的一定阶段，既不是“越公、越国有越好”（20世纪50年代末的“大跃进”、人民公社，搞“一大二公”，有过惨痛教训），也不是“越私、越民营越好”（一些亚非拉发展中国家只认私有经济的产权模式，以及20世纪“东欧剧变”后私有化形成寡头垄断，也会破坏国民经济发展，使其滑入失败的轨道）。

我们认为，国有企业、国有经济与民营企业、民间资本各有其特点和优势，在当前中国进入工业化中后期、进入资本社会化时代且面临全球化竞争格局的条件下，观察国有企业的存在必要性、作用方式和空间，探索其有效管控模式，必须引入新的理念，转换新的视角，运用新的思维。

国有经济、国有企业具有依托或隐含国家信用、能够整合各方资源、规模经济、资本实力强、管理相对规范、社会责任感较强等优势，是政府调控经济、维护国家经济安全、保障社会公平公正的重要调控、辐射力量和政策工具，特别是在某些从国家中长期战略来看很需要但暂时面临市场缺损或发育不足的领域，其作用更显重要，但其也存在由政企关系界定不清或内部管理人员道德风险所诱发的营利动机不强、不注重管控成本反而容易持续抬高管理成本和福利、工资，运营效率偏低、服务质量较低等问题；民营企业具有市场嗅觉敏锐、机制灵活、客户观念强等优点，但其与生俱来的最大化逐利本性容易导致主要关注企业自身利益或局部利益、粗放耗费资源、短期行为、压低劳工安全条件和薪酬、破坏环境、社会责任感不强等问题。我们主张，要通过扩大市场准入、加强市场监管、完善法律法规，发挥其各自长处，抑制其各自不足，构建国企国资、民企民资平等竞争，互为补充、双向良性互动的市场格局。国企国资在一般性竞争领域可逐步退出，在涉及国家经济安全、经济命脉的特定领域其以股权衡量的控制力，大致可初步掌握在30%~60%的区间。

股份制是可以在法理上清晰地融合各色各样的资本金来源的。有人特别怕被批评为“趋同”，但可以直率地不带标签地讲，这就是一种在人类社会发展过程中最基本的企业产权结构、组织形式方面的趋同。对于股份制，贴着资本主义标签的经济体可以用，而贴着社会主义标签的经济体也可以用。我国国有经济的战略性改组，就是以股份制改组为一条非常重要的主导式路线。股份制这条技术路线，在任何时候的市场经济交易和资源交易配置过程中，都是边界清晰的。一股一股，非常清晰地标准化。而这个持股占比，在交易过程中间、在某一个经济主体内的比重变化，即“进”和“退”，不要看作是多么不得了的“姓资姓社”“姓公姓私”的事情。

股份制是公有制的重要实现形式和融合“国有企业”“民营企业”分野发展“混合经济”式现代企业的制度形式，可天然对接“混合所有制”。原来“国”与“民”在一般概念上的截然不同，从历史大趋势上观察，将越来越多地转化为依阶段、领域等的不同而生成的股份制企业股权结构的变动问题，即归为国有与非国有股权的一体化生存与“共赢”问题。

我们强调，对股份制和混合所有制的理论分析认识需要与时俱进引领实践。

当下所说的混合所有制，其框架就是过去已被充分肯定的“现代企业制度”的标准化形式——股份制。这一制度可以使公有的、非公有的产权，融合到分散存在的市场主体——一个个企业的内部产权结构里面去，寻求相关利益主体的共赢。这里还有必要从理论视角、与时俱进地对股份制实现更全面的认知。

马克思在有生之年，已敏锐地意识到股份制的特异影响和对社会发展的可能贡献。从社会经济生活观察：“假如必须等待积累去使某个资本增长到能够修建铁路的程度，那么恐怕直到今天世界上还没有铁路。但是，通过股份公司转瞬间就把这件事完成了。”从生产关系的制度演变观察：“那种本身建立在社会的生产方式的基础上并以生产资料和劳动力的社会集中为前提的资本，在这里直接取得了社会资本（即那些直接联合起来的个人的资本）的形式，而与私人资本相对立。并且它的企业也表现为社会企业，而与私人企业相对立，这是作为私人财产的资本在资本主义生产方式本身范围内的扬弃。”“资本主义的股份企业，也和合作工厂一样，应当被看作是由资本主义生产方式转化为联合的生产方式的过渡形式，只不过在前者那里，对立是消极地扬弃的，而在后者那里，对立是积极地扬弃的。”这些文字反映了马克思对股份制论述中的核心观点。首先，可知马克思虽然还未认可股份制已经将资本主义下的私有制转变为公有制，但他已经明确认知其所产生的社会资本与私人资本相对立的形式，可被认为是由资本主义生产方式转为联合生产方式的过渡形式。其次，结合马克思、恩格斯在《共产党宣言》中的论述，“资本是集体的产物，它只有通过社会许多成员的共同活动，而且归根到底只有通过社会全体成员的共同活动，才能运动起来”，以及公有制是在资本主义“旧社会的胎胞里成熟”的一种社会制度，是“在资本主义时代成就的基础上建立起来”的基本逻辑，不难看出，虽然当时仍把股份制归为一种“消极扬弃”，但是马克思对资本主义制度下出现股份制而对资本主义生产方式发生形式否定、对其具有的资本社会化运用特征，以及其所引发的走向新生产方式的

“过渡态”，都是秉持积极肯定态度的。

我们特别强调，需深刻认识股份制所引发的从“消极扬弃”到“积极扬弃”的认识思路。马克思所指出的资本主义生产方式下生产关系制约生产力发展的基本矛盾和“桎梏”，是生产的社会化和生产资料私人占有之间的矛盾。沿着解决这一矛盾的思路观察，马克思肯定“工人自己的合作工厂，是在旧形式内对旧形式打开的第一个缺口”以及“资本主义的股份企业，也和合作工厂一样，应当被看作是由资本主义生产方式转化为联合的生产方式的过渡形式”的认识，这为我们带来了极为重要的思考线索和空间。

马克思所言“扬弃”（德文为autheben，英文为sublate）原是哲学名词，指事物在新陈代谢过程中，发扬其体内的积极因素而抛弃其体内的消极因素（一如中文“取其精华，弃其糟粕”之意）。不论对于马克思的“消极扬弃”评价作出何种研究的分析解读，基本逻辑指向至少具有“形式”和“过渡”方向上的肯定，余下的便是如何使形式与内容相结合的问题。任何理论观点的提出都带有时代特征与客观局限性，马克思对股份制的认识提出于100多年前，但在当时社会制度和经济发展背景下，股份制所具有的哪怕是带有“消极扬弃”意味的社会资本特征，已为马克思带来了思维灵感。面对这其后100余年的历史进程，结合“实事求是”“与时俱进”的原则，我们完全可以沿马克思的思维逻辑深化认识。

100多年来，股份制下的市场主体（即股份公司）已经发生了非凡变化。除了早已较普遍地存在本企业员工、产业工人持股和社会上的普遍劳动者、公共机构在股份制企业中持股以外，“国家”特定层级的政府也可持股并酌情做增持、减持的操作，从而对宏观经济运行和社会生活产生重要的正面效应。发达国家的市场主体（公司）在达到一定规范程度后可以上市，而上市这一环节在英文中叫 go public（走向公共），决非“私”的取向。无论是股份制中的公共机构持股，还是公司最终走向上市，开启公共募集资金的模式，都表明即使是称为资本主义制度下的市场主体，也已经呈现内部产权结构多元化而超越简单私有的特征。社会化大生产中的上市公司，亦称公共公司，不仅其持股人在很大程度上是“公共”的，而且其经营状况要接受全社会的公共监督，财务要有充分的透明度，公司发展和社会公众利益实现了更有效的互动与结合。

例如，通用汽车公司作为世界上非常有名的标杆式大公司，在2008年未改组前，股权已高度分散，很难说其具体归属于哪个资本家，为数众多的持股人是本企业的员工、产业工人和社会上的劳动者。2008年金融危机中，由于通用汽车公司遭受重创，美国财政部对其进行注资，改组后的通用汽车公司股权结构为：美国财政部作为最大股东占72.5%股权，美国汽车工会的工人退休医疗基金作为第二大股东占17.5%股权，通用的债权人占10%股权。而时隔数年，2014年7月15日查得的情况，是UAW Retiree Medical Benefits Trust（全美汽车工人联合会退休者医疗福利信托基金）为其十大股东之首，持股比例为8.74%，加拿大政府为第二大股东，持股比例为6.86%，十大股东合计持股比例也仅为38.29%了。另一家著名的通用电气公司，2014年7月25日的股权结构中，十大股东居第一位的Vanguard Group（美国先锋集团）持股比例为4.99%，第十位的Global Investors（美国全球投资者公司）持股比例为0.78%，其“十大股东”合计的占股份额仅为20.6%。

这些情况都表明，股份制使资本的社会化特征不断提高，已在明显地缓解着生产社会化与生产资料私人占有之间的矛盾，有利于生产力的发展。如果说在“资本主义”名号下的这种混合所有制已在发生扬弃“私有”不适应社会化大生产发展制约因素的积极作用，应如实地认识这种变化，那么把股份制下“以混合所有制”为取向的发展变化，与马克思主义的中国实践紧密结合，更没有丝毫道理对股份制加上“姓社姓资”的诘难，应淡化“姓公姓私”的标签，更应肯定中国大地上近年来“积极扬弃”式的不断尝试和探索——而这也同时意味着在中国今后几十年联结伟大民族复兴“中国梦”的改革发展过程中，混合所有制取向的股份制，一定会打开“解放生产力，发展生产力”的潜在空间，长远而深刻地影响我国现代化进程。

这样，中国支持“现代国家治理”的现代市场体系的产权制度基石，在混合所有制概念上终于可以说清。如上所述，混合所有制可以内在于标准的“现代企业制度”的股份制框架。在法治化的环境下，所有利益关系都可以得到合作（“风险共担，利益共享”）中的解决方式，有利于以最低的交易成本形成“共赢”的预期及其实际进程。在混合所有制的相关持股主体互动中，组织和自组织、调控和自调控、管理和自管理、规范和自规范这种现代化治理要素的结合，有助于潜力、活力、创造力的释放，即生产力的解放。中国在“后来居上”的现代化进程中，要更多地依靠以这样的产权基石合成一个现代化市场体系，搞活企业，并成为全局“现代国家治理”的可持续微观基础，将和平发展、和平崛起之路越走越宽。

按照现代经济理念与实践来理解股份制，可知对股份制不必、不能贴标签做“姓社姓资”“姓公姓私”的界定。股份制是人类经济文明从产权基石层面规范地形成的、以法治化为背景的一套基本制度规则。在高标准、现代化、法治化的营商环境下，其最具多元包容性的形式和可以为企业提供可持续共赢发展的制度安排，就是混合所有制这一形式，它理应成为中国特色社会主义市场经济基本经济制度的重要实现形式，以及全面改革阶段在企业改革领域主打的形式。

在股份制、混合所有制视角上，从马克思的认识指向、逻辑，到现在在现实生活中怎样理解“重新建立个人所有制”（马克思语），如果联系起来观察，传统的私有制在社会化大生产形成以后升级发展的过程中，所谓重新建立个人所有制，可认为绝不是简单停留于生活资料层面，它可以将一股股所谓虚拟资本和后面实际运行的实体资本，形成一个规范化的市场连接机制，而社会成员在这里面可以根据自己的意愿来参与投资，适应社会化大生产的需要，形成股市交易带出的要素流动，同时在这里面又可以内洽地有一种“个人所有制”，把这种资本社会化机制融合于其中——我认为，这就是我们需要探讨的从“消极扬弃”到“积极扬弃”的升级。

我们现在由共产主义这个远景引导之下的社会主义实践里，从不成熟走向成熟，当然就要利用这种社会化大生产背景下已经有的一系列的资本社会化发展机制，作与时俱进的创新。

3. 行政事业国有资产管理改革

全部国有资产中，由政府行政事业单位使用的资产，数量规模可谓巨大。

如何管理好行政事业国有资产，应该提上议事议程，也成为我研究中的一个关注点。在形成的研究成果中，我首先强调管理好行政事业国有资产有重要的意义。这些资产是国有资产的重要组成部分，将其管好用好是政府对人民群众和对社会尽职尽责的必然要求和具体体现。

从财产关系上，说到底，国有资产是全民的公有资产，但传统体制下国有资产管理领域突出的弊病，是现实生活中国有产权的“悬空“和“虚置”，说起来人人都有一份，也“人人有责”，但运行起来并没有全民利益的人格化代表真正负责，出了问题，造成损失，找不到人承担责任。通常的状态是，对国有资产的流失很少有人心疼，即使有人心疼，也往往无可奈何。这种问题不仅在经营型国有资产上存在，在行政事业国有资产上同样存在，在经营型国有资产的问题业已引起广泛关注之后，对行政事业国有资产的问题却仍然明显地关注不足。加强行政事业国有资产管理，是有效推进资产优化整合、在存量上“盘活死资产”发挥潜力，在增量上“配好新资产”少花钱多办事的现实需要。必须在改革中寻找有效的治本之策。

接着，我指出，在改革开放之后的经济转轨过程中，管理行政事业国有资产具有特殊的复杂性。

显然还不可能一下子提出十分清晰统一的全套管理法规和制度，但应当从中央、地方各级履行国资出资人的角度，高度重视加强领导，走循序渐进改革之路，可以考虑先易后难，即先从行政单位和可以明确认定需要企业化的事业单位入手迈出较大步子，再带动其他事业单位打开局面。

从一般原则考虑，我提出现阶段加强行政事业国有资产管理，要抓好五个方面的事情：

一是明确管理部门。从中央到地方的各级政府，都应当把行政事业国有资产的管理之资，明确指定给具体的部门来承担。从逻辑上说，财政部门可以是现阶段的首选部门。

二是清产核资，摸清家底，完善资产登记制度。借此界定实际资产规模，并掌握其结构信息，这是加强管理的前提条件和基础性工作。

三是改进完善常规管理制度。除了一般综合性的制度，还应区别门类，探索制定针对性的管理制度，如对房地产、车辆、计算机等应设计不同的规章制度。

四是甄别其中的经营型资产之后，使之分流归位。对确实合乎改革要求的经营型资产（主要在一些事业单位），应予以承认，并积极推行相应的管理制度转轨，如实地按照经营型资产的规则构造其保值增值机制。如属于不恰当地把公益型资产转为经营型资产的情况（这种情况曾大量发生于行政单位），则应当采取措施调整回位，如不能回归公益型，则必须与行政单位脱钩交由有资质的企业或事业法人管理。

五是积极探讨资产优化整合的改革方案与办法。这里既要包括公益型资产可以社会化协调共享的部分，也要包括经营型资产可以实现合理重组、集约运作的部分。

五 宏观调控与财政、货币两大政策的协调配合

1. 关于“抽紧银根与压缩规模”：我所认知的我国需求控制着力点及转换条件

20世纪80年代中期，中国宏观经济调控已成为各方热议的话题。我的研究引出了有独到见解的条理化认识，代表作是发表于《经济研究》1988年第5期的《抽紧银根与压缩规模——论我国需求控制的着力点及转换条件》。我在论文中指出：

中华人民共和国成立后30余年间，我国曾多次出现较为显著的需求膨胀。在经济体制改革之前，膨胀一般是单翼的，集中于投资方面；改革以来，则表现为双翼的，投资需求与消费需求同时膨胀。需求膨胀的伴生现象是较大幅度的通货膨胀（包括隐蔽的通货膨胀）。

近年国内外一些经济学家十分强调抽紧银根、“拧住货币供给龙头”（控制货币发行量）对于中国经济宏观控制的关键意义。他们把物价上涨、需求膨胀的原因归于过松的货币供应，这无疑是合乎一般逻辑的。然而，如果考虑到我国经济运行的一些突出特点，尤其是从我国宏观控制的操作角

度看，我认为这种认识还没有抓住切实的着力点。对于处理我国的需求控制问题具有关键意义的恰恰是需要认识我国的货币供应是怎样过松的（为什么紧不起来）和怎样才能将货币龙头“拧紧”（什么是有效实行货币政策的前提条件）。若是当我们明确提出控制货币供应量，且中央银行也竭力为之的时候，货币笼头却无论如何仍然拧不紧、控不住（如1984年以来的情况），那么就不能不认真考察货币政策在我国现实经济生活中的地位与作用的特殊局限性。

货币政策与财政政策是对宏观经济实行需求管理的两大政策手段。在当代西方发达国家，当需求过旺时，通过财政、货币政策的相互配合（由财政控制支出或由中央银行抽紧银根，或二者并行）来抑制需求，是宏观调节的典型做法。由于那里主导的倾向不是需求过旺而是需求不足，所以这种收缩性办法付诸实施的机会远不如有意刺激需求的扩张性办法多。一般来说，上述需求管理手段的有效性需要以政府行为和企业行为的如下两方面的规定性为先决条件。

第一，政府不承担对一般营利性建设项目投资的职能，其投资对象主要是非营利性的公共工程。不论货币供应政策是放松还是收紧，财政预算及其投资支出都作为一个配合事项相应作出或松或紧的安排。货币政策由中央银行具体掌握，其实施依靠一整套以参数手段构成的金融工具；各商业银行、金融机构是企业性的，不能不接受中央银行的上述经济手段调节，并将这种调节传导、贯彻到其与一般企业的信用关系中。这样，各级政府均不具备与客观上或松或紧的控制要求相悖的投资动力；一般营利性项目由（加入国家干预的）市场来主导，企业自主进行。

第二，企业作为自负盈亏的商品生产经营者，自担投资风险，因而必须把价格、利率、税率等经济参数的变动看作其决策的基本依据和决定性信号，对银根松紧必然做出相当灵敏的常规化的反应；那些不能经受抽紧银根所形成的宏观环境严峻考验的企业就要倒闭、破产，被竞争所淘汰。因而宏观上对贯彻资金政策所借助的控制工具（参数调节手段）可以信赖，对控制效果有较大把握作出预期。

据上述可知，在西方用起来比较“灵验”的需求管理手段，属于宏观间接控制的手段，其政府行为与企业行为间的连接基本上以市场为纽带。在那里，这种政府对企业的间接控制是与管理体制、市场中介条件和微观基础相互配套，与经济运行模式相互一致的。

以我国情况与西方国家情况作对比，则有极为明显的不同。

第一，在我国，不论在经济体制改革前还是改革后，各级政府都承担并热衷于承担对生产建设项目（包括众多的一般营利性项目）的投资，尤其是各级地方政府投资热情十分高涨，当从宏观全局上看有必要实行比较紧的资金供应政策时，地方政府一般是不承认自己所辖范围内的投资存在规模过大、盲目建设、重复建设问题的（从地方政府的特定角度也确实能举出一系列并非不“充分”的理由），其投资行为往往形成突破总需求控制目标的最为强大的力量。即使在宏观上规定了明确的年度货币发行量控制指标，各级政府在其举办的各个投资项目上马时对钱的问题实际上并不考虑。

待到需要从银行户头上提取现金以满足支付工人工资等费用时，投资才现实地作用到货币发行量上面（可能要借助“软实力预算约束”下的“安定团结贷款”方式）。从银行工作角度看，年度货币发行量是年度全国范围的货币总投放数减去货币总回笼数而得出的净投放额，因而要求对一个具体项目控制货币发行量是无以下手的；只要政府规定该项目不下马，银行便无法拒付现金。因此，货币投放环节本身不构成制约。又由于利率对软预算约束的政府投资行为也不发生制约，我国于货币投放环节之前称得上是资金供应控制闸口的重要环节只有贷款规模和财政支出规模。但这两个闸口也颇为松弛，除各专业银行（为争基数等）存在自行扩大信贷规模的倾向外，地方政府在中央的控制决心不大、行政性手段不达于极端（所强调要“以乌纱帽作担保押投资”）时，还可以通过多种方式迫使银行多放贷，从而造成贷款总额的突破和多发货币。至于各级政府通过财政预算渠道的直接投资引起财政总支出规模过大而发生赤字，则会通过对银行的透支，加剧信贷资金的紧张，引起货币超量发行。

总之，我国的政府投资行为存在着导致需求膨胀的现实性，而金融体系中的货币供应量这个龙头对这种行为很难作为有效的“拧得动”的控制闸来发挥作用。

第二，我国的国民经济以国有企业为主干。经济体制改革前，国有企业无投资自主权，不承担任何经营风险，盈全交，亏全补，企业的需求实际上主要是政府的需求（也包含一些由企业领导者扩大其掌管范围的“冲动”所激发的需求因素）；企业投资行为的控制问题实际上是政府投资行为的控制问题。改革以来，企业自主权扩大，盈亏状况与企业自身利益建立了一定联系，形成了以企业为主体的需求。对此种需求的调控呈现出比较复杂的情况。①随着市场的利润导向作用增强，企业的投资已开始在一定程度上接受利率等金融货币政策的参数调节。②企业在行政上仍隶属于特定一级政府，对政府主管部门和主管者意愿的敏感性是第一位的，而对于参数杠杆、市场价格信号的敏感性则是第二位的。政府的投资冲动很容易传导到企业，并可能被企业所放大。只要由政府担风险，企业领导者对于铺新摊子总会持多多益善的态度。国有企业对于政府和市场的所谓“双重依赖”，对政府主管“婆婆”的依赖（或跟从）更为根本。③企业在内部工资奖励、福利方面的自主权扩大后，企业领导者为“调动职工积极性”和获得职工拥护，不得不大量使用奖励、福利刺激手段，而利益刚性和职工攀比使这种刺激总的来说只能不断加强，很难大体稳定，更不能减弱，以致发展到一些本应用于企业扩大再生产乃至简单再生产的基金也被拉去用于搞福利、发奖金，从而引出消费膨胀。在这种情况下，生产方面的“窟窿”企业自己无法填补，只能由政府拨款或贷款来解决，而在政府与企业之间仍然保持的“父子关系”中，由于政府最终不能无视“自己的企业”的再生产中断，上述从消费传导到生产上而引起扩大需求量的要求总会得到一定的满足。综合上述几方面的情况就不难理解，为什么对国有企业的自主投资和自主需求抽紧银根（提高利率或控制贷款额度）虽可在一段时间内发生一定的“降温”作用，但作用十分有限；待企业普遍喊起“资金紧张”之后，还不经过一个市场竞争中应有的淘汰过程，银根势必又要放松，最后结果是“抽而不紧”，货币发行量仍然过量，需求仍然过旺。假若需求膨胀发展到非常严重的程度，以至政府不得不下大的决心对某些国有企业实行关停并转，这时需求控制会马上表现出充分的硬度和效力，但它来自政府的行政命令，而非经济多数手段所使然。

总之，我国国有企业对政府存在特定的隶属关系，预算约束很软，因而控制国有企业行为中的需求扩张倾向，仅依靠与货币供应政策直接联系的参数手段来“抽紧银根”，作用也是十分有限的。

从历史的和现实的情况考察，我国经济中总需求控制的有效手段一直是指令性的压缩建设规模。建设规模由纳入总盘子的所有建设项目构成，这个总盘子通常是由中央决策者（或决策集团）规定的，若后来又发现其过大，则要由中央下决心砍下来。在中央高度集权体制下，中央层次在决策上急于求成的失误一般是建设规模过大的主因；在向地方分权的体制下，则可能有另一种情况，即主要是各地竞相扩展自己的建设规模，使建设总规模超出中央认为正常的或可接受的上限，从而要求压缩。无论哪种情况，压缩的有效手段是以行政命令取消、停建项目为核心，与此相适应来控制资金供应（在财政方面是压缩支出，在银行方面是控制费款额度等）。建设规模的压缩，带动资金供应规模的压缩，进而才带动货币发行量的减少和货币龙头的“拧住”；反之，不压缩建设规模，资金供应规模和货币供应量也就压不下来。资金供应政策和货币政策实际上既依顺于中央政府最高决策层次关于建设规模的决策，也跟随于各级地方政府实际铺成摊子的建设规模的现实，其自身在压缩需求方向上的主动性很弱，政策效力很低，货币政策在我国需求控制中的这种特殊局限性，是同我国通过行政隶属关系对企业实行直接控制的经济体制和运行模式，以及政治体制、宏观决策系统紧密联系在一起的，并具有在国情、生产发展阶段、生产关系性质和结构等方面的深层原因。这决不仅仅是货币政策、银行体系或财政、银行分配体系这几个层次上的问题，从根本上说是整体的、全局的体制模式问题。因此，仅考虑资金供应、资金分配层次上的缺陷，进而想通过对其弥补带来全局的改观，是难以取得实质性进展的。

我国与西方发达国家经济运行方式的上述极为重大的差异决定了宏观需求控制有效着力点的显著不同。如果把西方国家间接控制体系中控制需求的核心手段——控制货币供应量作为我国控制需求的关键，便无法达到预期目的。只要以直接控制为主的局面没有决定性的改观，“拧紧货币龙头”充其量只是发挥一些辅助性作用的手段。当然，作为努力方向，现在强调对货币发行量和货币政策的合理掌握，并加强人民代表大会对这方面的监督等，是完全必要的，但只有在以间按控制为主的新体制格局形成之后，在“国家调节市场，市场引导企业”的运行模式中，“货币龙头”及其参数控制才能真正有效力。在达到这一境界之前，需求控制的关键和有效着力点仍然在于建设规模的掌握。

也有必要指出，经济体制改革以来，一些非国有企业（如某些类型的乡镇企业）的经济运行过程同国有企业有显著区别。这些企业对政府不存在隶属或直接依赖关系，其投资、消费行为对利率、税率等经济参数变化十分敏感，当银根抽紧而过不了日子时，由于无政府搭救，便只有倒闭，从总需求的构成因素中消失。这种情形表现了间接控制的微观生长点；随着改革的发展，这种生长点一定可以继续扩展。但是，我们能否依靠非国有企业的壮大，使其达到对国民经济全局具有决定性意义的作用，进而实现整个经济模式的转换，则是非常复杂、需要深入探讨的问题。

“抽紧银根”与“压缩规模”，前者代表经济协调手段，后者代表行政协调手段。在宏观控制方面由以行政手段为主转为以经济手段为主的过程，必须从改革的通盘战略、策略和整体配套改革的背景来考虑。

我国和其他社会主义国家的改革实践都证明，在经济体制改革过程中，经济问题、政治问题和社会安定问题必然胶着于一体，密不可分。为取得改革的进展，需要一个具备一定稳定程度、总需求不过多超过总供给的环境。如果改革已产生实效，当然会有助于长期稳定。但从初始阶段来说，稳定却是一种先决条件，是解决经济问题的政治前提，也是使改革所要引入的市场机制较正常地发挥作用的必要环境。否则，价格、计划、财税、金融、物资流通、投资、外贸、劳动人事等方面的改革措施都会受到牵制而难以出台，即使勉强出台，也难以通过预想的区间，而在原来的区间内走成一些损耗甚大的“小碎步”。说初始条件的创造直接关系到改革的命运，是一点也不过分的。有同志提出：“我们可以借助于强化行政干预来缓解总需求和总供给的矛盾，但由此实现的总量平衡却不过是下一轮不良循环的起点。因此根本的出路还在于深化改革。”这种认识在用意上虽然比较积极，但在条件与目标的关系把握上却比较模糊。我认为，有必要明确认识以行政手段控制需求与深化改革的联系。

第一，在未真正进入新体制之前，当发生比较严重的需求膨胀时，只有以行政干预、直接控制的手段为主，才能达到使总量大体平衡的目标。这是必然的，因为舍此没有其他充分有效的办法。这时所谓“急刹车”和“软着陆”的区别，实际上主要是行政手段严厉程度、持续长短的区别，而不是控制方式的决定性变化。若仅靠经济手段，“软”则软矣，但会迟迟不能“着陆”。对这一现实必须有清醒的认识。我们不可能在间接控制体系未具形态之前，就主要依靠货币政策、参数手段解决稳定问题。

第二，通过行政干预形成的总量平衡，就其本身而言，与下一轮的不良循环并没有必然的联系。如果其后体制框架依然故我，当然会成为一个新的旧式循环周期的起点；如果我们利用这一段时间内相对有利的环境成功地推进了体制改革，使经济运行模式相应发生一定的、达到“部分质变”阈值（临界点）的变化，那么就能够脱离旧式循环的轨迹，使经济得以随着新体制框架的逐步建立转入新的趋向良性循环的状态，并使经济协调手段的效能大大提高。

第三，当现实地创造了经济稳定的局面之后，关键就在于改革的配套。如果改革配套得法，则行政控制带来的稳定可以成为逐步改变以行政手段为主的直接控制方式的开端；如改革配套不得法，则很可能只会在一些新的形式下重演

“放、乱、收、死”的旧式循环。改革的策略、战略要处理新旧体制交替中的各类两难问题，必然是复杂的，对于操作及其着力点的掌握势必要求极高。依靠旧体制的控制效力来创造一个建立新体制所必要的初始环境，这是改革策略掌握上不能回避的重大环节，它提供改革不可缺少的出发场地；不失时机地抓住相对稳定的有利环境，通过某些平稳的渐变和某些社会各方面可以承受的突变，逐步实现利益分配格局的重组和经济运行规则与体制模式的转换，这是改革战略上的系统工程配套，它解决改革的路线、方向和整体实施问题。考虑到当前需求膨胀居高不下，系统配套久拖不决的现实，我认为，中国的改革在总结前几年成功经验的同时，也需要对“掌握时机”和“整体配套”两大环节都进行深刻反思和周密设计。

这一论文实际把“货币闸门”的有效调节掌握问题，放到中国宏观调控由直接调控向以间接调控为主转变的全局、全过程中来认识，涉及如何化解市场主体“软预算约束”等体质性深层问题，后获中央国家机关中青年优秀论文一等奖。如联系到当下，在中国宏观“去杠杆”等热点问题上，此文仍有很鲜明的现实意义。

会议发言

2. 关于中国宏观经济不稳定的制度性原因的剖析

沿着对中国宏观调控相关的深层体制、制度原因作探究分析的思路，我于1994年在《财贸经济》发表了题为《关于我国宏观经济不稳定的制度性原因》的论文，后由《新华文摘》转载，并获全国财政科研成果一等奖。文中我指出：

我国国民经济在经历20世纪80年代后期以来“过热—治理整顿—复苏”的又一轮“马鞍形”起伏之后，于1992年末和1993年，再次出现热度偏高和通货膨胀的问题。同过去一样，经济发展一旦进入周期中这样的阶段，迅速地扩张简直“呼之即来”，投资激增，生产资料价格扶摇直上，消费品市场中也有一些商品成为居民争购的对象。随着物价上涨，社会经济关系中的一些矛盾问题便更趋敏感，收入分配、社会风气等，越来越多地成为公众的话题。如果经济之弦继续绷紧，超过了某个临界点，便可能由于触发抢购风潮或由某个公众关注的社会矛盾热点，引起经济的甚至是社会的震荡。过去的实证材料表明，当我国宏观经济处于数量扩张的峰顶区域时，稳定性最低，最后总是不得不通过行政手段实行紧缩，以猛力撤去投资支撑和资金支撑后的迅速下滑，将高峰期“告一段落”。

波动是任何经济的发展都不能完全避免的。我国的旧式波动，即新中国成立以来数度以“大起大落”极端形式所表现的波动，在波动的幅度上及其给予国民经济的打击上都超出一般国家通常意义上波动的“大起大落”，有其特殊的制度性原因，决定了它在我国经济发展中的出现具有必然性，种种以偶然性因素面目表现的“决策失误”之类的浅层原因，都不能抹去其后面属必然性范畴的深层制度原因。虽然从表面看，“大起”和“大落”均与最高决策层种种关于“大跃进”“大干快上”或“一刀切式急刹车”“全面治理整顿”（改革后，急刹车以争取“软着陆”未果为前奏）的决定有关，但推动和逼迫这些决定出台的来自经济生活内部的强大力量及造成这种力量的制度惯性，才是更深入地说明问题的关键。

其后我展开分析了三大“制度安排”性质的问题：

第一，行政隶属关系控制体系——以往我国经济管理体制基本的制度规定性；

第二，企业部门的制度惯性：行政隶属关系下的数量型扩张与软预算约束；

第三，政府部门的制度惯性：条块分割中的利益局部化和职能异化与错置。

基于这些考察和剖析，我强调：出路在于从根本上改造行政隶属关系控制体系。

我国经济管理体制内在的本质特征——条块分割的行政隶属关系控制体制体系，是宏观经济失稳和出现“大起大落”式周期波动的制度性原因。改革后虽然这种旧式体制的基础受到了冲击，但还未达到由量变引出质变的转折点。因此，尽管我国从政府到企业，从中央到地方，从综合部门到产业部门，充盈着使国民经济高速发展或持续健康稳定发展的良好愿望，也不乏冲天的干劲和热情，但几十年的运行却以几度“大起大落”作出了强烈对照，而且目前的种种迹象表明国民经济仍未真正脱离这一轨迹。之所以常常欲速不达、事与愿违，固然有种种非经济因素，但深入地考察分析可以说明，许多貌似非经济因素的东西，如决策问题、本位主义问题、官僚主义问题、计划水平问题、部门协调问题等等，其实都深深根植于经济管理体制基础结构的问题之中。

1988年末开始治理整顿之后，“市场疲软”问题首次突出地表现在我们这个一向“短缺”的经济中，其主要原因在于改革后“体制外”的力量已在资源配置上举足轻重，使商品丰富程度和新形成的长线产品供给畅通程度大为提高。其实这一点在前一轮循环中即1983年下半年至1984年上半年的所谓“局部买方市场”上就已略显端倪。至于由20世纪90年代初的“市场疲软”而断言中国已彻底告别了短缺时代，则恐怕为时尚早——虽然历史不会简单地重复，但以目前已出现的一些迹象与在上次“买方市场”之后1984年底开始的那个阶段上的一些情况相比，颇有似曾相识之感，我们不能不深思其背后某些规律性的东西。

诚然，这些年改革的进展已使非国有经济成分对国民经济的影响大为增加，并且非国有企业的市场化运营，客观上已构成了对“大起大落”效应的抵消因素，这在某些沿海地区表现得十分明显。但从国民经济整体上说，国有经济成分毕竟还占着相当大的份额，并且在可以预见的将来，这一情况不会根本改变，因此，对于我国最主要的经济成分的发展前景而言，我们实际上还是面临两种选择：一是仍然限于在行政隶属关系控制的基本框架内作分权改革，这很难避免再次出现旧式的循环；二是根本改造这一框架，争取在社会主义市场经济的新体制下，走入能够比较有效地熨平经济周期波动的新境界。

因此，如果我们认为今后应当尽量避免宏观经济“大起大落”的波动，尽力防止出现决策上不得不实行行政性“全面紧缩”的前景，那么本文分析结论所引出的对策思路的基点就在于：必须在配套改革中从根本上改造条块分割的行政隶属关系控制体系，从而消除“大起大落”波动的制度性原因，努力加大转换政府职能、淡化行政隶属关系、硬化企业预算约束和健全统一市场体系等改革措施的力度，将有利于尽早摆脱使宏观经济失稳的旧式循环状态。

3. 关于财政、货币两大政策的协调配合

2008年，我与孟艳博士合作，于《财政研究》第6期发表了题为《关于财政政策与货币政策协调配合的简要认识》的研究成果，我们指出：

市场经济的宏观调控体系以间接调控为基本特征，即政府调控主体主要通过政策手段把经济参数附加到市场上多种生产要素的价格信号上，进而调节、引导市场主体的生产经营行为。间接调控所依仗的主要政策手段，便是财政政策与货币政策。这两大宏观调控政策共同服务于宏观调控的总目标，但分工而互补，需要相互协调配合，促使经济运行趋于总量均衡和结构优化的理想状态。随着我国经济“市场化”和融入“全球化”的进程，经济运行的复杂程度大大提高了，财政政策、货币政策加强协调配合的必要性和复杂性也显著增加。

财政政策与货币政策具有紧密的联系，这种紧密的联系从根本上说根植于双方政策调控最终目标的一致性。两大政策调控的着眼点，都是针对社会供需总量与结构在资金运动中表现出来的有悖于货币流通稳定和市场供求协调正常运行状态的各种问题；两大政策调控的归宿，都是力求社会供需在动态过程中达到总量的平衡和结构的优化，从而使经济尽可能实现持续、稳定、协调发展。两大政策的紧密联系还来源于双方政策手段的互补性以及政策传导机制的互动性，一方的政策调控过程，通常都需要对方的政策手段或机制发挥其特长来加以配合策应，从社会总资金的运动来看，财政政策对资金运动的影响和货币政策对资金运动的影响，相互间必有千丝万缕的联系和连锁反应，各自的政策实施及其变动，必然要牵动对方，产生协调配合的客观要求。

在财政政策与货币政策存在紧密联系的同时，又由于各自在经济体系中所侧重的不同领域和具备的不同作用，而具有一系列的差异性特征。

我分别分析论述了调节范围、侧重点、手段反周期不同阶段的功能空间、所调控资金遵循的经济运行机理，以及政策时差与调节时滞的不同。

正是由于财政政策与货币政策之间存在十分密切的相互联系，同时又存在一系列不同特点和侧重点，因此，在宏观调控中，两者必须紧密配合，取长补短。

我国加入 WTO（世界贸易组织）以后，无论是进出口规模，还是跨境资本流动规模都出现了迅猛增长，国民经济融入全球化的进程迅速加快，国内外经济运行的关联度和互动性大大增加，宏观调控既要考虑外部冲击对本国经济的影响，又要考虑本国政策对其他国家的影响及其反馈作用情况。同时，人民币汇率浮动的弹性不断提高，汇率浮动在为经济主体带来更多交易灵活性、便利度的同时，也带来了更多的风险和调控成本。因此，宏观调控任务的复杂性显著增加，要求两大政策在更广泛的领域达成共识，在更为复杂的环境下，对更为复杂的政策事项作出及时、合理的相互配合。

同时，我国财政领域和金融领域的变革和创新都正向纵深推进，其最终目标都是通过体制改革适应社会主义市场经济的要求，这在本质上有利于促进两大政策的协调配合。但是，改革的过程也不可避免地带来一些阶段性的脱节、紊乱和矛盾，影响政策配合的有效性，为了尽可能避免或减少这些问题，加强两大政策的协调配合也是必不可少的。

关于财政政策、货币政策在协调配合中的角色侧重，我提出了如下认识要点：

我国二元经济结构和地区差异显著的特点，决定了经济增长过程中结构变动因素特别强烈，问题十分突出，涉及总需求结构、产业结构、城乡结构、区域结构、国民收入分配结构等诸多领域的矛盾，而且在开放程度日益提高的环境中，这些结构性问题更容易传递总量问题。例如，在总需求结构中，消费需求比例偏低是导致出口压力大的重要原因，而出口快速增长又是诱发流动性过剩以及通货膨胀的重要因素。与此同时，我国实现现代化战略目标的赶超性质和激烈的国际竞争环境等，不允许我们坐等由漫长的平均利润率形成过程和调节资源配置过程来解决结构问题。因此，必须清醒地看到政府在现代化过程中通过国家干预促进结构优化的责任，在大力推进市场取向改革的同时，努力提高决策水平，积极而有分寸地把握好调节结构方面的工作。对此，财政收支可以成为非常重要的操作手段，财政政策可以积极发挥其结构调整功能的优势，以区别对待的方式，通过调整财政收支的流向和流量，达到促进结构优化的效果。货币政策调控的特点决定了它不宜实施过多差异性的调控措施，因此，两大政策在我国结构优化调控方面的协调配合，应以财政政策为主，货币政策为辅。近期，财政政策的重点是合理把握财政支出规模，优化支出结构，较大幅度增加在社会保障、教育、卫生、住房保障、生态保护和科技创新等方面的支出，同时积极探索有关税制改革和推进收入分配格局合理化。

在总量方面，目前我国所要解决的问题是避免经济过热和防止明显的通货膨胀，由于货币政策对于总量调控的功能更为显著，效果更为直接，尤其长于通货膨胀时期的总量紧缩，所以，货币政策应在当前担任总量调控的主力。而财政政策的总量调控效果具有间接性，并且我国财政政策需要在较长时期内承载优化结构和为改革提供财力保障的历史任务，不到非常时期，不宜实施过分紧缩的财政政策。因此，近期在紧缩总量的调控方面应以货币政策“从紧”为主导，财政政策发挥适当配合作用，使其在总需求调控方面的影响下尽量保持中性，并在增加有效供给方面更多地发挥财政政策的作用。

接着，我还就关注财政政策、货币政策调控的结合部加强重点领域的合理协调，提出了关于国债、财政存款、外汇储备领域的考察分析认识和对策建议。最后，我强调了优化财政政策、货币政策协调配合所应注重的制度建设逻辑：

总体来看，近年我国财政政策、货币政策协调配合取得了诸多进展，特别是在两大政策的结合部实施了一些颇具创新性的措施安排，对实现我国经济又好又快平稳运行发挥了积极作用，但受多方面因素的制约，相对于经济发展的客观需要而言，两大政策的协调配合仍存在着较大的改善空间。为了提高宏观调控的有效性，更好地维护我国在开放条件下的经济利益，两大政策需要在协调配合的各领域求同存异，提高协调配合的及时性和有效性，开拓协调配合的广度和深度。我认为，在优化两大政策协调配合的过程中，应遵循和注重的基本内在逻辑是制度建设导向的，而非只是解决技术性磋商层面的问题。

首先，财政政策和货币政策作为政府最重要的两大宏观经济政策，其本质上具有经济运行共同目标决定的协调要求。作为发展中国家，我国财政政策和货币政策在很长一段时间里，又都要服从和服务于转变经济发展方式和完善社会主义市场经济制度的战略任务。因此，在实现财政政策和货币政策的协调配合中，要从两大政策的共同目标出发，探索它们进行协调配合的长效运行框架和优化具体协调方式与手段的制度安排，避免简单地“头痛医头，脚痛医脚”，即不局限于两大政策协调配合的具体的短期效果，重在探索两大政策协调配合的宏大目标的实现、中长期制度性框架和各种机制安排。我国作为一个转轨中的发展中国家，经济运行中所面临的突出矛盾和问题通常有着复杂的体制性和制度性根源，在财政、货币政策协调配合方面也是如此，财政政策与货币政策自身存在的传导机制不通畅、体制改革不到位，特别是地方政府银行与金融机构“预算软约束”等问题，也会制约两大政策协调配合的效果。因此，要尊重经济规律，重视微观传导机制的构建和其他应配套进行的制度变革，在逐步实现财政体制、金融体制改革目标的基础上，优化财政政策、货币政策协调配合的制度、机制和措施安排。从长期看，制度建设是最重要的。

其次，两大政策及其实施系统自身的完善程度对于优化两者协调配合状况具有基础条件的意义，同时，由于财政政策和货币政策具有很强的互补性，两者协调配合状况又反过来影响它们各自的有效性。因此，两大政策的自身完善与两者协调配合状况的优化是相辅相成的关系，在具体工作层面上的表现必然是较为复杂、灵活和带有执行者个人风格色彩的，在多因素的复杂而有弹性空间的协调、选择方面，财政部、央行双方工作人员的素质、熟悉程度和工作层的沟通、认可程度，无疑将是非常重要的，是非常值得培养和保持的。但从全局和中长期看，最值得信赖和追求的，仍然是一套对于科学决策（政策设计）和合理选择政策组合（协调配合）最具基本保障性的科学化、法治化导向的决策程序、协调机制和执行、修正程序与应急机制。

这一研究成果所形成的认识，对于10年之后中国社会一时热议的“央财互怼”问题，仍不乏有针对性的学术价值及现实意义。

六 政策性金融体系建设与金融改革、PPP创新

1. “政策性金融体系”的战略思维和制度建设要领

我较早在研究中关注中国“金融改革”概念的政策性金融体系建设及其概念的创新问题。在多年研究基础上，形成了我作为负责人的课题研究成果专著《战略机遇期金融创新的重大挑战：中国政策性金融向何处去》（中国经济出版社，2010年）和一系列论文、文章。

我们认为，自鸦片战争以来，经过100多年艰苦探索，我国终于确立了以“现代化”为目标的“三步走”实现中华民族伟大复兴的赶超宏图。国际经验、国内实践和理论分析都启示我们：在市场经济的体制环境中，贯彻“后来居上”的赶超战略，应“守正出奇”地建立政府与市场、与企业形成合力的资源配置新机制和结合方式，政策性金融由此进入研究视野，可成为这种结合的重要形式。发展政策性金融体系，促使政府以较低耗费来实现国家政策意图，降低社会转轨和发展的成本，提高社会资金配置总体效率，成为必须高度重视，并以创新意识、开拓举措和专业精神正确处理的重大挑战和历史性任务。

我们在研究中提出了我国政策性金融体系构建所要解决的五个关键问题：

第一，什么是政策性金融？我们认为，政策性金融具有“政策性目的、市场化运作、专业化管理”等特征，是有别于一般商业性金融资源配置机制的一种金融创新，可称为加

入政府较强调控作用的金融资源配置机制。政策性金融的主要功能包括：填补瓶颈领域融资空白或不足，以及以发展事项的前瞻性、战略性投入发挥先行者作用；在市场不足和制度缺失的领域，培育、建设和完善融资市场和制度，发挥制度建设者作用；吸引、带动社会资金进入资金短缺的领域，发挥民间资本引导者作用；服务于政府的某些特定发展目标，促进社会公平，并协助化解金融风险，发挥公共利益和社会稳定的支持者作用。

第二，我国当前到底需不需要政策性金融？政策性金融体系作为政府参与资金配置的特定方式与途径，可以有效降低实现国家政策目标的社会成本，促进社会公平和贯彻特定的战略意图。从经济发展史、经济成长的内在逻辑来看，发展政策性金融体系都具有长期的必然性。从国际经验来看，政策性金融机构不仅广泛存在于发展中国家，也存在于金融体制完善的发达国家，成为市场机制有益的和必要的补充，在英国、德国、法国、日本、巴西乃至着力标榜“华盛顿共识”的美国，都存在着较大规模的政策性金融机构。尤其是对于实施现代化赶超战略的发展中国家来说，发展政策性金融的必要性和战略意义更为显著。坚持并力求科学合理地发展政策性金融体系，决不是简单的策略层面的问题，而是我国在经济社会转轨过程中加快经济、社会发展，实现“后来居上”现代化目标的具有全局战略意义的重大事项。在对待以市场为基础的资源配置机制和发挥政府作用两方面，不可采取偏废的态度。从中国的情况来看，政策性金融在短期内不仅不应弱化，还应该进一步加以发展、完善并寻求创新。

第三，我国当前政策性金融的状况如何？存在什么突出问题？通过对政策性银行体系、担保机构、城投债融资、基础设施建设特许权授予融资等的发展历程的回顾，对不同政策性融资的现状进行分析，我们指出，其存在的问题，诸如缺乏法律规范、政策性银行和商业银行的业务存在交叉、风险补偿和补贴机制不健全、政策性银行评价标准缺失、政策目标弱化、功能模糊、监督架构不健全、筹集资金方式单一等。此外，还分析了政策性担保融资、城投债融资、基础设施建设特许权授予融资等领域存在的问题。从总体来看，我国政策性金融的框架体系还不明朗、不健全、不完善，政策性业务与商业性业务之间的矛盾化解和政策金融体系改革过程远未结束，政策性金融体系可持续运行的制度保障尚未有效建立。

第四，我国应当建立什么样的政策性金融？我们认为，构建一个合理、有效的政策性金融体系，需要遵循社会公正、持续渐进、风险共担、多元化、政策支持下的财务可持续、立法配合、保障等原则。基本思路上：首先，要力求明确政策性金融的政策目标及其与商业性金融的边界；其次，应积极以市场性目标解决政策性金融机构的经营机制问题；再次，是大力构建风险共担机制和完善利益补偿机制，支持市场性目标的实现；最后，还应合理构建绩效评价体系，保障政策性目标的实现。由此，构建政策性金融体系总体框架的主要内容应包括：一是确定我国政策性金融的业务范围；二是我国政策金融包含的各项业务的实现方式；三是为了实现政策性金融的各项业务，我国需要构建哪些和何种治理结构的政策性金融机构；四是合理设置政策性金融的监督管理机构。我所强调的相关机制构建要领，有两个关键内容：一是与政策性金融相关的财政、企业、商业性金融机构与政策性金融机构，相互间一定要风险共担，否则便会落入某些参与主体的“道德风险”局面而使过程不可持续；二是政策性金融的支持对策不可能“有求必应”，那么就一定要构建对于支持对象的阳光化、规范化遴选的全套规则，接受多重监督和审计，否则便会滑入“处关系”、设租寻租的紊乱状态而使过程不可持续。

第五，如何实现我国政策性金融合理有效监督？有效的监督是政策性金融健康发展的必要条件，不同国家和地区需要针对政策性金融机构发展情况作出相应的监管制度安排。就我国而言，首先要逐步建立政策性金融的法律框架，其次是建立和完善政策性金融的监管委员会制度。在法人治理模式上建议吸纳德国、美国和日本模式三者的优点，并结合中国的实践，建立以利益相关人为基础的法人治理结构，业务开展实施专业化分工、政策性金融机构与商业性金融机构合作的市场化运作模式。最后，我们以农业政策性金融为案例，从职能定位、资金来源、资金使用、监管体系、评价标准以及政策性金融的立法等方面，具体说明了构建我国政策性金融的具体操作思路及办法。

基本结论是：

政策性金融是商业性金融的重要及必要补充。走向健全发达的商业化金融体系，是我国社会主义市场经济所要求的金融体系的主体，但商业性金融追逐高利润和低风险的单一取向，又必然导致低利润与高风险的领域缺乏资金的进入，而对于社会效益较高而又缺少直接利润的领域就会形成投资的空白和不足，对整个社会经济发展会产生不利影响，甚至会影响到社会经济现代化战略目标的顺利实现。改变这一状况的根本办法，就是要依靠政策性金融弥补这一领域的空白。对于转轨发展时期的中国，建立健全政策性金融体系不仅必要且具有基本的条件。因此，需要我们从经济发展战略高度认识政策性金融的重大意义，从长远角度考虑我国政策性金融体系的设计，更加重视发挥政策性金融的作用，合理规划政策性金融发展的业务领域，不断完善政策性金融体系，增强政策性金融机构的作用。

政策性金融是中国贯彻赶超战略的重要手段。中国作为后发的大国，其现代化进程必然带有赶超诉求和赶超战略特征。为此，需要我们“守正出奇”地发展政府与市场、与企业形成合力的新机制和结合方式。因此老牌发达国家都曾使用过（现在某些领域继续使用）的政策性金融，便成为一个重要的机制，并且是需要提升到国家经济社会发展战略层面来重视和正确处理的问题。政策性金融是政府针对“市场失灵”参与资金和资源配置，但在形式和机制上又尽可能与市场兼容并调动市场力量形成政策—市场合力、公私伙伴关系的特定途径，它可以弥补市场机制缺位和财政预算资金不足，降低实现国家战略与政策目标的社会成本，帮助政府实现一些重大的经济社会发展的职能，促进经济发展与社会公平，有力地服务于我国贯彻“后来居上”的现代化赶超战略。

规范意义的政策性金融不仅限于开发性金融的初级阶段，开发性金融不是政策性金融的唯一必然归宿。政策性金融在一定条件下是可以向开发性金融转变的，但不是所有的政策性金融机构都必须转化为开发性金融机构，所以不能说政策性金融只是开发性金融的初级阶段，政策性金融的唯一归宿是要向开发性金融转型。仅仅将政策性金融的概念认同为传统意义上的政策性金融，而把开发性金融与之在发展阶段上截然划开，这种处理在学术上可能引致偏颇，在中国政策性金融的理论和实践研究上，可能引致以偏概全，容易引起歧义。更为重要的是，这种做法易割裂政策性金融理论研究与实践的前后联系，无法全面理解政策性金融的科学内涵与整体框架，从而可能对政策性金融改革方向的确定和相关政策的出台形成误导。

2. 加快金融改革创新的七个“势在必行”

党的十九大关于新时代我国社会主要矛盾的认识，清晰地聚焦于发展的“不平衡”这一关键性问题，所以总体上把握构建现代化经济体系的主线，就必须顺理成章地紧扣以优化结构来化解矛盾的“供给侧结构性改革”。这为十九大之后的金融改革指明了方向。我在多年研究的基础上提出，未来金融改革为改变现有制度机制中的“不平衡”，需要遵循七个“势在必行”。

一是以金融创新支持实体经济升级换代势在必行。金融业本身是现代经济的核心，但是导致全球经济危机的根源往往正是因为金融从现代经济的“核心” 变为“空心”。因此，金融创新一定要以支持实体经济为出发点和落脚点。

二是以金融多样化改革形成无缝对接的金融—资本市场势在必行。当前中国金融的多样化发展还不充分，金融领域里存在某些垄断因素，直接金融的比重明显偏低。我们需要通过“多样化”发展，消除这些垄断因素，以便更好地支持大众创业、万众创新以及各类融资需求，为不同产业、不同类型的企业创造发展机遇。

三是以健康、可持续的政策性融资体系匹配金融创新、支持超常规发展势在必行。对小微企业、“三农”和创新增长点等领域，要建立以财政为后盾的政策性融资体系，通过贴息、政策性信用担保、多种形式的平台和基金，以“政策性资金、市场化运作、专业化管理、信贷式放大”的机制进行运作。

四是金融创新对接以互联网为代表的第三次产业革命势在必行。金融创新不可与产业革命等历史机遇擦肩而过。目前，P2P等互联网金融正是利用互联网技术推出的。

五是以PPP等投融资机制创新支持“聪明投资”和民生改进势在必行。我们要利用中国巨大的发展空间和已经形成的初步经验，继续强调阳光化、专业化、规范化管理，控制风险的同时，仍然鼓励创新，把想干事、会干事、干成事、不出事几个要素结合在一起。

六是在金融改革中积极创造条件，实行资本项目下可兑换，从而决定性地促进人民币国际化势在必行。人民币在渐进的国际化进程中，已从“周边化”推进到加入IMF（国际货币基金组织）框架下的特别提款权（SDR），未来金融业应坚持资本项目下可兑换的大方向，但具体时机必须审慎把握。

七是动态把握“在发展中规范和规范中发展”的关系势在必行。金融创新过程中特别突出的问题是，没有人可预判究竟在什么地方能取得成功，因此监管必须审慎包容，要为企业留出试错空间；同时，监管者也要进行动态风险跟踪，出现比较明显的风险信号时及时控制风险，进行动态调整。

3．关于政策性金融机构“商业化改革”的分析认识

针对当时有关部门要求政策性金融机构实行商业化改革的方针，我们指出，这是对政策性金融体系的局部调整，并不是对政策性金融的根本否定。政策性金融改革的目的不应是取消政策性金融机构，更不是取消政策性金融，而是对政策性金融业务发展的修正，通过“有保有压”的业务调整，政策性金融的作用空间更加明确，未来定位更加清晰，业务功能更加完善，对政策性对象的支持力度更加强化。

应认清政策性金融是国家经济发展的长期工具，政策性金融的存在有着深刻的经济与政治原因，其需求是客观的、长期的。尽管当前一些西方国家的政策性金融机构存在商业化趋势，但必须认清的是，商业化并不是政策性金融发展的全部趋势，很多国家仍然存在很多继续恪守经营准则、严禁与商业性金融机构竞争的政策性金融机构。因此，我国政策性金融改革的发展方向并非单一的商业化或者“去政策化”，更不是取消政策性金融职能，恰恰相反，我们要通过政策性金融的改革，进一步增强政策性金融体系的建设和发展，完成单纯依靠商业性金融无法办到的事情，促进经济社会协调发展。

所以，需要重新审视政策性金融在整个国家金融体系中的地位和作用，将政策性金融体系作为我国社会资金融通的重要组成部分，合理填充补足财政直接支出和商业性融资之间的“中间地带”，追求政府财力依托机制转换、实现效率提升的倍加效应，服务于科学发展观所要求的全面、协调、可持续的统筹发展和某些战略重点上的赶超突破。

当然，在任何一个实施市场经济制度的国家里面，相对于商业性金融来讲，政策性金融都是补充性的，处于“配角”地位的，商业性金融应在社会资金配置中起到基础性、主导性作用，使得社会资金配置基本能够体现“效率优先”的理念和原则。但是，这并不意味着政策性金融可有可无，它发挥作用的领域通常是商业性金融所不能发挥作用或者是作用存在扭曲的领域。因此，政策性金融与商业性金融又是相互补充的，所谓“配角”地位，同样具有其战略意义，主角、配角齐全，才能上演有声有色、又好又快发展的历史话剧，构成我国社会资金间接融通体系的全部。就全局而言的政策性金融之“配角”地位，并不排斥与否定其在某些特定领域的资金融通中，发挥决定性的“主角”作用。

主要政策建议：一是要加强政策性金融的立法；二是要寻求政策性目标与市场性目标的均衡方案与机制，合理构建我国政策性金融体系；三是采取多种途径、分类推进我国政策性金融体系的改革和完善；四是着力提高政策性金融机构运作机制的专业化、市场化水平；五是要建立健全政策性金融监管体系；六是要完善政策性金融机构法人治理结构，增强其内部控制能力。

4. PPP——制度供给创新及其正面效应

PPP是英文Public-Private Partnership的缩写，过去直译为“公私合作伙伴关系”，其机制创新在近年于国内引起前所未有的高度重视之际，被有关管理部门意译为“政府与社会资本合作”，成为文件中的规范用语。

关于PPP的基本概念和定义表述，学者还有见仁见智的争鸣，但基本共识已比较清楚，它所指的是在基础设施、公共工程与公共服务领域由政府与非政府主体合作共赢式的供给机制。具体的运作形式，包括BOT（建设—运营—移交）、TOT（移交—运营—移交）、ROT（重整—运营—移交）、BT（建设—移交，即政府按揭式工程采购），以及RC（区域特许经营，即连片开发）等。虽然PPP的雏形可以上溯到几百年前欧洲就已出现的政府授予公路养护者的“特许经营权”，但其在经济和社会生活实践中的大发展及其概念的明确化与大流行，还是20世纪后半期随着新公共管理运动的兴起，在发达经济体与新兴经济体的进一步创新发展中出现的。把原来已习惯地认为应由政府负责和兴办的架桥修路等公共工程，以及医院、学校、航空港、垃圾和污水处理场等公共服务设施，改为与市场机制对接，吸引政府之外的企业和社会资本同政府在平等合作关系框架下一起办，其创新的特点显而易见。

从表征看，PPP首先形成了投融资机制的创新，可以将大量非政府的民间资金、社会资本引入公共工程与服务领域，但其实它又决不仅仅限于投融资模式层面的创新，它还以风险共担、利益共享、绩效升级方面的鲜明性质形成了管理模式的创新，并天然对接混合所有制改革和法治化制度建设，具有国家和社会治理模式创新层面的重要意义。所以，应当恰如其分地和全面地理解与评价PPP这一制度供给的伟大创新：它是从投融资模式，到管理模式，再到治理模式贯通的新型制度供给，特别是对于在新历史起点上面对全面建成小康社会和现代化的“中国梦”目标，力行全面深化改革和全面依法治国的当代中国，PPP更具有不容忽视的重大现实意义，它至少将产生如下六大方面的正面效应。

第一，缓解面对城镇化、老龄化历史进程的财政支出压力，使政府更好地发挥作用。

对于正在走向“伟大民族复兴”的中国，PPP的正面效应首先体现为：从政府主体角度看，减少财政支出的压力，提高财政资金总体使用绩效和政府履职能力。中国正处于快速发展的城镇化和迅速到来的人口老龄化过程中，未来几十年内将有约4亿农村居民要转入城镇定居，并将新增近2亿60岁以上人口的老龄医疗与生活服务供给需要，静态算账至少需60万亿元以上的公共工程投入，如作动态测算，这方面的投入将更是大得难以想象。政府再沿用“单打独斗”式思路去应对相关的城镇化、老龄化挑战，注定是没有出路的，但如能有效地调动业已雄厚起来的民间资金、社会资本，以与政府合作方式形成共同供给机制，将有效缓解上述财政支出的压力。

第二，在公共服务供给中形成“1+1+1＞3”的机制，使进入中等收入阶段的社会公众可持续地受益受惠。

政府履职尽责和实现现代化战略目标，最终是“为人民服务”，使社会公众得到实惠，并使这样的受益受惠可持续。从我国社会公众主体角度来看，在公共服务水平逐渐提升而确有受益的过程中，相关的问题亦不可回避、不能忽视：过去政府提供服务中存在的工程超概算、施工期拖长、质量出毛病、运行管理中服务不热情、不周到等弊病，已与进入中等收入阶段后公众要求更美好生活的公共服务升级诉求形成了明显的反差，影响到社会生活的和谐和群众的幸福感。恰是PPP的机制创新带来了一种使政府、企业、专业机构于合作中形成“1+1+1＞3”的公共服务绩效升级效应，因为这一合作机制，是将政府的规划与政策相对优势、企业的运行管理相对优势和专门机构的特定专业领域相对优势结合在一起，形成风险防范与处理能力的最优组合，来有针对性地防控与化解项目中的相关风险。这就可望有效地克服过去那些司空见惯的弊端，可持续地使社会公众受益，从而提升公众的满意度、幸福感。这一点在实践案例中已有极好的体现，并将助益于跨越“中等收入陷阱”的全局性战略诉求的实现。

第三，为一大批作为市场主体的企业打开进一步生存、发展的空间，使现代市场体系更为健全和成熟。

在我国已经壮大并在资金力量日益雄厚起来的民间资金、社会资本持有主体中，一大批有强烈发展意愿，并在偏好类型上适合PPP的企业，会由此打开他们新的生存与发展空间，并形成在我国本土和实行“走出去”（如“一带一路”倡议）之中许多的PPP项目上，境外社会资本的参与和多方合作互动，这对于发展健全我国的市场经济有积极的促进作用。应当强调，所有参与PPP企业的基本动机与行为定位，仍然是“在商言商”，是以市场主体“投资取得回报”的模式，来形成其物质利益追求与社会责任的统一，但企业方面必须接受PPP“盈利但非暴利”的原则约束。所以客观地说，不是所有企业都适合于同政府合作参与PPP，比如风险投资、创业投资、天使投资类型的社会资本，偏好“快进快出”和“以敢冒高风险博取高回报”，通常不是PPP的适宜参与者。有意愿和政府合作，锁定较长期虽不很高但“可接受”回报水平的市场主体，其实“大有人在”且资本规模可观。这些企业家偏好于较长期甚至极长期、可预期、可接受的投资回报，愿意通过参与PPP提高生活质量并获得发展其他事项（包括收藏爱好、文化活动和从事公益慈善等）所需的时间与闲暇，这是市场体系成熟、健全的表现，在中国特色社会主义市场经济的发展中也不例外。

第四，联结、对接意义重大的“混合所有制”改革，促进企业改革与全面改革的实质性深化。

在中国现在特定的发展阶段上，PPP还有一项非常重要的、战略层面的制度创新意义：它直接呼应了中共十八届三中全会在现代国家治理、现代市场体系方面的要求，即混合所有制改革。中国现代市场体系建设面临的一项“攻坚克难”的改革任务是企业改革，包括使国有企业消除不当垄断和使非国有企业突破前后两个“三十六条”发布后仍未突破的“玻璃门”“旋转门”“弹簧门”，从而使国企、民企两方面都健康地“活起来”。在PPP的推行与发展中，恰恰可以通过其与“股份制—混合所有制”的天然贯通来实现这一目的，因为形成一个PPP项目在产权方面没有任何选择上的局限，是在法治环境下形成的多产权主体间的契约。最典型的即以SPV（Special Purpose Vehicle）的形式组成特殊项目公司来运营PPP项目，公司内所有股权都有清晰的归属，每一份标准化的股权属于明确的股东，认定以后不会产生无法处置的纠纷（少数纠纷可通过法律途径解决），大家可以在这样稳定的、可预期的法治环境下，实现利益回报的共赢。而且，SPV的股权结构，在天然具有混合所有制特征的同时，又天然地倾向于不使国有股权“一股独大”，因为政府股权参与的动机是发挥“四两拨千斤”的乘数效应来拉动、引致民间资本大量跟进，乘数越大，相关政府工作的业绩评价会越好，因此社会资本、民营企业的股份在PPP中通常会成为股权结构里的“大头”，甚至是绝大多数。显然，这方面的突破式发展，也将有效淡化贴标签式、吵得热闹但不会有结果的“国进民退还是民进国退”争论，深刻、长远地影响中国的现代化进程。

第五，促进“全面依法治国”的法治化建设，培育契约精神和催化专业、敬业的营商文明。

PPP与中共十八届四中全会关于“全面依法治国”“依法执政”的指导方针具有天然内在的契合，客观上必然要求加快法治建设、打造高标准的法治化营商环境。因为一个个PPP项目，都需要有可预期的法治保障使作为合作伙伴的企业产生对长期投资回报的确定性与认同感，否则他们是不会自愿签署合作协议的。政府方面的“强势”会在PPP实施中得到约束：不论政府在前期还有多少“主导性”和“特许权在手”的强势地位，一旦签约PPP，就要以与企业相同的“平等民事主体”身份依法定规范认定契约，并按照“法律面前人人平等”的原则遵守契约；假如政府违约，也要经由法律程序“公平正义”地加以校正和处理。这对于实质性地转变政府职能、优化政府行为和全面推进法治化，不啻是一种“倒逼”机制。PPP的发展，对法治、契约和上述所有这些营商文明的培育都将是一种催化剂，对于降低交易成本、鼓励长期行为和促进社会和谐进步，具有国家治理现代化和包容性发展层面的全局意义。

第六，有利于在认识、适应和引领“新常态”的当前与今后的一个阶段，对冲经济下行压力，优化支持经济社会发展后劲的选择性“聪明投资”，增加有效供给。

面对现阶段的经济下行，需要特别强调投资的作用。中国投资领域的关键问题不在于总量和增速，而在于结构、质量与综合绩效。走向经济新常态，迫切需要把握好有助于支撑全局的“聪明投资”。PPP所关联的投融资项目，都属于有利于调结构、惠民生、护生态、防风险、增绩效的选择性项目，又配合了促改革与稳增长，是利用混合所有制创新将“过剩产能”转化为有效产能（诸如钢铁、建材、施工机械与设备的制造等行业和领域），会形成一大批“聪明投资”对冲下行压力，以有效供给来增加长远发展后劲，因此，它是在供给侧助益适应和引领“新常态”。

总之，PPP这一制度供给伟大创新的正面效应非常值得注重、发掘与期待。全面深化改革新时期，决策层和管理层对PPP的高度重视、明确要求及立法、示范、培训安排的紧锣密鼓，以及各界对PPP的高度关注和积极交流互动，已表现出这一制度供给伟大创新在中国将迎来前所未有的发展机遇。在《中华人民共和国预算法》（简称《预算法》）修订后，地方政府负债中部分存量的替代机制和今后部分增量的供给机制也都可以并需要与PPP机制创新对接；“新产业革命”时代中国“地方竞争”中“非梯度推移”地可匹配于东、中、西部的“连片开发”等创新事项，也会使PPP在中国实践中有望展示异乎寻常的亮色。当然，鉴于PPP对法治化条件与专业化要素的高标准要求，PPP操作在实际生活中不可能一哄而起、一拥而上。但应强调，新时期迫切需要积极地消解畏难情绪和观望态度，引导与鼓励“实干兴邦”“事在人为”的创新取向：把“想干事、会干事、干成事、不出事”的各界人士，以高水平长期规划和“亲兄弟明算账”的契约，结合成生龙活虎的PPP团队，在创业创新发展中打造无愧于时代的业绩。

在PPP规范化发展和风险防范视角上，我将其概括为“法制化”“阳光化”“专业化”，并探讨了PPP资产负债表所应涉及的财务会计准则的健全与完善。

七　优化收入分配

中国的收入分配格局及其相关制度机制如何优化，是经济社会转轨中推进国家治理体系和治理能力现代化的重大现实问题。

在多年研究之中，我和我的合作者们对有关收入分配的一系列问题作了反复思考和深入研究，我作为负责人于2017年底完成的全国社科基金暨马克思主义理论研究和建设工程重大项目《深化收入分配制度改革研究》（企业管理出版社，2018年），体现了我们的一些基本认识，择要表述如下：

1. 中国收入分配格局基本问题的认识

在考察现阶段中国收入分配的基本格局及其中的关键问题时发现，近些年中国居民收入与人均GDP增长占比走低后有所回升，部分居民“灰色收入”可观：最关键的问题应聚焦于“非公平、非规范”及其制度性成因。我国自改革开放以来经济社会发展，国民收入分配总体格局发生了一系列演变。2000—2014年，居民收入与人均GDP增速之比经历了先走低、后抬高的过程，居民收入所占比重在经历下降过程后走过2008年的低点而有所回升，但总体在此期间下降了6个百分点左右。这种“蛋糕三分情况”的变化曾一度成为多方关注与讨论的热点，被认为与我国消费率偏低等现象密切相关。白重恩等学者的相关研究测算了这个“比重走低”问题，具有中国学界主流观点的影响力[①]。

但根据王小鲁的研究，我国国民收入分配中存在巨额的“灰色收入”，未能反映在国家统计局的数据中，属于隐性

① 白重恩、钱震杰：《国民收入的要素分配：统计数据背后的故事》，《经济研究》2009年第3期。

收入，在2008年，约为4.6万亿元的总规模[①]。后根据他的又一轮估算，基本结论是，2011年我国“灰色收入”总规模为6.2万亿元，相当于GDP的12.2%[②]，而且这种隐性收入的分布是极不均衡的：这块收入中的63%集中在前10%的高收入家庭，80%集中在前20%的高收入家庭。

根据王小鲁这一同样广泛引起关注和重视的研究成果，白重恩等学者根据官方统计数据的研究结论，提出恰恰与之“冰炭不同器”的观点：居民收入占比考虑了这一巨额的影响成分后，非但不是下降的，依照基本逻辑关系，还应当是有所上升的。到底如何，自然会有见仁见智的讨论，但限于种种条件制约，各种观点的量化结果均不可能十分精确。应当看到，王小鲁这一研究结果的独特价值却是无可否认的，即把实际生活中人们早已可感受到的非规范收入问题纳入严肃的学术研究框架，得出其规模巨大的一种量化分析结果——具体量值上的难以精确，并不能否定问题性质上的重大现实意义，即我们不应局限于统计局的官方数字认识中国收入分配问题，也不宜局限于居民部门所占比重的下降问题，而应深入探究“灰色收入”问题背后的收入分配结构问题，即收入差距、财产差距问题，收入分配的公正性、规范性问题，以及与之相关的深层次制度性成因。

从中国居民收入分配结构来看，“收入差距过大”问题早已引起各方关注。特别关键性的认识是：与居民收

① 王小鲁：《灰色收入与国民收入分配的比较》，《比较》2007年总第31辑。

② 王小鲁：《灰色收入与发展陷阱》，中信出版社，2012。

入、财富差距扩大形影不离的是收入分配的不规范、不公正问题。大量的隐性收入，包括“灰色”（涉及尚不宜直接认定为违法乱纪的种种不规范分配）的和其中的“黑色”（涉及腐败等犯罪行径）的收入，在分配格局中占据不容忽视、相当可观的分量。探究其成因，自然应聚焦在相关制度供给的有效性不足问题上，进而探求以改革来矫治之路。

如把王小鲁估算的5万亿~6万亿元规模的不规范“灰色收入”考虑在内，我国居民部门所得在这些年间并非是减少份额，而是很可能其份额还会有所增加，只是具体增加了多少，的确是一个棘手的难题，无法形成权威解释。然而，我们依据常识和相关指标的逻辑关系，应可知王小鲁所指称的隐性收入，一部分是在财务与统计信息中以“偷梁换柱”方式从非居民部门转到居民部门内的，这一块只影响“蛋糕”的切分结构，不影响我国GDP的总量，另一部分却是以“坐支”方式不进入财务与统计信息的。于是合乎逻辑地说，这一块应是以做“加法”的因素影响我国GDP的总量，即构成使“蛋糕”增大的贡献因子。但实际上，这个“加法”也肯定难以为官方统计部门所接受。我们愿意在此特别强调的是，在种种制约条件下，依王小鲁的研究成果而量化地调升中国GDP的总规模，虽然不具备可操作性，但从中国GDP内部结构来看，适当调升居民部门份额，却显然是合理的、必要的。至于调升多少，确实也难以精确定论，但至少，这个审视已显著冲淡了关注“居民所得比重下降”问题的必要性，而启示我们应更多地把注意力放在中国国民收入分配的真正问题——不规范、不公正、差距悬殊上来，特别是应循着改革逻辑深刻认识其所关联的深层制度性成因，进而探求有效对策。

刘鹤指出，“收入分配差距是中国经济最大的不平衡”[①]。这种收入分配差距中内含的非规范性、非公正性，与现实生活中主要源于制度供给有效性不足而发生的不正之风、贪污腐败、权钱交易、化公为私、国资流失、巧取豪夺等实为一体，弊病性质最为严重，事关人民的基本福祉、社会的公平正义和执政党与国家的命运、前途，是当代中国正确处理收入分配所需解决的核心与要害问题之所在。

2. 关于中产阶层重要意义的认识、判断，以及培育和壮大中产阶层面临的挑战

中国在实施现代化战略中的基本诉求，是基于人本主义立场、维护和促进内外部和谐状态下的“和平崛起”。把收入分配同社会和谐状态的追求相联系，有一条为人们所看重的基本经验，即培育和壮大中等收入阶层（“中产阶层”）是促进与实现社会稳定和谐的重要条件。一个社会中中等收入阶层成为社会成员的主体，更高端的巨富者和更低端的贫困者都是少数，可形象地称之为“橄榄型”（“两头小，中间大”，形似橄榄）的社会，是最具有稳定、和谐特征的社会，因为大量有“恒产”的中产者，容易具有敬业乐群的“恒心”，中产之上的富豪阶层及之下的低产阶层均相对量

① 转引自彭文生：《渐行渐远的红利——寻求中国新平衡》，社会科学文献出版社，2013。

较少，则客观上有利于缓解高、低两端间的矛盾，不少发达经济体的实证情况，正是这一判断的基本依据，而中国与这一类型社会的明显差异，被认为是需要努力加以改变之处。这就是“培育和壮大中产阶层”的内在逻辑与必要性。

从传统体制下过度的平均主义，演变为改革开放中“一部分人、一部分地区先富起来”，中产阶层的增加应是顺理成章的情况。但在当下如何估量中国中产阶层的发育程度，还有不同的认识与不少的困惑。在此特别阐明如下两个层次上的基本认识。

首先，在相关的概念上应强调，中等收入阶层是个相对的、定性的概念。所谓相对概念，就是说不要太计较与别的经济体在绝对数值上的对比，主要应看居民于所在经济体内的上下对比关系。所谓定性概念，就是要理解中等收入阶层应该是这样的一些社会成员：他们有恒产——中国人特别看重的有房有车（特别是有房的时候，不应是以痛苦的当房奴的状态去占有它），还要有一定量的储蓄，有相匹配的教育、医疗等方面中高水平的生活服务，并要与社保体系融为一体，而且还应具备享受旅游等生活闲暇的能力，等等。对于这样的中等收入阶层，从定性上来认识它，值得进一步探究在参考现有的官方统计数据方面，要怎样消除一些假象而努力接近真实图景。

2016年，据国家统计局数据，全国居民收入按五等份分组，基本情况如表3-1和图3-4所示：

表3-1　2016年全国居民收入五等份分组统计情况

分组	人均可支配收入/元	占总人均可支配收入的比重
低收入组	5529	4.23%
中等偏下收入组	12899	9.88%
中等收入组	20924	16.02%
中等偏上收入组	31990	24.49%
高收入组	59259	45.37%

注：全国居民收入五等份分组是指将所有调查户按人均收入水平从低到高顺序排列，平均分为五等份，处于最高20%的收入群体为高收入组，依此类推依次为中等偏上收入组、中等收入组、中等偏下收入组、低收入组。资料来源于国家统计局《中华人民共和国2016年国民经济和社会发展统计公报》。

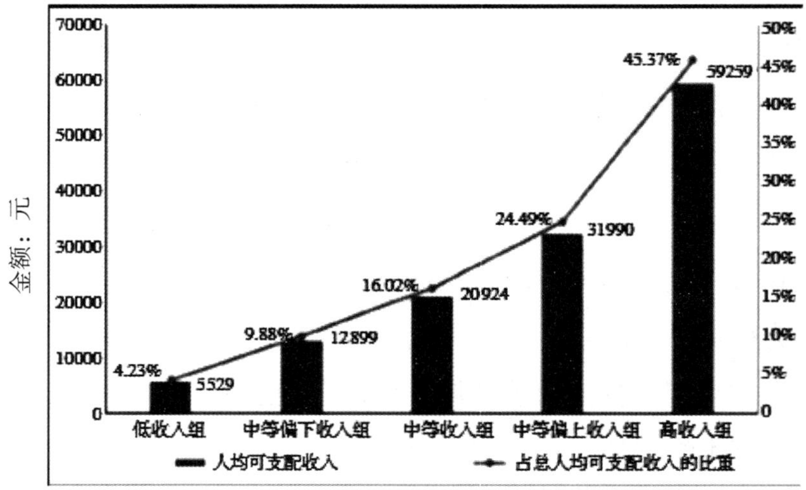

图3-4　2016年全国居民五等份收入分组统计情况

注：本图注与资料来源同表3-1。

官方统计数据表明，在全国居民收入五等份分组中，高收入组的和中等偏上收入组的这两组，合在一起占总人均可支配收入的69.86%，其中高收入组占总人均可支配收入的45.37%，即按社会成员收入结构比重的分布来看，1/5的家庭掌握了近1/2的总收入，其次的1/5家庭掌握了约1/4的总收入，这是从有别于基尼系数的另一个统计视角来看，表明中国社会收入分配的差异悬殊状况。应当指出，这一统计结果对中国社会真实收入差异的反映仍是严重不足的，其中非常重要的原因，就是这一套五等份统计数据，主要来自家计调查，而家计调查是由人们自愿填报的（抽取调查户时，不自愿，即跳过）。现实生活中，真正的富豪没有人愿意填报。王小鲁教授做过深入研究的那些有“灰色收入”“黑色收入”的人们，一般也是不填报的。所以，这些家计调查数据放在一起，我们不能说它没有意义，但它跟中国社会的真相有相当大的距离。它无法充分揭示中国居民实际的收入、财富占有倒金字塔形和人口比重正金字塔形这两个方面的结构差异特征，也会由此掩盖一些有关中等收入阶层的真实情况，使关于中国中产阶层成长的相关判断偏于乐观。

其次，中国已有的中产阶层陷于较明显的焦虑，折射着现阶段很突出的挑战性问题。

应指出，在已经形成的我国“新中产”人群中，由于客观上的种种原因，还促成了他们主观心理状态上较高程度的“焦虑”，表现为与其他经济体中产阶层心态稳定特征的明显不同。2016年7月，英国《经济学人》杂志在专题报道中称，中国中产阶层有2.25亿人，他们是世界上最焦虑的一群人。该报道把中国中产阶层定义为家庭年收入在1.15万~4.3万美元，约为家庭年收入8万~30万元人民币的群体——这个数量区间，特别是未按家庭人均年收入这个更准确的指标来衡量，都还是值得商榷的，标准偏低，但数量规模算低得还不太离谱。与之大同小异的估计，是麦肯锡和波士顿咨询的规模估计：2020年，中国的中产阶层人数将达到3亿人或再高一些。换言之，近14亿人中，除了为数不太多（肯定达不到1亿人）的高收入阶层成员和这3亿人左右的中产阶层成员外，其余全部都是中产阶层以下的中低收入与低收入成员。

中产阶层所焦虑的，主要是房价节节升高，子女教育、医疗、未来养老等负担都在趋于沉重，加班太多、个人时间被挤占所带来的紧张，等等。怎样消除这些焦虑，这是中国在培育、壮大中产阶层方面所面临的特定挑战。

3. 中国的企业负担的“全景图”与配套改革的“真问题”

2016年12月，福耀玻璃董事长曹德旺的一番言语“一石激起千层浪”，引出社会热议，我对此提出如下认识：

（1）曹德旺议题重要，但结论还不到位。

曹德旺所涉及的美国和中国对比的企业人工费、电费、天然气成本、物流中的过路费，其他开销里的厂房、土地与各种各样的融资、清关、配件的相关负担，这些其实与税没有直接关系，不是以税的概念能涵盖的。他把这些所有的项目都做了相关的考量以后，最后得出的结论却是一句话：中国综合税负比美国高35%。这就需要澄清一点：他到底说的是税，还是税和其他负担的总和？显然他实际上已在全盘考虑后者，结论却未说到位，我们作为研究者进行学术探讨时，更应该按后者即税内税外的所有负担来把握“全景图”。

（2）全球发展竞争中确有“用脚投票”，相关的企业负担问题决不限于税，但可以先从减税开始讨论。

社会热议中的“曹德旺要跑”之说使他感到十分委屈，但社会关注企业家是否“跑掉”问题又不是空穴来风。在全球发展过程中，实际上确实存在不同主体会“用脚投票”来实施要素流动、实现资源配置的竞争。在这方面曹德旺提出这样一个引起大家普遍关注的企业负担问题，在形成社会广泛讨论之后，应该乘势引发理性认识，在对真实情况把握、分析之后，力求建设性地提出应该尽快采取的一些对策措施。

中国企业普遍反映负担沉重这种情况，与其他经济体相比，既有共性（几乎所有企业都存在“税收厌恶”，必说税负重，主张轻些更好），又有个性（中国的企业负担与其他经济体相比名目更多、更复杂），考虑全球化背景下在企业“用脚投票”的竞争中提升中国投资环境的吸引力，减轻企业负担，需考虑的决不限于税，但可以先从减税开始讨论。“减税”显然是回应社会诉求的“得人心”之举。中国现在设立的正税为18种，要想再减，具体减什么，这是关键的问题。如果按照决策层要稳定或降低宏观税负的同时又要“逐渐提高直接税比重”的意向，那么言下之意就是要以降低间接税的税负（主要是表3-2中第一类）为大方向。

表3-2 中国税种

税种类别	税种内容
流转税（3种税）	增值税、消费税、关税
所得税（2种税）	企业所得税、个人所得税
财产税类（3种税）	房产税、车船税、船舶吨税
行为目的税类（6种税）	印花税、土地增值税、耕地占用税、契税、车辆购置税、城市维护建设税
资源税类（2种税）	资源税、城镇土地使用税
农业税类（1种税）	烟叶税

注：按照全国人大常委会2016年12月审批通过的《中华人民共和国环境保护税法》，我国于2018年1月1日起开征环境保护税，现时我国实际开征的税种总数为18种。

（3）中国降间接税的同时需考虑提高直接税比重；中美“减税”基本不可比，应防止“东施效颦”。

在减税的同时，必须维持整个政府系统支出，满足一系列的社会目标要求。比如，要保民生改善与“社会政策托底”的很多事情，涉及一系列与7000万贫困人口脱贫的“精准扶贫”相关的财力投入，涉及维持我们所有的社会保障事项（从住房保障到教育、医疗、就业、养老）相关的所有投入，可预计的财政支出是要不断加码的，在收支缺口压力之下，2017年我国财政赤字率已抬到了3%，今后这个赤字率再往上抬一些不是不行，但是需更加审慎。

虽然纳税人都不愿意加税，但是选择性加税，实际上是在努力降低可降负的流转税、维持适当的宏观税负水平和优化税制结构、加强直接税再分配功能遏止两级分化这些大前提之下必须处理的配套改革问题。如要“降低宏观税负”，在以税改提高直接税比重这方面的要求可相应宽松一点，但要增加直接税毕竟是十分棘手的改革难题，即使行动起来，其收入的上升也必是一个较慢的变量，以这个很慢的变量配一个很快的向下调整的变量（就是减少间接税），必须找到短期内填补其缺口的收入来源（如增加政府举债），而这又将会面临越收越紧的约束条件。

曹德旺议题的热度与美国新任总统特朗普的减税方案有关。特朗普的减税与当年里根的减税基本在一个套路上，都是主要减降美国联邦政府的财力支柱来源——个人所得税，也包括减降以州政府为主征收的公司所得税，是直接税概念下的减税。中国的情况则是在直接税中，个人所得税所占比重较小（近年仅占全部税收收入的6%左右），企业所得税已经减了许多（标准税率早已降为25%，高科技企业更早已优惠至15%，中小企业减半征收，为12.5%，加速折旧、研发抵扣都有匹配，许多地方政府提供“两免三减”等），继续减降空间很有限了。而且只讲减间接税，就变成了仍在“顺周期”框架里的“东施效颦”（经济偏热时会继续升温，偏冷时升温会很有限，还会刺激地方政府“正税损失非税补”的“刮地皮”扭曲行为），非但没有“自动稳定器”功能，还会对我国的一些矛盾问题（粗放发展、累退分配、价格波动等）推波助澜。

那么，在以上综合考察之下，具体考虑中国企业税收上还能减什么？主要有两个方向：

第一，营改增这一“结构性减税”已经于2016年5月1日之后在框架上做到全覆盖，细处还有一些问题，需调查研究后寻求解决，具体落实到改进措施的设计与实施上来。如条件具备时，不排除将增值税的标准税率水平做一轮较明显地向下调整。

第二，企业所得税标准税率，还可讨论从25%进一步调低到20%左右——这至多是介乎于"微调"与"中调"之间的调整；小型企业所得税的征收上，"起征点"还可以再抬高，但抬高后，一家企业一个月充其量也不过减降一两千元的税，这对企业来说未必能有多大帮助；企业研发支出得到企业所得税最高175%的抵减这一优惠政策，亦可讨论能否进一步提高优惠程度，但也已非多大力度的减税措施。从这些已经可以感受到，在我国正税框架里，我们所面对的减负空间的局限性已比较明显。

（4）从国际可比宏观税负水平看，中国并不高，把各负担因素综合起来考虑，减降正税不是减轻企业负担问题的全部，甚至已不是最主要的部分。

按照IMF标准口径做对比，中国大致和发展中国家平均宏观税负相当：近年不到35%，明显低于发达国家宏观税负的平均值[①]。

但我们至少应把正税之外的行政性收费，五险一金，还有一些隐性的各种综合成本因素（很多是隐性的，但企业不得不承担的成本）综合考虑。

---

① 参见韩洁、刘红霞《中国宏观税负低于世界水平》，《人民日报》（海外版）2017年1月17日；《专家：中国宏观税负水平总体较低》，http://www.chinanews.com/cj/2016/12-21/8101036.shtml，2016年12月21日。

第一，减少行政收费关系到大部制改革等攻坚克难问题。

对于那些手握“红头文件”依据，进行行政性收费所相关的公共权力部门，在这方面已经形成了一定的既得利益，部门的审批权，后面跟着的往往就有明的收费权和暗的“设租”权。很多的具体收费，是跟着这种公权在手的“权力行使”带出来的。这是中国改革深水区，是实权部门“拆香火”的难题。

第二，降低“五险一金”水平，必须解决社保基金制度机制问题。

关于“五险一金”的减降，有空间，有基本共识，但潜力空间需要改革才能打开。如果基本养老真正冲破省级统筹局限做到全社会统筹，会有至少30个（实际上更多）“蓄水池”（社保基金池）变成了1个，互济、共济的功能将马上提高，降低“五险一金”自然而然就可以跟上来了。整个蓄水池系统潜在的调节功能，可以承担降低“五险一金”的这个调整，但如果没有这个“蓄水池”的改造，降低“五险一金”的问题就会总也过不去。问题就这么简单，但这又属于触动既得利益的“攻坚克难”改革任务。

第三，企业的隐性负担问题在中国相当严重。

中国企业负担中的一大“特色”是隐性负担沉重。比如，开办企业至少要盖几十个章，需要种种“打点”，实际上必然产生一系列、合成一大块的隐性成本与综合成本。这些成本在国外不能说没有，但应该讲与中国比，可能是有天壤之别的。

所以，正税减降不是中国减轻企业负担问题的全部，甚至已不是最主要的部分。减轻企业负担的讨论，实际上需要对照现实情况，从“减税”切入自然而然扩展到必须怎样整顿、改进整个市场营商环境的讨论，特别是延伸到如何遏制种种潜规则造成的设租寻租、变相索贿等问题。近年企业反映的还有另一种变相的负担是“为官不为”。拖着企业的时间，可能就把企业拖死了，这不也是负担吗？这些约束要破除，依靠什么呢？需要依靠“冲破利益固化的藩篱”，实质性推进配套改革。

（5）如何看待人工费、电费、过路费等问题。

——中国现在人工费这方面对美国还有比较优势，但对东南亚等地已成劣势了。应该注意到，人工费的上升合乎这些年中国进入中等收入阶段后的阶段转换，大的趋势是未来人工成本还会继续上升，换言之，还会继续减少低廉劳动成本“比较优势”对中国经济增长的支撑力。从正面讲，这是中国经济发展到“中等收入阶段”，走过“刘易斯拐点”后的劳动者，特别是低端劳动者（粗工、壮工、农民工等）随“民工荒、招工难、用工贵”而在市场环境中提高了工资的要价能力，代表着劳动者能够更好地“共享改革开放成果”的新境界；从负面讲，则是在中国出现发展阶段变化后，“无可奈何花落去”，旧的比较优势和动力体系支持在滑坡，代表着产业结构“腾笼换鸟”等挑战带来了严峻的新考验，迫切需要以供给侧结构性改革增加“全要素生产率”的贡献实现动力体系转型升级来对冲下行因素。人工费的高低总体由市场决定，不是企业决策者想减就能减的。

——电费要借改革压低，但中国不能与美国比拼电价继续降。电力部门的改革可以部分地解决这个问题，而电力改革又是攻坚克难的问题。如能在电力改革中使电回归商品定位，竞争性机制产生选择性，电的成本有可能依靠一些改革带来的潜力释放而往下压低，这是非常值得我们争取的。

但中国的基本能源禀赋与美国大不相同，在今后一段很长的时间内，中国的电力供给70%左右还将是以煤烧出的火电。煤有很多实际的“外部性”，其清洁使用是最难的，烧煤发电的综合成本（特别是环境污染造成的社会成本），还没有很好地体现在中国的电价里。我国必须准备在很长的一段时间里，在其他化石能源替代空间已很有限，可再生能源发展“远水解不了近渴”，不得不以煤为主的情况下，“不惜工本”地突破煤的清洁利用这个关口，使煤的清洁利用在中国能够面对自己的“胡焕庸线半壁压强型三重叠加”的“非常之局”，产生以“非常之策”升级支持可持续发展的与国情相匹配的特点和绿色发展效应[①]。那么，如要减少雾霾的威胁，减少环境方面的污染，对中国来说最合理的方法，应该是实行适当的高电价政策，逼着企业千方百计地开发有利于绿色、低碳发展的节能、降耗、减排的工艺技术和产品，这才有利于在经济压力形成动力的情况下，去解决中国的这个历史性问题。适当提高电价，以经济手段使企业相对少烧煤，虽不能让我国的煤炭消耗绝对量马上往下调，但

① 参见贾康、苏京春：《胡焕庸线：我国“半壁压强型”环境压力与针对性供给管理战略》，《中共中央党校学报》2015年第1期。

可在努力控制绝对量的同时，让每个单位产出里所含的关联污染的成分、比重下降。以经济手段为主减少煤的耗费和减少这方面电力能源的耗费以治理污染，是一个在中国国情之下必须说清楚的机制构建问题上的正确选择。

——中国也不宜与美国比拼过路费。

在很长一段时间内，中国做不到美国那样于交通干道、高速公路上基本不收费，因为我们还不得不依靠贷款和PPP途径融资，然后以收过桥过路费的方式，形成在这样一个循环中加快基础设施建设的机制，这是中国现代化过程中从追赶到赶超的特色之一，虽然引起了老百姓的一些不满，但是总体而言老百姓在这方面是受益的。关键是要提高收费机制阳光化的程度，让社会一起监督，使这些钱滚动式地真正用到加快基础设施建设和升级换代方面。要承认这里面会发生一定的人工维护费与管理成本，但是不能过分，不应在透明度不高的情况下，少数人把它处理成一种既得利益的固化，然后再在其间膨胀小团体利益和私人利益，引出很多实际上不符合公共利益最大化的偏差来——这又涉及制度机制的改革。

——公路上对车辆滥罚款的痼疾，主要是吏治问题，已不是税费问题。

在中国公路网上的货运车辆，多年来面临一种悖论：一方面由于种种过路费和罚款太高，车主不超载货运就赚不到钱；另一方面政府的公权环节正是依靠普遍的货车超载而不断形成违规罚款的依据和罚金收入的来源，从而“加强管理干劲十足”。这种恶性循环是怎么形成的？简言之，是法治不到位和阳光化监督机制不到位，使罚纳两方陷入螺旋上升的畸形博弈。要解决这一问题，显然已与税制、税改无关，关键是如何建立相关良法、实现阳光化执法、动真格整顿吏治等措施，来处理好公路货运的一整套制度安排问题。

（6）如何看待土地、厂房成本和融资成本。

首先，土地、厂房成本降低涉及基础性制度建设和优惠政策的可实现性。企业用地这方面，取向上虽然应当尽可能地控制其成本，但是当一个区域的经济发达程度上去了，地价也就随之抬起来，用地企业需要给出对价，具体的价位水平没有一定之规，是在要素流动的市场竞争环境中生成的。关键是，为什么这些年中国有条件来靠土地批租把收入水平抬高的地方政府，它们的短期行为不能得到有效遏制呢？为什么一定要“单打一”地依靠土地批租收入呢？比照美国，那里也有相当于地租的一部分政府收入，但最关键的是，美国地方政府有由土地开发形成不动产后在其保有环节早已确立的财产税收入来源，这种直接税，一年一年稳定地构成地方政府最主要的大宗收入，而使之不必一味地依靠土地批租“一次把钱拿足”。机制优化了，相关的地价和地皮上形成的厂房等不动产的价格就会更稳定，不会“地王”频出，企业用地的相关负担也不会动辄加重。中国如果说过去没有意识到这是现代社会、现代国家必然有的特征，那么现在我们别无选择，需要积极向房地产税等“基础性制度建设”上靠近。中共十八届三中全会要求的“加快房地产税立法并适时推进改革”，在实践中历经数年寸步难行，已表现了其异乎寻常的难度，这也唯有“攻坚克难”才能取得进步。

至于曹德旺提出的在美国办厂发生的用地、厂房方面的费用由于得到州政府的补助而冲销，这种情况在中国不少地方（特别是中西部）也存在相应的优惠政策规定，但如果其他配套条件跟不上，还是缺少其“可实现性”，难以迎来“招商引资”的成功，因为投资者不会只看不动产的成本这一项相关因素。

其次，中国企业融资的成本有高有低，但总体而言大量民营企业、小微企业融资既难且贵，是影响企业发展的一个非常重要的负担因素。

前些年的“温州跑路事件”（当地一批成规模的民营企业资金链断裂，老板们“跑路”避祸）表明：由于正规金融“低利贷”边缘化，大量“灰色”金融和高利贷式高成本融资的“黑色”金融却唱了主角，潜规则强制替代明规则，待到世界金融危机发生以后，正是由这种高利贷的畸高融资成本的脆弱性，导致资金链断裂，爆发局部危机形成跑路事件，随之暴露出温州当地产业空心化、实体经济升级发展受阻问题。

也有正面案例和十分值得肯定的创新突破，如阿里巴巴公司提供的小额贷款，在没有政府特定政策配套支持的情况下，主要依靠现代信息技术，不要求抵押，也不用见面办理，处理程序上“零人工操作”，工作中是由软件系统基于大数据、云计算掌握风控，对小额贷款的网上申请可以很快确定具体支持对象，小额贷款得以按比官方规定利率略高一点的水平，源源不断发放。这就是对小微企业融资实实在在的贡献了。

我国整个金融体系应力求在改革中实现金融产品供给的多样化，形成“无缝对接”的供给体系，从而达到对需求侧的多种需求类型全覆盖，并使政策性金融（如普惠金融、绿色金融、小微金融、“精准扶贫的金融支持”等）健康地可持续运行，在充分竞争和金融深化过程中，降低融资成本，把高利贷边缘化从市场上挤出去，这又是依靠配套改革才能找到出路的解决方案了。

（7）考虑了“减税减负”，还不得不考虑“增税负、加税种”——以直接税制度建设为例：党中央要求的“逐步提高直接税的比重”，是属于无可回避的增税、加税的方面。

首先，个人所得税是典型的直接税，其改革应是有减税，有加税。个人所得税的减税在中低端，加税在高端，关键是要实现“综合与分类相结合”，加上必要的“专项扣除”，以家庭为单位按年征收，这是已讨论多年的个人所得税建设发展的大方向。我国的个人所得税改革还会有较漫长的路，启动个人所得税相关法律下一轮的修订时，应把工薪收入与其他可归堆的收入归堆，合并在一起实行超额累进税率；直接投资产生的资本利得可另做处理（原则上是做比例税的处理），表示鼓励直接投资。还应加上另外一些符合国际惯例、顺应民众要求的考虑家庭赡养系数和住房按揭“月供”利息负担等特定调整、专项扣除。与之相匹配的个人所得税的信息系统建设运行与征收管理，也都是具有挑战性的问题。

其次，房地产税需从无到有，攻坚克难。从全局、长远考虑，中国住房保有环节的房地产税，是另一项势在必行的直接税制度建设，属于有多种正面效应的基础性制度改革任务，也是我们打造房地产领域健康发展长效机制和使整个税制与整个社会走向现代化必须经受的历史性考验，是供给侧改革中一个“啃硬骨头”的典型。房地产税作为一个直接税，除了筹集政府收入，特别重要的是会发生按照支付能力原则在税收上“抽肥”的作用，让有豪宅、有多套房的社会成员多作一些税收贡献，而使这些资金进国库的“抽肥”之后，就能“补瘦”，即政府用此种税收收入用于扶助弱势群体支出，加强保障房建设，促进社会福利。这种“抽肥”不是让先富起来的人伤筋动骨，而是在他们发展、享受的层面上适当让渡一部分物质利益，本质上是一个促进社会和谐的“共赢”的税收。我国在经过了多年物业税模拟试点和实施了上海、重庆两地称为房产税的改革试点后，房地产税的改革任务应排除阻力，争取尽快得到推进，路径是在“税收法定”轨道上，尽快落实中共十八届三中全会关于“加快房地产税立法”的指导意见，一俟立法完成，可在房价上涨压力大的一、二线城市率先实际开征。第一，必须立法先行，最关键的要先进入一审，把有关部门在内部做了很多年的草案先公之于世，来征求全社会的意见。第二，在税率的设置上，应该根据房产的价值（市场影子价格）等因素确定税基和税率。对满足生活基本需求的房屋面积可实行零税率，对超过住房标准的房屋面积实行各地标准税率，使高收入群体在享有大面积住房的同时也承担更多税负。第三，要注重广义口径上和房地产相关的所有税费的整合和配套改革。第四，要对地方充分授权，于立法完成后在不同区域酌情分步实施。综合地考虑，在中国强调住房保有环节征税势在必行的同时，又必须设计可行方案给出家庭住房“第一单位”的扣除，否则社会接受不了，建不起框架来。相关的立法程序，亟须争取尽快启动。

最后，展望中长期，还需研究开征遗产税和赠与税。

从邓小平所强调的“社会主义的本质是共同富裕”的基本观点及中国现代化过程中“先富共富”的战略思维考虑问题，显然要认同开征遗产税的“价值取向”，它主要体现在调节收入与财产分配、促进慈善公益事业发展和合理协调先富共富关系三个方面①，有促使收入分配机制优化的功能和在中国研究开征的必要。但还需考虑此税关联的一系列配套条件与制度建设问题，其开征所应具备的前提条件要求与房地产税相比，有过之而无不及，比如居民财产的登记、报告、查验、保护制度需达到较高的水平，官员财产的报告与公示制度有必要先行，还需充分准备如何匹配对先富阶层的包容式引导和持续创业发展的激励、对中等收入阶层的培养、对“第三部门”的扶持与规范以及一系列与社会可接受性和技术性相关的问题。因此，此项改革的排序在中国直接税体系建设事项中摆得相对靠后，应是比较理性的选择，在充分肯定其大方向后，“研究有必要，快进不现实”，需从长计议，积极稳步寻求推进。

（8）既要面对“全景图”，也要在改革的攻坚克难中解决“真问题”。

---

① 贾康：《遗产税考量上的“价值取向”与其改革设计的“问题导向”》，《全球化》2014年第3期。

综上所述，我们必须把曹德旺所提到的所有企业负担问题和其生发的积极讨论，引导到更全面看待的正税负担、非税收入负担、税外隐形负担、社会环境里的综合成本等所有相关因素的“全景图”上，切忌“盲人摸象”，各执一词。必须特别强调，对这些降低负担和使负担合理化的要做之事，关键点与难点在于其所匹配的改革上，敢不敢“啃硬骨头”，能不能真正通过改革攻坚克难形成有效的制度供给，构建一个高标准、法治化、低负担、公平竞争的营商环境与和谐的社会环境，这是中国企业降负、减少制度性成本的“真问题”之所在。

4. 收入分配“激励—约束”分析认识框架

收入分配问题相关的“激励—约束”，实质上就是要处理好“做大蛋糕”与“切好蛋糕”这两个紧密关联、在社会再生产中主要的、互动的对立统一关系。

（1）“公平”的概念和“公平与效率”的关系亟须廓清。

关于“公平与效率”的讨论在学术界由来已久，所涉及的现实问题是非常重要的，而且近年来在中国引起了各方面的强烈关注。已有不少研究者指出：公平与效率的关系并非全是此消彼长的对立关系，也有相互促进、互为条件的关系，这一点十分重要，需要进一步细化分析。我们认为，如果从细致、严谨研究的角度，应该把“公平”之内涵再做拆分，通常人们谈到很多公平问题，要视情况的不同再做细分定位才能较准确地表达原意。比如说，近年来人们越来越多地认同应做出“规则的公平”“过程的公平”和“结果的公平”这样的划分，那么“规则的公平”和“过程的公平”所强调的是“公正”“正义”，这两个“公平”与效率是没有矛盾的，并且是保护、促进效率的，主要是指通过公正的待遇和处理，使大家各尽所能，得到一种发展中的公平的环境。但论及“结果的公平”，则实际是指结果的均平状态，这种均平确实与效率有一定的此消彼长的关系。过于平均，则激励不足，影响效率；过于悬殊，则虽有强激励，但弱势、低端人群的困难与不满增加又可能带来矛盾凸显，危害社会和谐稳定，所以调控者需要做出合理的权衡掌握。遗憾的是，人们讨论公平问题时，往往是把这两个概念混同，完全“一锅煮”了，接着带来的问题就是“捣糨糊”，无助于问题的廓清。清楚地区分汉语中“公平”在不同情形下实际分别所指的规则、过程公正的“公平”和分配结果相近的“均平”这两个不同对象，对于正确而深入地讨论问题实属必要，有利于大家避免“鸡同鸭讲”“苹果与桔子比”。近些年收入分配方面的矛盾凸显之后，人们讨论时往往慷慨激昂，争论激烈，但是却普遍地把应当清楚区分的这两个命题混在一起说，也就带来了在同一个概念下说不同的事情，实际没有共同语言的情况，造成了中文语境中“公平与效率”问题的混乱。查找用中文翻译的西方学界关于“公平与效率”的文献，也发现类似的问题，英文fair，fairness，equity，equality在词典上普遍是互证互解的关系，中文翻译一律译作“公平”，但细究词根与最基本的词意：equity有“股本”之意，更适合于表达标准化的“均平”；而fairness

与“标准化均平”不发生交集，更接近于正义（justice）的含义，一般应首选“公正”译法。如更多地细致考察这样的语义差别，讨论者陷入“捣糨糊”不良状态的危险性可望由此有所降低。

（2）“公平”与“均等化”方面的政府责任应当明晰化、合理化、动态化，把握好市场经济环境中的政策理性。

如从“规则的公平”“过程的公平”（意在公正）的角度来看，政府的应尽之责是制定和维护必要、合理的法律制度和规则，保护合法的产权和公平竞争的环境（“刷出一条起跑线”）。如果从“结果的公平”（意在均平）的角度来说，政府的作用应更多地体现为通过再分配手段抑制、缓解收入悬殊。前期的“结果”在一定场合又是后期的“起点”，于是又联系到政府的另一项应尽之责，就是努力发展和实现基本公共产品、公共服务的“均等化”，这个问题的实质是要“托一个底”，政府应该提供的诸如普及义务教育、实施社会救济与基本社会保障这类公共产品与服务，应该首先把最低限度上的供给水平托起来。同时这并不应理解为政府可以和应当大包大揽地过度着力，把在公平竞争之中和之后必然形成的差异压得十分扁平。应力求清晰地形成政府职责边界和“政策理性”的要领，促成政策的合理优化调整，以有利于社会矛盾的缓解与多元主体活力的持续释放，保障和支持现代化事业的持续发展。

比如，在“住有所居”的公共供给方面，政府首先要托的底其实不是“经济适用房”，而应该是公租房（廉租房与公租房因为实际很难划清界限，可统称为公租房），其入住者是没有产权的，由政府甄别鉴定社会最低收入阶层，让他们入住而“住有所居”。这是关联整个社会稳定的一种“公共产品”。同时政府做这件事情的管理成本也会比较可观，必须在众多社会成员中对公众负责地认清到底谁有资格得到这种公租房待遇。人住进去以后，政府应跟踪观察，如果以后入住家庭的收入上升到一定的程度，还应劝他们搬出去，把资源腾出来去解决届时真正的低收入阶层“住有所居”的问题。这种管理成本是必须付出的，因为这是政府非做不可的事，关系整个社会的稳定。但是如果按这个逻辑不断提升，以类似方式包揽边界不清的“经济适用房”（现实生活中扩展至十几种具体形式）的供给，说起来会很得民众拥护，实际上做起来却发生大量的扭曲，不少收入较高的人混在其中防不胜防地钻各种制度与政策的“空子”，大量不具备资格的较高收入者也能够买这种房子，实际上是排挤掉了真正在较低层的社会成员的对应机会，不当地占据了原指望发挥其政府功能的宝贵的公共资源。于是从追求公平、公正的理念出发，造成的却是让人啼笑皆非的结果，使五花八门的“经济适用房”变成了一个“管不了、管不好”的事情，政府做了很多却还要挨骂，因为把应当用来“雪中送炭”的钱，变成了“锦上添花”和乌烟瘴气的设租寻租、投机取巧，前面好的动机没带来后面好的结果。

（3）为把握好收入再分配的政策理性，需以对收入差异形成原因的正确分析为政策设计的哲理性前提。

“结果的公平”（意在均平）与效率确有一定的负相关关系，在我国的“矛盾凸显期”正确处理“均平”与效率的权衡点，既是各方都非常关注的事情，也是非常复杂、很有难度的事情，是把握好政府于再分配领域的政策理性的核心问题之一。毫无疑问，政府以必要的调节、控制、规范手段介入收入再分配，遏制收入差距悬殊、防止“两级分化”的固化并促其收敛，是政府的应尽之责，但需要以对收入差异的原因做出正确分析为前提来有针对性地实施分类的政策和协调、组合配套的方案。概而言之：应鼓励的收入差异还需要有所鼓励；正当的收入差异应尽量容忍；不规范的收入差异要调控抑制；不正当的收入差异则应大力消除，进而才有利于把握好均平—效率的权衡。这样的认识，是从居民收入差异的具体分析而来的。

中国改革开放以来社会成员收入差距扩大的原因，具体有如下七个方面的分析：

第一是源于诚实劳动中努力程度和辛劳程度不同而形成的收入差别。在传统体制平均主义大锅饭环境中，“干好干坏一个样”，那是养懒人的机制和体制，收入差异小，但生产力也得不到解放，被有识之士深恶痛绝。改革开放之后，总体的“勤快”程度提高了，但“勤快人”和“懒人”的相对差异仍然存在，新的体制和机制使“勤快人”和“懒人”的收入差异明显扩大，这种因努力程度、辛劳程度不同而形成的收入差别，或作为收入差别中的一种重要构成因素，在社会生活中必然出现。

第二是源于各人禀赋和能力不同而形成的收入差别。社会成员间必然有禀赋和聪明才智方面的差异，在改革开放之后发展起来的竞争环境下，先天禀赋和基于其他原因在后天综合发展起来的聪明才智，结合构成各人各不相同的能力、才干。客观存在的这种差异必然带来各人收入水平上的差异。一些特殊的、稀缺的能力与才干，如企业家才能、科技人员创新才能，包括文体明星的特殊技能等，一旦在市场中具体化为竞争力，则相关收入差别的扩大，比“努力程度”带来的差别往往要高出许多倍。

第三是源于要素占有的状态、水平不同而形成的收入差别。由于种种客观原因（如继承关系），每一个具体社会成员在资金、不动产乃至家族关联、社会人脉等方面（这些都可归于广义的“生产要素”范畴），必然是有所差别的，而由此带来的收入（如利息、房租及经营活动中的重要信息、正确指导与规劝等促成的收益）高低不同，也是客观存在的，并且有可能形成一定的传承和“自我叠加”的关系。

第四是源于机遇不同而形成的收入差别。比较典型的是市场态势变动不居，不同的人做同样的事，可能纯粹由于时点不同（当然实际生活中也会伴随其他方面可能的种种不同）而结果大相径庭，“好运”的可好到一夜暴富，“坏运”的会坏到血本无归，这里面机遇的因素也是不可否认的，在市场经济的某些场合，其作用还十分明显。

第五是源于现行体制、制度“明规则”因素而形成的收入差别。有些由体制造成的垄断因素和制度安排因素，在现实生活中可以强烈地影响社会成员收入水平的高低。比如一般垄断行业职工的收入明显高于非垄断行业，又比如公职人员收入水平与组织安排的具体位置关系极大。

第六是源于现行体制、制度中已实际形成而不被追究，或暂时不被追究的“潜规则”而形成的收入差别。这大体相当于人们一般所说的“灰色收入”，现实存在，透明度很低，往往在规范渠道之外，按“心照不宣”方式或“内部掌握”方式实施分配。

第七是源于不法行为、腐败行为而形成的收入差别。这大体相当于人们一般所说的“黑色收入”，往往数额巨大，与违法偷逃税款、权钱交易、贿赂舞弊、走私贩毒等相关。

上述多个角度、不同层面的收入分配差异形成原因，在现实生活中的某一个具体案例之内，到底有多少因素介入、各起多大作用，通常都不可一概而论。从政策理性原则说，应首先在哲理层面明确对应于各个收入源头的不同针对性的政策导向。

对于勤劳致富、才能致富（前述第一、第二项原因），政策都应当大力鼓励或以鼓励为主。

对于要素占有和机遇不同（前述第三、第四项原因）而形成的收入差异，政策上应适当调节，但不宜做抹平处理（否则开放条件下的要素外流将十分严重，市场经济中客观需要的首创、冒险精神也将受极大抑制）。

对于体制性明规则、潜规则不周全、不合理（前述第五、第六项原因）造成的收入差异，在明确需有所调节、抑制的同时，关键是以政策和制度建设推动深化改革、机制转变（包括“花钱买机制”），追求制度合理化、规范化，再配之以必要的再分配调节（只讲调节不注重制度建设，必然流于“法不责众”或“扬汤止沸”）。

对于违法乱纪的“黑色收入”（前述第七项原因），必须坚决取缔、惩处，打击其行为，罚没其收入，并注重从源头上加强法治、制度建设以抑制违法乱纪、腐败行径的滋生土壤与条件。

在上述哲理层面的政策理性引出相关的思路和对策，是在具备正确的大方向和针对性要领之后，再作出具体的政策设计（包括政策工具选择、政策组合和有效率的实施方式与程序等，以及不同阶段政策力度的把握）的任务，方可落实政府在收入再分配中应当具有的政策理性，正确把握均平—效率间的权衡，发挥好政策应有的功能。应当说，这是相当复杂而艰巨的任务，是“供给侧结构性改革”中应由粗到细逐步优化的系统工程。

5. 优化收入分配的基本思路：共同富裕愿景及其“先富共富”实现路径与基本原则

马克思主义基于对人类社会发展规律的认知，提出未来社会应是生产力高度发达状态所支持的“自由人的联合体”，其中每个人的自由发展成为一切人自由发展的前提条件[①]。不言而喻，与此种追求相匹配的一定是“共同富裕”的分配状态（各尽所能，按需分配）。这一共同富裕的科学社会主义的理想愿景，在社会主义初级阶段中国改革开放后之“中国特色社会主义”的伟大实践中，已由邓小平明确地表述为实现现代化而奋斗的战略目标和“社会主义的本质”。邓小平所高屋建瓴而简洁地概括的“共同富裕”认识，上合中国古代早已树立的“大同”理想，下合普通亿万

① 《共产党宣言》。

民众对美好生活的向往，可说是代表着人类文明发展与社会进步提升过程中的总纲，是今后优化我国收入分配明确的“目标导向”。

改革开放之初，我国的经济发展水平还相当落后，社会生产力极为低下，社会基本矛盾，即人民日益增长的物质文化需要同落后的社会生产之间的矛盾尖锐。为尽快摆脱贫困落后的状况，我国及时制定了以经济增长为核心的发展战略，确定“效率优先，兼顾公平”的分配机制和原则，以发展经济为第一要务，鼓励一部分人先富起来，以先富带后富，最终走上共同富裕之路。

事实证明，这一决策是正确的选择，使我国尽快摆脱了贫困落后的状况。当然，这一不平衡发展战略也是有代价的，随着经济社会的发展，以收入差距扩大为代表的负面后果日益凸显，不同程度的危害已经产生，经济发展战略实现由“先富”向“共富”的阶段性转换显得愈发迫切，并且转换时机和条件也已成熟。一方面，改革开放以来所取得的经济成就为调节收入分配和构建和谐社会创造了必要的物质基础，公有制为主体、多种所有制经济共同发展的基本经济制度为此提供了强有力的制度基础；另一方面，缩小贫富差距，避免陷入中等收入陷阱的客观要求已十分迫切。这就标志着我国发展战略重心由“先富”转向“共富”的时机已经成熟，既具备必要的物质条件，又具有很强的现实紧迫性。下一阶段，应加快推进由“先富”向“共富”的战略转移。

我们认为追求共同富裕愿景、走通“先富共富”之路的基本原则有：

（1）以合理的收入分配激励创业创新。

创业创新所引发的经济发展活力，是从根本上决定社会发展与支撑生产关系走向进步和升级的社会生产力，“发展是硬道理”，要求收入分配一定要首先从有利于发展生产力的方面，处理好激励“做大蛋糕”“创新发展”的机制功能问题。这一原则是从“生产决定分配”的历史唯物论原理出发，处理根本发展动力问题。总体而言，人民群众的收入只能是在经济增长的基础上实现同步增长，劳动者的报酬只能是在劳动生产率提高的基础上实现同步提高。否则，再美好的分配愿景也将成为无源之水、无本之木。

（2）承认各要素的贡献，把按劳分配与按其他要素分配相结合。

在社会主义初级阶段社会主义市场经济运行中，固然需要处理好“按劳分配”的机制构建，同时还必须结合地、协调地处理好按照资本、土地、技术成果等要素作出分配的机制构建，这样才能有利于解放生产力和可持续发展。这一原则主要处理的是在初次分配环节中“分好蛋糕”，以求不断地激励“做大蛋糕”的问题。初次分配层面上，需更多侧重于市场竞争中“规则的公平”“过程的公平”。

（3）在倒 U 曲线前半段适当允许、容忍收入差距扩大的同时，要主动地施加调节遏制“两极分化”。

倒 U 曲线所显示的在收入差距扩大到顶点后又会转为缩小的过程，不应认为是，也不可能是一个纯自然过程。发达经济体所形成的社会福利政策及税收、社保制度等经验，都体现了制度机制设计的可塑性空间与主动作为空间。在明确追求共同富裕的社会主义中国，这种可塑性更值得被积极借鉴和进一步强调、强化。这一原则，是主要处理于再分配和第三次分配领域，针对皮凯蒂研究所揭示的资本长期强势问题形成矫正效应，来进一步“分好蛋糕”，以服务于可持续地“做大蛋糕”和谐发展的问题。对再分配、第三次分配领域，需要更多侧重于对市场竞争所形成结果的适当均平化调整及与之对接的下一轮各相关主体“规则的公平”。

（4）以“阳光化、鼓干劲、促和谐、扶弱者”为要领，运用系统工程思维构建分配制度体系。

解决收入分配问题是一个庞大的系统工程，与经济结构、经济发展方式、经济体制紧密相连，需要以系统工程的思维看待和改进分配制度体系，注重整体设计，综合集成，标本兼治。分配制度体系的不同层次、不同环节，可以有分配功能的不同侧重，但这一原则总体而言是追求以所有分配功能的系统化协调、互补来形成“做大蛋糕”与“分好蛋糕”两者间的良性循环。发展成果“蛋糕”的做大与分好，通盘都需要规则、过程的“阳光化”，因为“阳光是最好的防腐剂”，是公平正义的必要保障；从基本顺序而言，应首先考虑鼓励、激发创业创新主体的干劲把“蛋糕做大”，因为这是“生产决定分配”所揭示的前提条件；到了分“蛋糕”的环节，则要更多注意以权衡促和谐，既反对平均主义，又防止两极分化；种种主客观原因造成的分配结果环节上的“弱势群体”，则需要再分配机制（第二、第三次分配）特别地予以关怀和扶助。

（5）以改革（即有效制度供给）为龙头带动分配制度、政策体系动态优化。

发展必然具有阶段性，制度安排与政策设计需要适应客观发生的阶段转变，做出动态优化。此原则主要处理的是“做蛋糕”与“切蛋糕”互动循环发展过程中的长效机制框架建设与阶段性动态优化的改革攻坚克难问题。在当下正处于改革深水区的中国，这一原则必然需要处理“冲破利益固化藩篱”而“啃硬骨头”的优化直接税和完善社会保障、政府间转移支付制度等一系列问题。

6. 基于思路和原则的优化收入分配主要建议

（1）建立健全规则与过程公平的国民收入初次分配制度。

充分发挥要素市场的资源配置作用；让市场在资源配置中起决定性作用和更好地发挥政府作用相结合；促进分配规则的公平和机会均等；加强抑制垄断性行业收入的改革；通过基本公共服务均等化提升社会成员参与社会竞争的能力。

（2）建立健全结果适当均平的国民收入再分配制度。

落实税收法定原则，发挥其收入分配调节功能，实现“良法善治”。于税收法定中立良法，促善治，保证收入调节效用的发挥；逐步提高直接税比重，形成有利于结构优化、社会公平的税收制度；进一步完善个人所得税制度；推进消费税改革；加快房地产税立法并适时推进改革；研究开征遗产税和赠与税。

完善“全口径”政府预算体系，健全收益分享制度。健全完善“全口径”政府预算体系规范政府收入；扩大国有资本收益征缴范围，提高利润上缴比例；构建国企上缴利润的全民共享机制。

提高直接用于民生的支出比重，均衡城乡公共品供给。

改善支出结构，提高民生支出比重；明确事权与支出责任划分，均衡城乡公共品供给。

改革和完善转移支付制度，促进基本公共服务均等化。

优化转移支付结构，增加一般，规范专项；改进和完善转移支付的计算公式和方法；探索建立中国特色的“对口支援”形式的横向转移支付机制。

健全社会保障体系，合理提高居民转移性收入。完善社会保险体系；健全社会救助体系。

（3）健全与完善国民收入第三次分配制度。

加强现有的慈善资金管理机构的管理；完善税收政策，鼓励企业、社会团体组织及个人积极捐款；鼓励和引导公益基金会、志愿者组织的发展。

（4）推进国民收入分配的配套制度改革。

积极推进收入分配法律制度体系建设；改革现行工会组织，依照工会章程独立自主地开展工作，切实发挥工会组织“稳压器”的作用；加快投融资体制改革，建立健全基本公共服务多元化供给模式。大力推广政府、企业和社会力量合作模式（PPP），进一步推进和完善政府购买公共服务；深化教育、科研管理体制改革；探索建立收入分配预警体系。

八 中国的税制改革

我对税收制度的改革及相关问题做了多年的研究，除有关不同税种如何优化的大量研究成果之外，还可提到如下几方面的独到见解。

1. 澄清关于税收的几个认识误区

我指出有必要澄清关于税收的四个认识误区。

第一个误区，是“税收万能论”。在改革开放初期，容易有这种倾向，因为过去对税收的重视程度明显不足，那么在重视这个经济杠杆作用以后，似乎税收手段一应用，就能决定性地解决我们想解决的问题，甚至可以解决一切经济社会问题。在实践中，有20世纪80年代不得已的“烧油特别税”——这是“打补丁”而不得已，后来又有曾经想用以遏制社会上大吃大喝，然而无疾而终的“宴席税”。这个倾向现在已经不是主导的倾向。

第二个误区，是渐变成为主要倾向的“税收无用论”，包括我们相关管理部门的一些人士，也会在一些场合强调税收其实起不了什么作用，不要太看重税收。比如，在讨论房地产税时，很多人会说，我们研究了美国、日本的情况，推出房地产税以后，那里房地产市场上的价格没有看到回调，所以这个税对于抑制房价是没有用的。我认为这种说法在学理上不能成立。税收不可能包打天下，它的确不是万能的，然而应该建立的税收制度迟迟不建立，又是万万不能的——说到美国和日本，那我们需要反问：为什么这些经济体在特定的发展阶段上不约而同地都必须讨论和解决建立这种直接税制度的问题？如果不建立这种制度，那么他们的房地产市场和以后的社会发展会变成什么样子？在经济分析里都应该知道，不能仅仅拿一个参数去跟某一种结果简单地一对一形成因果关系，就来论证出一个结论，我们必须注意到房地产市场价格的影响因素太多了，这些因素合在一起，是由合力来决定房地产市场价位的走势。至少在经济分析里可以说明，住房保有环节的税负可以对房地产市场的走势产生压舱促稳的作用，特别是这个房地产税的作用是多目标的、综合的，包括地方政府职能怎样内洽地优化转变，也包括人们特别关心的怎样遏制收入分配和财产配置的两极分化等。所以，对税收不能一下走到另外一个极端而说它无用，税收确实不是万能的，但是走到另外一个极端说它无用又是错误的。

第三个误区，是近些年有一种听起来似乎有道理的“税制自然演变论”。意思就是说，不要想在税制改革这方面揠苗助长。但是仔细想一下，可知税制自然演变论其实是否定了人们主动把握税收这种制度建设的可塑性而推进税制改革的必要性。因为这种可塑性是确实存在的，人类社会的税制，是必须通过人为因素来追求高水平地将它确立的。我们面对的历史考验，就是争取在中国“税收法定”的过程中，能够经受时间考验，让我们的税制立法和改革方案设计的水平尽可能高一些。

第四个误区，是最近有影响的“政治体制改革先行论”。现在看起来房地产税等有了比过去清晰得多的信息，全国人大说要启动立法以后，有人强调，这种直接税改革应该在中国政治体制改革完成以后再进行，甚至有一种说法：如果没有完成政治体制改革而启动这种直接税改革，是政权的自杀，可能引发社会骚乱。这样的想法，我觉得其实是有合理内核的，就是需要注意审慎地防范风险，但是它在思路和顺序上，没有看到中国渐进改革路径依赖之下怎样借鉴"美国进步时代的启示"：美国1880—1920年进步时代，也没有正面设计政治体制改革，但是通过税制改革，让社会上广泛的公众参与进来，一起促进政治文明水平的提高——"税收法定"所应构建的是一个政治程序，需要引出政治生活中"规范的公共选择"这个机制的生成和发展。我提出中国税制立法过程中最关键的一条，就是要有高透明度的电视、广播直播的听证会，各派摆出自己的观点，理性地讲自己的论据，这就是政治生活的一种进步，包含着"走向共和"的实质性追求。这些将有可能以实际生活中的进步，渐进地完成政治体制改革所要完成的任务。所以，应税收促成税制立法过程中的广泛讨论、公众参与，在充分承认物质利益原则和不同利益集团诉求的情况下，寻求最大公约数，寻求"出以公心"的合理的税制现代化解决方案。

2. 关于中国直接税改革的攻坚克难

中国的税制改革中，直接税改革阻力与难度极大，但势在必行。我指出，这方面如何攻坚克难地完成改革任务，是中国经济社会现代化所必然要求的税制现代化的一种历史性考验。

直接税改革的重点是对房地产税和个人所得税的改革，

我做了多年的相关研究，提出了有社会影响力和决策参考作用的一系列认识与建议。我强调，在“改革的深水区”，逐步提高直接税比重和推进直接税改革的重点是紧紧抓住房地产税和个人所得税的改革。房地产税法应尽快启动立法的一审，在税法草案公之于世、充分征求社会各界意见建议的基础上，以公开的听证会和内部专题研讨会等形式，集思广益，寻求最大公约数，处理好在我国绝对必要的免税部分的设计问题，并注重配套解决不动产开发、交易环节相关税费的清理、整合与减负问题。个人所得税方面，应积极推进个人所得税法的新一轮修订，在中央已明确提出多年的“综合与分类相结合”的改革大方向上，迈出实质性步伐。在回应社会诉求提高个税“起征点”（基本生活费用扣除额）的同时，应把可能归并的各种收入与工薪收入归并，使之接受超额累进税率的调节，并实行家庭收入按年度申报后作出赡养负担、特定支出（如刚需住房按揭贷款月供中的利息支出）专项扣除的办法。

遗产税和赠与税，在强调走向“共同富裕”的社会主义中国，理应纳入相关直接税制制度建设框架之内，但我也明确指出，推出此税的前提条件，是中国在配套改革中先确立官员财产报告与公示制度，才能顺理成章地要求所有社会成员对政府管理部门作财产报告和实施遗产税与赠与税的制度性调节，所以在“研究开征”的基础上，还有待于前提条件基本具备，此税才能真正纳入改革的议事日程。

3. 构建和完善中国地方税体系的构想

地方税体系建设，既是税制改革的重要组成部分，更是与市场经济全局配套的分税分级财政体制建设中十分关键的一项系统工程，在多年研究的基础上，近年我与梁季研究员合作形成相关研究成果，提出了条理化的相关认识，强调须以服务全局的开阔视野看待我国地方税体系的构建完善，多方位、多层次理解地方税体系。

构建和完善地方税体系的目标不应仅着眼于稳定地方政府自有收入，也应看重对社会主体收入、行为等的规范、引导和调节作用，还应一并考虑对国家各项制度建设和机制创新乃至其他配套改革产生推动作用，从而有效提升国家政权体系的治理能力，服务于国家现代化赶超战略和“五位一体”的全面协调、可持续发展。地方税体系是包括地方税种以及共享税种在内的所有能为地方政府筹集税收收入的多税种的有机组合；地方税权不仅应包括税种选择权和税率调整权，还应包括条件成熟时地方政府因地制宜的设税权。

地方税体系的完善，还应与非税收入等其他税费制度改革统筹配套、协调联动。

我们在构建和完善我国地方税体系的整体构想中提出：针对当前我国地方税体系存在的问题以及经济社会发展对地方税体系的要求，应从地方税基确定、税收下放、地方税种制度改革以及共享税收入划分办法的完善四个方面作为重点切入。第一，我国地方税基应由商品服务（消费）、所得和财产共同组成，近中期以消费和所得为主，中长期以消费和财产为主；第二，逐步下放地方税权，条件成熟时给予地方政府一定的设税权；第三，完善地方税体系的相关税收制度建设和收入划分办法。

2014年，我们提出的近中期构建、完善地方税体系的重点任务、基本设想，可参见表3-3。

表3-3 地方相关税种改革完善设想

税种	改革重点	收入划分	说明
国内增值税	①调低地方分享比例 ②将中央收入作为一般性转移支付来源	共享税	—
国内消费税	①烟酒油汽车征收环节后移 ②将车辆购置税并入汽车消费税 ③开征电力消费税 ④将重点税目作为地方税收入	共享税	—
所得税	调低企业所得税地方分享比例	共享税	待个人所得税改革到位后，逐步将其调整为中央税
资源税和环境税	①扩大资源税征税范围 ②调整资源税计征方式，提高资源税税负 ③通过费改税，开征环境税 ④统筹税费关系	资源税作为地方税，环境税（碳税）作为共享税，其中地方政府分享高比例	整合、理顺相关税费
房地产税相关税种	①归并居民用二手房交易和租赁适用的营业税和契税为居民住房交易租赁税，作为地方税种	居民住房交易租赁税、房地产税和土地增值税均为地方税	整合、理顺相关税费

续表

税种	改革重点	收入划分	说明
房地产税相关税种	②合并城镇土地使用税、耕地占用税以及房产税为房地产税，将征税范围扩大至居民用房（高端），改计税基础为评估值 ③对房地产销售加征超额利润税，通过改革土地增值税来实现	居民住房交易租赁税、房地产税和土地增值税均为地方税	整合、理顺相关税费

全套设想不可能在短期内实现，需要攻坚克难，循序渐进，稳妥协调联动推行。近中期需要推进的改革重点包括：

（1）积极推进营改增改革，研究开征居民二手房交易与租赁税。

（2）推进消费税部分税目征税环节后移改革，适时将车辆购置税归并至汽车消费税中，研究开征电力消费税。

（3）积极推进煤炭资源税从价计征方式改革，以提高煤炭资源税税负为契机，统筹资源税费改革和我国资源、能源产品价格改革。

（4）积极立法推进环境费改税。

（5）积极推进不动产统一登记制度的建立，加快房地产税立法，为房地产税改革及相关税费、租赁配套改革奠定基础。

（6）以“综合与分类相结合”为基本要领适时推进新一轮个人所得税改革，合理设计考虑家庭赡养系数、住房按揭给付等因素的专项扣除。

（7）积极推进涉税信息共享机制。在大力推进信息定税管税体系建设的前提下，有效协调各相关部门，建立健全由社会信息共享机制支持的各相关税种的监管、治理体系。

九 中国地方财经重大问题分析与相关机制创新

1. 地方债的“堵不如疏”与风险防范

参加博鳌论坛

我较早地重点关注了我国地方公债的制度建设问题，2002年，我与李炜光教授、刘军民研究员合作，在《经济社会体制比较》2002年第5期发表《关于发展中国地方政府公债融资的研究》，评估地方政府变相债务融资等现状，指出相关的制度性障碍，提出为完善分税制、加快地方基础设施建设和经济发展，有必要发展地方政府公债融资，并讨论了相关基本原则——偿债能力原则、效益原则和谨慎原则，以及中央统筹、制约原则，最后条理化地提出了一系列具体政策建议。在其后的调研和深化认识过程中，我进一步地把发展地方债的思路表述为“疏堵结合，堵不如疏”（援引大禹治水古老智慧），具体方略是“开前门，关后门，修围墙，治存量”。我的多项相关研究成果产生了较大的社会影响。在2014年3月中国发展高层论坛上的发言中，我力求简洁地提出了如下认识与建议：

地方债相关的风险至少有这么几方面必须指出：

第一，中国这种为数巨大、18万亿元左右的政府债务，里面很大部分是地方政府的隐性负债，不透明、隐性和与之相伴随的明显的不规范性，就是风险的一个重要来源。不透明就使很多方面在事前、事中无从实施有效的风险防范。监督不到位，风险防范机制不到位，一旦在某些地方出事，资金链断裂，必然要采取救火式的应急措施去平息事态。这种救火式的案例，其实在过去的中国改革开放过程中已经可以观察到一些。虽然不多，但是确实有前车之鉴。救火式的平息事态所带来的损失，不光是成本比较高，而且会对政府公信力产生非常明显的销蚀作用。

第二，另外一个不可忽视的风险就是，在总量可控的同时，我们确实可以观察到某些局部、某些地方政府的辖区内债务率相当高。审计署也给出了明确的口径：债务率是地方政府所有可用财力在年度之内，合在一起后，和GDP相比。在某些地方，债务率已经超过100%。并不是说它在100%以上就一定会出事，但这样的局部是值得我们特别注意防范风险的。我们在这个信息的基础上，有了条件用眼睛的余光观察全局发展的同时，要聚焦到那些风险度比较高的局部。

第三，还要指出，某些项目，我们在调研中也知道，它确实风险度是比较高的。我们的很多地方负债，主要以隐性负债形式形成，它的投入对象是公益性很强的项目。这些项目竣工以后，它在运营过程中不足以产生可以解决还本付息问题的现金流。这样的项目风险怎样消化，是特别值得我们继续关注的问题。

第四，也得指出，在中国改革开放和发展市场经济的过程中，在最近几年虽然有应对亚洲金融危机和世界金融危机的客观需要，但是债务总体水平的增长，特别是在地方政府层面债务规模的增长明显是比较高的。亚洲金融危机冲击和世界金融危机冲击之后，各自出现了两次增长率的高峰。最近几年，也可以观察到，两到三年的时间段里，它的增长幅度超过60%。

把这些问题放在一起，应强调的一点就是，应特别注意防范风险要标本兼治，以追求治本为上。治本为上，要对存在问题的根源做更深刻的认识。我们特别强调的是有效制度供给不足和中国公共部门债务特别是地方债风险防范的内在关系。

我国大量的地方债是不得已，潜规则强制替代明规则，绕过《中华人民共和国预算法》，在地方政府操纵之下，以融资平台等法律框架下的公司法人为实体举借的。是公司债、项目债，但实际上背后的操纵者是地方政府，实际上是地方政府形成的负债。

这里有很多的苦衷，我们不能简单地责备当事人觉悟不高。地方要贯彻自己的发展战略，它势必要向市场融资，而明规则不能有效解决这个问题，潜规则强制替代明规则，它暴露的是我们的体制改革深化不到位，以及我们的有效制度供给不足。那么，制度建设这个主题，深化改革这个主题，应该是在讨论地方债和公共部门风险防范的时候特别要抓住的，一个带有“纲举目张”意义的最重要的视角。

抓住制度建设，我们就要着眼市场经济发展的全局使财政体制在全面改革中实现配套，走向现代财政制度、支持现代国家治理，从这样的客观需要出发，注重于如何在深化改革中理顺整个财政体制关系，从中央到省到市县，所谓扁平化的三级框架之下，应该是各级有自己完善的立法，而由法律给出清晰要求的合理事权。事权后面应该跟着的是合理的财权和税基的配置，再推进到有现代意义的、完整透明的、受公众监督的预算，以及和这种预算相配套的各级产权和举债权。

也就是说，要把中国今后地方政府的债务推向阳光化的轨道。这个事情其实已经在做，已经有连续五年地方债“登堂入室”的表现。开始三年，每年2000亿元，后两年抬高到2500亿元、3500亿元。按照接下来一年的预算，要继续抬高到4000亿元。当然，面对十几万亿元的公共部门债务，这还仅仅是个小的零头。但是，它的发展方向是在“开前门，关后门，修围墙，治存量”的综合治理中间，应该以“开明渠，堵暗沟”这个取向上阳光化的地方债置换那些隐性负债。如果把这个事情处理好，我们认为，在风险可控的同时，地方债兴利除弊发挥正面效应，我们就会做得越来越有信心。

归纳起来，我们认为应该提出的建设性考虑，至少有如下八个方面：

第一，要在扁平化的前提下，实质性地深化省以下分税制。要靠体制使各级政府的行为能够得到有效制度供给，来支撑它的这种健康化。

第二，要修订预算法，把“开前门”落实在法律形式上。

第三，要掌握好怎样推动已经“登堂入室”的地方债，扩大它的规模和影响。

第四，要区别一般公债和市政债进一步的细化管理。

第五，要进一步发展好编制好资产负债表和政府综合报表体系，来发展评级制度和市场约束。

第六，要积极引导发展公司合作伙伴关系PPP这样的自营资本，社会资本可以置换一部分地方政府负债，而提高公共工程的绩效。

第七，要探索防范风险的偿债基金。

第八，要引导地方融资平台，在以后的存续期内，更多地对应到有现金流的项目建设。

2. “土地财政”问题如何认识和求解

关于各方热议的“土地财政”问题，我在研究中形成了自己的独到见解。我指出，如果要对“土地财政”做一个定义的话，现在还很不清晰和严谨，宁可先把它理解为一个广义的“土地财政”概念，就是和各个地方政府辖区的土地、自然资源、不动产相关的收入来源，构成财政运行的前提，支持政府履行职能。从这个意义上来说，不仅是中国，美国这种典型的发达市场经济体也可以被认为存在“土地财政”，因为在地方政府的这个层级上，40%~50%的财政收入来自财产税，就是不动产税，税收高的地方甚至可以达到90%以上，早已经形成了这样的制度安排。这种“土地财政”的特点，就是它的规范性程度高，政府财源建设与其职能的发挥是内洽的。中国的土地财政现在被人所抨击的，主要是单打一地或者主要地依靠土地批租收入，并伴生了明显的短期行为。美国更多地是靠政权的社会管理者这种公共权力，依法征税解决政府在地方层级上履行职能的问题，中国的地方政府则是在种种矛盾制约之下，也应说是合乎逻辑地在一开始制度不完善的情况下，抓住了土地批租这种收入，用以支持地方的发展战略追求实现超常规发展，但是在可持续性上，现在已越来越成为问题。深圳多少年前就已经无地可批，中央给它特殊的政策又扩大了它的辖区，让它又能批若干年，但批完了怎么办呢？一定要建立现代意义的财产税制，那就是中共十八届三中全会所要求的“逐渐提高直接税比重”，这就是改革攻坚克难的问题了。我认为正面所说的“土地财政”，应该是凭借国有土地所有权的地租收入和凭借政治权力、社会管理者权力的税收收入，能够并行不悖地合理地匹配在一起，使地方政府层面能够形成一个激励兼容的机制，按照市场经济的客观要求履行好其应履行的职能。而对这样的一个所谓土地财政，就不是一个简单否定它的问题，而是要放在前面所说整个配套改革的框架里，把它纳入系统工程来掌握好的问题。总之，改造中国的“土地财政”，涉及的是改革如何在基础性制度建设上攻坚克难的问题。

我与刘微研究员合作的论文《“土地财政”：分析及出路——在深化财税改革中构建合理、规范、可持续的地方“土地生财”机制》发表于《财政研究》2012年第1期，文中指出，从经济生活中的基本逻辑关系考察，“土地财政”问题所反映的如下各个环节的联结在框架上原本无可厚非：①工业化和第三产业的发展，必然导致城市（镇）建成区的扩大；②建成区的扩大必然涉及国家“征地”问题；③土地征为国有后，在开发环节上必然需要采用有偿出让使用权的方式，即“土地批租”方式；④“土地批租”的具体方式，与市场经济客观要求最匹配的必然是以公平竞争为取向的“招、拍、挂”等操作办法。在这几个方面，凡属技术层面的优化改进问题，都不足以动摇我们对其大框架的肯定。换言之，地方政府必然需要批地，以及必然需要取得批地收入，那么为什么在舆论上和社会心态上，会出现近乎“群起而攻之”的对“土地财政”的指责？也就是说，这个框架下出现了什么样的偏颇？造成偏颇的主要原因何在？今后应如何考虑纠偏？

简言之，由于相关的有效制度供给不足、约束和管理不到位，我国“土地财政”呈现的是土地收入从总量到结构皆有失衡、土地配置与财政分配事实上有所游离，基本格局中主要构成因素畸重畸轻的现状。这种出现严重偏颇的“土地财政”不具备可持续性，且在不断积累一些棘手的社会经济矛盾。

我们从分析了“土地财政”运行中畸重畸轻的表现与引发的短期行为等问题，分析认识财政制度供给不足的相关情况，提出应平衡、规范土地生财秩序的命题，在认可土地生财合理性的前提下，强调需要优化土地收入结构，降低地方土地使用权出让收入比重，增加不动产保有环节收入比重，而这又应主要依靠制度建设使“土地财政”回归中性内涵并加强相关事项科学化、精细化管理，求得地方“土地生财”机制长期可持续服务社会经济发展全局的有效制度安排。

我们在建议部分强调如下几点：

（1）合理构建在对集体建设用地流转环节的税费主体；

（2）加强土地及其附属物保有环节的征税设计，推进房产税（房地产税）改革；

（3）加快推进地方债制度建设并建立中央层面的全局财政风险监控与预警机制；

（4）在深化财政体制改革中增强地方政府支出责任与财力的匹配度。

3. 房地产业健康发展的长效机制研究

在总结多年经验教训之后，近年中央明确指出，打造房地产业长期健康发展的长效机制，须主要依靠推进相关的基础性制度建设。我在研究中指出，至少包括土地制度、住房制度、投融资制度和房地产税费制度在内的相关基础性制度体系的配套改革，应成为治本之道、当务之急。

在地方财税制度创新和配套改革层面，至少需积极探索和推进与构建房地产业健康发展长效机制密切相关的以下四大方面的基础性制度建设。

（1）土地制度：完善地票、土地收储、多规合一、招拍挂。

土地的开发利用是形成城镇不动产的先决条件。在与房地产业健康可持续发展相关的土地要素视界之内，需于我国基本农田“占补平衡”机制保障下，激活集体土地市场、优化城镇土地供应，构建可持续的房地产土地供给制度。土地供应难题是当前房地产困局的重要原因之一，关键是以制度创新调动土地供应潜力和市场活力，多渠道增加土地供给。

一是改革土地制度，借鉴重庆“地票”制度改革试点经验，激活集体土地市场。赋予农民长期的土地使用权，并以占补平衡大前提下的“地票”式市场交易形成，调动远离城乡接合部农民复垦积极性和使他们共享城镇化发展的土地溢价收益，建立以土地使用权为核心的土地产权体系，弱化所有权，允许集体土地建设用地使用权在符合国家法规的前提下自由流转（包括入股），合理有效解决城镇化进程中扩大建成区所需的增加土地供给的来源问题。

二是优化土地规划，并以土地收储制度确保土地可持续供给。应按照“规划先行，多规合一”的原则，致力于实现土地开发利用规划与城乡发展、产业布局、公共交通、公共事业、环境保护等各类规划的有机结合，以建设“以人为中心的城市化”为目标，保障人人住有所居的目标落实于高水平总体规划的施行之中，动态优化调节居住、工商业和公用事业不动产的匹配关系。

三是改革完善现行土地一级开发批租制和招拍挂制度，平抑土地价格。土地招拍挂单一竞价拍卖制度，在土地自然绝对垄断的前提下，很容易出现把价格轮轮推高等问题，可考虑将一次性批租制改为年租制，并且对招拍挂实行“限房价竞地价”等新方式，促使土地价格沉稳化。地方财政的基金预算，应当涵盖辖区内的一切土地批租收入，并成为对其实施规范化管理与有效多重监督的载体。

（2）住房制度：优化双轨统筹。

住房制度改革经历多年实践，已有相对清晰的基本经验，各地必须建立保障房、商品房供给“双规统筹”，多主体供给、多渠道保障、租购并举，既体现效率又维护公平的住房供应制度。政府在住房领域的首要任务，是以财政资金和政策性融资机制为后盾牵头组织好保障性住房轨道上的有效供给，在总结已有经验教训的基础上，要把保障房具体形式集中于对最低收入阶层的“公租房”和适合于收入“夹心层”的“共有产权房”，排除其他五花八门、极易产生扭曲和套利弊端的“经济适用房”的种种具体形式。

一是要加快优化公共住房建设发展规划，适当提高公共住房比重，根据地方辖区具体房源情况掌握好公共租房供给以财政资金“补砖头”与“补人头”的选择与权衡关系。二是出台切实举措发展房屋租赁市场，如允许承租人可以使用住房公积金付租金，降低房屋租赁的增值税负担，个人基本生活需要的房屋租金可以抵扣个人所得税等。三是在教育、医疗方面落实租售同权的配套制度安排。要把保障性住房托底的事情做好，解决商品房供应问题，就应更多地依靠市场，核心思路在于在双轨统筹框架下建立“多主体供给、多渠道保障、统筹兼顾”的住房供应制度体系，既体现效率，提升供应能力和质量，又兼顾公平，实现全体社会成员住有所居，在全面覆盖基本住房需求的同时，也兼顾热点城市中高收入人群的改善性需求。

（3）投融资制度：商业性政策性协调配合、机制创新。

包括住房的房地产业供给品的形成，需要国土开发和不动产投资建设的大规模资金投入，相关的投融资制度改革创新至关重要。在各地亟应建立商业金融和政策金融协调呼应的房地产投融资制度，以及个人住房金融制度，“双轨”协同发挥合力助推多层次住房供给体系建立。

一是要构建多层次的住房金融体系，合理发展商业性住房金融，开发夯实政策性住房金融机制，探索发展互助储蓄型金融。对于中高收入人群对应的商业性住房金融，可以逐步放开信托公司、保险公司、财务公司等的准入，破除商业银行的过度垄断，促进竞争，放开融资形式、融资条件、利率等，允许金融机构按照市场化原则提供灵活多样的住房金融产品。对于政策性住房金融，要聚焦建立起一套针对中低收入群体、特殊困难群体的金融支持制度，如将住房公积金制度改革调整为真正的政策性金融制度体系，探索由政策性金融机构接手保障性住房的投融资（包括PPP项目建设中可纳入的保障性住房）。可借鉴国外住房储蓄银行的经验，在大中城市建立储蓄性住房金融机构，通过互助融资，为成员间的住房需求提供支持。

二是在住房金融市场发展中，积极支持发展住房贷款证券化产品，探索REITs（房地产信托投资基金）的发展，培植住房金融的二级市场，拓宽资金筹集渠道，并优化回报机制。

三是在当前阶段，面对“冰火两重天”的市场分化格局，在“火”的一、二线城市看重“金融去杠杆”的同时，在不少“冰”的三、四线城市还需酌情配之以“加杠杆”措施（包括商业性、政策性双轨）以利“去库存”。

四是在住宅项目建设、小区开发，乃至包含多类型住宅的地方辖区内连片开发项目的建设中，积极、规范地引入PPP创新机制，以少量的政府付费“四两拨千斤”地拉动、引致民间资本、企业资金、商业性信贷资金进入相关投融资领域，并带来政府、企业、专业机构“1+1+1＞3”式的绩效提升效果。

（4）房地产税制度：健全体系，攻坚突破。

广义的房地产税指与房地产相关的一切税收，狭义的房地产税特指住房保有环节的税收。构建激励相容的房地产税收制度，形成公平合理的、社会共享的土地增值收益分配制度，是事关房地产业调控具有治本水平、促使业界实现健康可持续发展长效机制的十分重要、无可回避的基础性制度建设，也是改革中和地方税体系建设中一块难啃的“硬骨头”。

从理论和实践的结合看，关于房地产增值收益的分配，是房地产经济制度的一个核心难题所在。“土地涨价归公”的分配，现实中应处理为适当兼顾各方的“涨价分成”。关于土地增值收益的分配，理论界有两种主流观点：一个是“涨价归公”；另一个是“涨价归私”。完全的“涨价归公”“涨价归私”都不尽合理，土地的增值主要源于政府牵头对公共基础设施建设的投入所带来的公共服务水平提高而产生的物业升值。但也不能否认，土地的增值与私人投资和各个微观主体相互影响所带来的“软件”（服务等需匹配的环境、文化因素等）改善也分不开。因此，土地增值收益的分配，根本的做法还是公私兼顾、社会共享。而实现这一兼顾和共享的目标，建立现代化的房地产税收制度（成为政府与居民的激励相容制度交汇点），引导土地财政向税收财政过渡，显得尤为重要。因此，需要从以下几个方面着手，构建适应现代市场经济体系长治久安要求的房地产税收制度。

第一，降低交易环节税费，减轻交易成本，减少对房价的“助涨助跌”效应。具体考虑至少应有四个方面的措施。一是在营改增全覆盖之后，创造条件按时适当降低增值税税率，简并税率档次，同时尽可能减少免税、先征后退等税收优惠政策；二是降低交易环节税负，可将契税平均税率降低至1%左右，维持较低税负水平；三是简化税制结构，将土地增值税合并至增值税，将城镇土地使用税、房产税、耕地占用税等并入未来的房地产税；四是清理房地产收费，能够取消的取消，能够降低的降低。

第二，在住房保有环节实施房地产税改革，立法先行，按照房地产市场评估值确定税基，对地方政府充分授权，区别不同情况，分步实施。这一改革关系到以利益引导各方预期的房地产市场抑制炒作机制建设，可促使土地财政顺利转换、地方政府职能合理转变与地方财源建设相内洽，以及地方治理的法治化，也与优化再分配、推进广大百姓共同富裕进程相关。根据现实生活的“问题导向”和中共十八届三中全会关于加快房地产税立法并适时推进改革、2020年前落实税收体系的税收法定工作，以及党的十九大关于加快建设地方税体系的系列指导方针，房地产税立法及改革的积极推出势在必行。建议改革过程中，一是借鉴上海、重庆两地试点经验，一开始可适当“柔性切入”，力求先建成制度框架，制度设计方面要充分考虑中国社会对此改革的可接受性，制定包容、开明的税基扣除和税收豁免政策，通过立法搭建制度框架后，在部分“火”的城市先行而“冰”的城市可从容等待以后的合适时机跟进。开征房地产税的同时，可明确立法规范个人房产土地使用权70年到期后可续期，即转为永久使用权；不动产信息登记及联网、房屋价值评估机制、个人纳税申报制度建设等，均需匹配到位，确保房地产税顺利落地。

第三，改革中将土地增值税并入增值税后，将集体土地建设开发纳入征税范围，以出让、抵押、租赁、入股等方式有偿转让集体建设用地使用权的，应缴纳土地增值税，从而使国家以税收的方式参与集体土地收益分配。

第四，完善个人所得税制度。推动个人所得税综合与分类相结合改革，对个人及家庭购买首套或者改善型住房的抵押贷款利息，允许按照个人或家庭年度收入的一定限额在个人所得税前扣除；对有能力有条件有意愿的中等偏下“夹心层”家庭购买共有产权住房或租赁房屋，可规定其购房支出或租金支出，在合理的范围内允许个人所得税前予以扣除。集体土地准予流转后，应将个人转让集体土地使用权收入纳入个人所得税的征税范围。

未来可望以稳定运行并逐步培养成为地方政府主力型支柱财源的房地产税，以及必将积极构建的完整地方税体系为重要制度支撑条件，在“治本”层面上改造“土地财政”概念下，过多依靠一次性土地批租收入的短期行为模式，改善地方政府层面财源建设基本局面，并促使各地房地产调控困境得到“以经济手段为主”机制生成后的有效破解，达成标本兼治的长效机制。

十 在改革中充分运用经济手段促进绿色、低碳、可持续发展

随着我国经济发展中环境制约方面的矛盾凸显（令人遗憾地重走了“先污染后治理”的老路）和决策层提出全面协调可持续的科学发展观，如何实现低碳绿色发展成为各方面高度重视的现实挑战性问题。我在研究中高度关注和强调与市场机制对接的充分运用经济手段的思路和相关的价格形成机制，使比价关系合理所必须解决的配套改革问题。这方面的研究成果使我于2013年11月获得“中国软科学奖”。除内部上送的研究报告外，公开发表的代表作有如下两项。

1. 从资源税改革和电力改革看全局

在发表于2012年3月16日《光明日报》的文章中，我勾画了当时已在政府工作报告中提及的资源税改革与电力改革的内在关联及对于可持续发展全局的意义和可能的贡献。

我指出，继原油、天然气之后，我国资源税改革需进一步扩大品种覆盖面，关键是如何扩大到煤。煤是我国最主要的能源，由煤到电，堪称国民经济的命脉。把煤炭及其他金属矿、非金属矿的全面资源税改革推出，是一场改革硬仗。这一改革可期待的正面效应有三方面：一是形成长期、可持续的节能降耗经济杠杆和建设“两型社会”合理的“内生性”制度安排；二是与市场机制配合构建“淘汰过剩、落后产能”、加快企业升级换代和发展方式转变的科学发展机

制；三是为资源富集区域的地方税体系提供支柱财源，进而推进省以下分税制的贯彻落实，消解“基层困难”“土地财政”等问题，促进国家长治久安。这必然触动行业利益，特别是垄断行业及其派生利益群体的既得利益，在直观形式上，是要触动煤电比价关系和电价形成机制。那么，电力部门应当如何作出配套改革?

回顾2002年起步的我国电力改革，可谓感慨良多：10年下来，年年提起，此项改革却“半步未动”。当年接受“厂网分开”概念，将原电力部门拆分为两个网加五大公司，但逻辑上与之紧密相连的“竞价入网”机制和电力市场建设却始终不见踪影，结果是拆分后，大楼盖了许多，干部提拔了许多，全行业固定成本明显上升，实效倒更差了。

从多年来我国“煤电价格长期不能理顺”的矛盾积累和煤运乱象，到2011年电厂“集体静坐”形成的“电荒”压力，到社会各方越来越关注的反垄断问题，等等，都与此有关。有人说，似乎电力领域“看不见的手”越来越看不见了，“看得见的手”则不但看得见，而且还越管越起劲，干起微观干预来“自信满满”，紊乱局面愈演愈烈。

在我看来，其实电力改革的思路是清晰的，可把已讨论的方案设计问题概括为电力体制改革和电价改革两个组成部分。前者需使电网回归自然垄断，合法合规公开透明，实施特许权管理，不能允许其再参与市场，从而让公平的“竞价入网”机制形成市场力量主导的选择性进而使供电主体优胜劣汰；后者需使电力产品回归商品属性，真正反映电力能源的稀缺性、供需关系和成本构成。这样方可优化资源配置与产能结构，实现产业升级可持续发展。

因此，电力体制改革至少包括三个方面：其一，“厂网分开”必须推进到实质性的“竞价入网”改革；其二，在火电竞价入网的同时，必须理清自然垄断电网的独特管理机制及其与前、后端的关系（前端发电、后端零售服务均应引入竞争机制）；其三，非火电（水电、核电、风电、太阳能电等）竞价入网所需配套的政策安排必须清晰、可操作，特别是风电、太阳能电等可再生能源的财政补贴，需合理、透明地在“竞价”环节附加上去，对所有具备资质的企业主体一视同仁，同样是竞争机制，优胜劣汰。

进而，电价的行政审批管理必须配套地改。三大类别用电（工业、商业、民用）价格可仍有区分、各有弹性（居民用电最为特殊），但总体上的价格形成机制要显著强化市场导向，打造与市场经济的合理配套。这里的一个关键点是：企业、居民的用电价格上升怎么办？首先，这正是理顺比价关系发挥经济杠杆作用的体现，使电力能源合乎逻辑地显得更“金贵”，从而以经济压力内生地激励企业、居民节约用电，促使各相关主体千方百计开发节能降耗的工艺、技术和产品，贯彻落实科学发展观。其次，对此政府必须做好两件事：一是掌握好改革力度，渐进中使多数企业经过努力可以继续发展，少数企业不得不接受兼并重组安排或破产出局，这便是淘汰了“落后产能”和“过剩产能”（同时，依靠社保体系安排富余人员）；二是在民用电价有所上升时，适时适度提高低保标准，使低收入阶层居民的实际生活水平不下降，而中等收入阶层以上的社会成员消化电价上升压力，调整消费习惯，趋向于更加节电的低碳化生活。

此外，还要具体考虑与此项改革方案设计有关的几个要点：

第一，在信息、技术引导方面，需对企业和民众宣传、普及节电知识，推广节电器件；电力所入的网，必须具有智能电网特点，以便收纳稳定性比火电明显不足的太阳能电、风电等（我国这方面不存在技术硬障碍）。

第二，改革启动的时机必须掌握好（近期我国有CPI企稳回落的时间窗口，十分值得珍惜）。

第三，对垄断行业的薪酬制度与资产收益上缴制度，也要实施配套改革加以优化（社会各界已关注久矣）。

从电力改革可以看到全局：一是这项改革确实牵一发而动全身，是在我国占全部能源供应3/4左右的领域里改变资源配置机制，会联动全部产业链和居民生活以及财政体制。二是这项改革是我国现阶段改革必须强调顶层设计、配套周密实施的一个缩影。前些年容易做的事已经做完，剩下的全是“硬骨头”，并且与方方面面密切联系，前接煤炭资源税改革，中为电力体制改革，后接电价管理审批制度改革，而且并行与呼应财政体制改革，要涉及所有相关改革方案的整体配套设计。

由此展开，还要把握好资源税改革的财政、行政等体制配套，涉及以下方面：一是结构性减税与结构性增税的通盘设计、渐进把握；二是税与非税收入的通盘考虑、具体设计：对探矿权、采矿权、安全生产基金、环境修复基金、“可持续发展基金”等，要一并优化、整合处理（要想“提高回采率”，仅靠“资源税从价”机制还不行）；三是财政体制扁平化与地方税体系打造的通盘呼应、逐步推进须抓住不放；四是同时考虑中央、地方共享税的调整和转移支付制度体系及其管理的优化；五是由以上举措引发的行政体制、社会管理体制配套改革。

在作上述梳理之后，可知：虽然我国由资源税改革联结电力改革的方案还要考虑大量的细节，但基本思路和要点是清晰的。这一组改革事项是我国新阶段势在必行的新一轮价税财联动改革（即基础产品价格关系与形成机制、税制、财税体制三方配套改革）的重要组成部分。人们可能会问：为什么多年来这方面的改革没有进展？虽听起来众说纷纭，但简言之：一是改革进入深水区后的既得利益阻碍，二是改革方案设计必须落到可操作层面而并未到位——这就需要我们正视阻力，强调党的历次文件和本次政府工作报告所表明的改革思维：以更大的决心和勇气，化解既得利益障碍，实质性地推进改革。显然，资源、能源方面的相关改革是我国加快转变发展方式、优化资源配置的迫切需要，如不能尽快化解已积累多年的矛盾，革除由基础产品领域引发并传导到全部产业链的粗放、高耗、扭曲、寻租弊端，那么优化结构、走向集约、节能降耗、清廉高效的科学发展将成为一句空话。一言以蔽之：加快发展方式转变，需要我们胸怀全局强化顶层设计，在资源税改革、电力改革等重大事项上，锐意进取，周密设计，推进配套改革，履行面向现代化、面向民生需要、面向未来的历史担当。

2. 推进应对雾霾等环境威胁的长效机制建设

在2014年发表于《中国井冈山干部学院学报》第5期的论文中，我条理化地提出了如下观点和建议：改革开放以来，中国经济社会取得长足进步，目前仍具有一定的“黄金发展”特征，但物质资源环境制约和人际利益关系制约互相交织而成的矛盾凸显，已带来潜在增长率“下台阶”和对于发展可持续性的明显压力。近年来愈演愈烈的雾霾问题，是我国生态环境中大气污染危害升级的突出标志。今年在落实中共十八届三中全会精神推进财税改革中，把资源税“从量”变“从价”机制覆盖到煤炭，已列入改革事项，这不仅对于我国构建现代财政制度中的地方税体系有重要意义，而且对于我国针对基础能源与环保等重大问题，形成以经济手段为主应对和化解雾霾等环境威胁的长效机制，具有全局的、长远的意义。从煤炭资源税改革切入，展开新一轮的价税财配套改革势在必行。

（1）必须高度重视雾霾所代表的环境威胁的挑战。

在我国改革开放新时期中，较早已有“避免重走发达经济体先污染后治理老路”的认识，并由最高决策层明确地提出了资源节约型、环境友好型这一“两型社会”建设方针，又提升到统领全局的“全面、协调、可持续”科学发展观，以及党的十八大以来“五位一体”建设生态文明的“国家治理现代化”治国理念。但面对当前现实我们不得不承认，由于种种原因，迄今为止我们并没有走通“避免先污染后治理”之路。2013年以来，动辄打击大半个中国且造成“国际影响”的雾霾，实已构成十分严峻的挑战和带有环境危机特征，引起民众广泛不满和政府管理部门高度焦虑，对我国经济社会生活造成现实威胁，亟待化解。

（2）环境问题成因中最需注重、最为可塑的是制度机制因素。

正视环境危机挑战：一方面需要清醒地认识到，我国消除雾霾危害这一目标的实现，还需待以时日，因为在“先污染后治理”的既成事实轨道上再来解决此种问题，已不可能一蹴而就；另一方面，必须以最高重视程度，确立中长期减排治污、消除雾霾等环境危机因素的可行思路与务实的方案框架。

这里首先有一个“对症下药”的视角，即雾霾愈演愈烈的成因到底是什么？关于我国雾霾等环境危机因素的细致成因分析，固然还需要展开大量的科研工作，但目前基本的判断却已经形成：第一，我国近95%的人口聚居于仅占42%左右国土的“瑷珲—腾冲线”（亦称“胡焕庸线”）之东南方，使能源消耗、环境污染压力呈现“半壁压强型”；第二，我国基础能源主要依靠国内储量丰富的煤炭——随着国内燃油供给明显不足等因素的制约，加之水电、核电、风电、太阳能电发展所遇到的各种制约，目前全国电力供应中约80%还是烧煤发出的火电，而煤的清洁化使用难度高，大气污染等负面效应十分突出；第三，前面几十年我国特定发展阶段上形成了在经济起飞中以重化工业支撑的超常规粗放式外延型快速发展模式，单位GDP产出中的能源消耗系数相当高，污染因素集中度高而不能得到有效化解。以上这些，可称为我国能源—环境压力方面客观存在的“三重叠加”，我们极有必要据此如实深刻认识相关环境挑战的严峻性质。

接下来，还特别需要指出，在上述基本国情中有关人口分布、自然资源禀赋、发展阶段特征等基本上不可选择的因素之外，还有与可塑性高的制度机制因素密切相关，而在这个方面我国存在重大缺陷。也就是说，造成我国目前环境问题的一个重大原因，来自机制性的资源粗放低效耗用状态，它涉及煤、电、油等能源耗用相关的制度安排问题，使大气、水源水流、生态环境恶化，形成了经济、社会生活中危及人们生存质量的不良传导链条。比如，在我国一般商品比价关系和价格形成机制基本实现市场化之后，在国民经济中基础能源这一命脉层面“从煤到电”（又会传导到千千万万产品）的产业链上，却一直存在着严重的比价关系与价格形成机制扭曲、非市场化状态和由此引出的“无处不打点”的乌烟瘴气的分配紊乱局面，特别是助长着粗放式、挥霍式、与节能降耗背道而驰的增长状态和消费习惯。在现实的比价关系和利益相关性的感受之下，社会中的主体几乎谁也不真正把节电、节水当回事！而节电、节水，在我国实际上就是节煤降污，就是抑制和减少雾霾。

我们面对这种使发展不可持续的挑战与威胁，必须抓住可塑、可选择的机制与制度安排问题不放。下一阶段必须积极推进从资源税改革切入，逼迫电力价格和电力部门系统化改革，并进而引发地方税体系和分税制制度建设来助益市场经济新境界的新一轮价税财联动改革。这一主题，其实过去已在若干角度上被方方面面所关注和议论，但还亟待在“配套改革”概念上形成“路线图与时间表”的可行方案设计。

（3）依靠配套改革形成以经济手段为主的长效机制来化解“两大悖反”。

我国现实生活中，存在两大悖反现象：一方面，政府反复强调科学发展、包容性可持续增长，但实际进展是在部门利益、垄断利益的阻碍下步履维艰，为此必须做的与煤、电相关而形成以经济手段为主节能降耗长效机制的改革一拖再拖；另一方面，公众对环境恶化、雾霾打击等怨声载道，但一说到资源税、环境税等改革，却又会因其“加税”特征强烈反对，甚至有人会“跳着脚骂娘”，很不认同这种会牵动利益关系的经济调节方式。上述这种政府、民众两大方面的悖反状态，导致“科学发展”“生态文明”迟迟难以落地。为此，我们必须着眼全局、前瞻长远、逻辑清晰、设想周全地搞好顶层改革设计，以更大的决心、勇气、魄力和智慧构成的改革行动来破解悖反，贯彻绿色发展战略，从而把中国来之不易的现代化发展势头，仍然可能在相当长时期内释放的较高速发展和“升级版”发展的潜力，真正释放出来。

从实践角度看，节能降耗方面，以政府行政手段为主的选择式“关停并转”，虽有一定作用，但其操作空间有限，仅适合为数不多的大型企业；以法规划定“准入”技术标准的“正面清单”方式，从逻辑上说可以用来面对中小企业，但如果以此为主来操作，一定会产生为数众多、防不胜防的“人情因素”和设租寻租，发生事与愿违的种种扭曲和不公，效果亦不具备合意性。真正可靠、效应无误的转型升级出路和可充当主力的调控长效机制，是通过改革，以经济杠杆手段为主，让本应在资源配置中起决定性作用的市场力量充分发挥公平竞争中的优胜劣汰作用，把真正低效、落后、过剩的产能挤出去，进而引发一个绿色、低碳、可持续的经济社会发展“升级版”。

（4）相关配套改革的“一个关键”和“两个要领”。新一轮价税财配套改革是“一大关键”，是抓住我国煤炭市场价格走低的宝贵时间窗口，推出将资源税“从量”变“从价”机制覆盖到能源资源业的改革。

这新一轮价税财联动配套改革，会通过理顺我国基础能源比价关系，“冲破利益固化藩篱”，使资源、能源价格形成机制顺应市场经济，在配合地方税体系建设等财政体制深化改革任务的同时，形成法治化框架下有规范性和可预期性的以经济调节手段为主的制度体系与运行机制，促使全中国现已达6000万个以上的市场主体（含微型企业和个体工商户）和近14亿居民从自身的经济利益出发，根据市场信号和政策参数“内生地”积极主动地节能降耗。企业会千方百计开发有利于节能降耗的工艺、技术和产品；家庭和个人会注重低碳化生活。这样群策群力以可持续的转型发展打造“中国经济升级版”，促使国民经济与整个社会，走上一条越走越宽的连通“中国梦”愿景的绿色、低碳新路。这时政府可做、应做之事，主要在于把握好“两个要领”：第一是掌握力度，于上述配套改革中使大多数企业在比价关系变化面前，经过努力可以继续发展，少数企业被淘汰出局——可酌情渐进地做多个轮次，每次出局的便是应被淘汰的“落后、过剩产能”；第二是当比价关系变化传导到最终消费品时，及时适度地提高低保标准，使最低收入阶层的实际生活水平不下降，而中等收入阶层会自觉调整消费习惯，趋向于低碳化生活。总体上，如掌握好这样的“一大关键”和“两个要领”，这个价税财联动改革就可望成功，并成为釜底抽薪式化解雾霾等环境威胁的长效制度机制建设。

这种配套改革为当代中国迫切需要、势在必行。纵有千难万难，我们也应群策群力，攻坚克难，力求突破，这才不辜负我们从未如此接近的中华民族伟大复兴的召唤，以及我们必须把握的中共十八届三中全会后以全面改革实现“国家治理现代化”的战略机遇期。

肆

中国现代化思路与战略选择

一 财政、经济、社会现代化的历史经验与镜鉴

1. 从财政视角看人类文明演进大道上的变革成本与冲破既得利益制约

应《中国金融》之约在该刊发表封面专题文章时摄

以现代化为取向的奋斗中，学界不断有人类文明演变中历史经验的讨论，领导人也会合乎逻辑地注重“惊心动魄的财政史”等视角上的历史经验镜鉴，我在多年研究中，不断思考，与申学锋研究员等合作，于《财政研究》2013年第9期发表《从英法两国历史看财政与民生、革命、文明演进——世界潮流、利益固化和变革成本与方略的比较》，后以此文缩写而成的文稿，获得财政部优秀论文一等奖。文中关于历史经验的探讨部分主要内容如下：

从英法两国的历史我们看到，财政关乎民生忧患，连通宪政建设，如何进行触动和改变利益格局的财政改革既是一个需要统筹全局的技术问题，更是一项考验统治者智慧的政治问题，其艰难程度超乎一般人的想象。也许我们还可以将目光放得更开阔些，回顾一下中国历史长河中的一次次财政改革，其惊心动魄的场面并不逊于欧洲的代表性国家英国和法国。无论怎样，历史已成过眼云烟，但它没有随着危机的结束与和谐局面的逐步上升而简单地灰飞烟灭，一幅幅

历史的画面如影像胶片，总能在我们眼前闪现播出。当今天的人们回望历史片段的时候，可能不仅喟叹故人旧事的是非成败，其中的经验教训及启示对我们应该更有当代借鉴的意义。

（1）财政不仅是经济问题，更是政治问题，从“民生”“民权”到“政权”，有构成“自然合法性”的内在逻辑，调整利益格局的财政改革根本上是一种政治决策。

财政作为由公共权力主导的资源配置，不仅是经济制度的组成部分，更是政治制度的集中体现。古今中外，无论在什么时代和社会制度之下，政府的运作必然都要建立在一定的财政基础上，财政作为国家政权的经济支柱，既体现政府经济收入与经济支出，又体现经济资源在国家和公民之间的分配，涉及一国公共事务的政治决策过程。

财政由国家政权的性质所决定，与人民生计和地位的确定、国家自由民主制度的构建、现代法治的形成等密切相关。换言之，向谁征税，收什么税，收多少税，怎么收税，公共资源的配置方向和数量分割，税收权、预算权如何分配，通过什么程序决策，等等，都不是纯粹的财政问题，而是切实关系到民生、民权、法治（“依宪治国”和“依宪执政”）的重大问题。正是财政这条主线，使得从民生到民权，再到政权，合乎逻辑地生成统治者“自然法”式的合法性内在依据。

财政与政治的密切关系，首先体现在财政深刻地影响民生，关联公平，进而影响社会政治局面的和谐。财政直接参与并调节国民收入、社会财富的分配，涉及国家和社会各阶层、各集团的切身利益。国民收入与社会财富分配如有利于民生安定，社会就和谐，反之就会产生冲突和动荡。在世界历史上，17世纪的英国、18世纪的法国很长时间都处在民生凋蔽、财政危机和政治骚乱的状态中，英国国王查理一世、法国国王路易十六先后被送上了断头台，根源在于民生的不振与民众感受的不平。在中国历史上，每个朝代前期，统治者往往能够汲取前朝灭亡的教训，实行“轻徭薄赋，与民休息”的政策，注意各阶层税负的公平，节制社会财富的差距，从而取得社会安定的局面。相反，如果统治者肆无忌惮地剥夺人民创造的大部分财富，并坐视社会各阶层在财富占有上的严重不公平，弱势群体的反社会倾向就会日益凸显，最终形成声势浩大的造反行为。中国历史上发生过的数百次农民起义，大都是底层“民不聊生”之后为了“均贫富”而掀起的，“杀尽不平方太平”的旗帜成为底层人民的战斗口号。

其次，财政改革不能仅停留于经济领域的技术性变革，而必须同时改变利益格局、顺应民权诉求、改进政治层面，否则改革会举步维艰，甚至完全失败，进而导致国家动荡乃至政权崩溃。1879年5月5日，法国的三级会议开幕时，恐怕没有人会想到，一个以财政改革为主题的会议竟然一步步引发天翻地覆的社会巨变。在获得路易十六支持的历次财政改革中，或多或少都包含打破旧制度下利益格局的内容，其核心就是废除等级特权，提升民权。但在召集三级会议的时候，路易十六却不再提及相关内容，只期望第三等级接受强加在他们头上的新纳税方案，以此解决国家财政困难。这说明，路易十六没有认识到或不敢去推进实质性调整财政分配关系这一直接牵涉利益分配关系变化的既有利益格局改造，财政改革问题说到底是一个由民生利益而延伸到民主权利的政治决策问题。路易十六只是把财政改革看作是纯技术问题，未能进行包括政治体制在内的全方位改革，期望通过局部矛盾关系的调整解决全局性问题。在民众的权利意识和民主精神已经有所觉醒、社会矛盾急剧激化的状态下，这种局限性极大的技术层面小修小补充其量只能带来经济紧张状况的暂时缓和，却无法拯救旧制度的政治命运，甚至会累积和触发矛盾，进而引发革命，加速政权的覆亡。

（2）财政民主化进程必然会促动民主政治的发展，与专制财政向公共财政的转变相伴的是民主政治、宪治框架的发展与成熟，而英法道路有明显的社会代价高低之别。

政治与经济从来都是互动的，二者之间的一个重要结合点便是财政。布坎南在其问世于1966年的*Public Finance in Democracy Process*（《民主过程中的财政》）一书中指出："财政学，作为一门学问，作为一门科学，处于严格意义的经济学和政治学的分界线上，是政治的经济学。"由王室财政转向公共财政制度生成的历史，就是现代议会政治成型过程中民权与王权斗争的历史，二者相伴相克，如何由民权制约王权成为历史演进的大方向。

财政运作机制的实质是如何运用社会集中分配权力来配置资源。在社会发展的不同阶段，财政分配权力运作的不同规则决定了不同的财政制度。从历史演进的全球走势看，可以清晰地知道：国家财政制度的变迁就是从专制、王权财政走向民主、公共财政的过程，而这种变迁首先是最为鲜明而有震撼力地表现在从中世纪走向近现代的英法王权政治向民主政治的演变。

王权财政向公共财政的转化经过长期艰苦斗争的案例，在中世纪的西欧，具有典型意义的首推英国。财政特权一直是王权的一个主要方面，其经济基础是国王作为封君对土地占有的支配权，而王权的专制倾向和随意征税行为所引起的对王权扩张的不满与抵制也持续存在。这种斗争的两个革命性的成果——《大宪章》和议会，既是围绕财政的斗争而产生，又进一步推动了财政分配规划由专制向民主的转变。1215年诞生的《大宪章》，就国王与臣民的权利与义务关系确立了具有现代意义的原则和法度，国王征税均需召集全体封臣到场共同议决的原则，在此后的数百年内不断地为国王们所“不得不”承认。宪章原则的实施需要一种强有力的、足以抗衡王权的组织来与之斗争并能够制约它，于是议会应运而生。议会作为制约王权的政治组织，也是纳税人的权力机构，其成员都是纳税人的代表。平民因纳税逐渐增多而被允许选举代表作为议员进入议会，由此产生下院，这是真正的“代议制”政治的开始。

公共财政在政治制度化和经济制度现代化的过程中产生，与代议制政治和市场经济制度相适应。由专制财政、王权财政向民主财政、公共财政的发展演进，也是王权政治向民主政治转变的过程，在英国，二者可谓一卵双胞，互为依傍，最终以“君主立宪”的政体实现了“虚君共和”的国体，居功至伟。从某种意义上说，这一现象是财政与政治密切关联之下实现社会代价较小的关键性制度转变的一种体现形式。

与英国案例有重大区别的法国案例，特点表现为矛盾解决、制度更迭过程的暴烈性与曲折反复。虽然有学者强调了以法国大革命为代表的这一转变过程“革命的彻底性”和在世界历史上的重要地位，但我们不得不指出，这是一种社会代价极为高昂的案例，如能选择的话，从人本主义的立场出发，当然应首选英国的路径方式，而非法国的。

（3）财政改革宜力求“渐进式”“统筹型”，关键在于“冲破利益固化的藩篱”而兼顾各方，不激进亦不积累矛盾至积重难返。

财政制度是人类社会演变进程中最为关键的制度中枢，而历次财政改革则是社会成员最关注的利益转换机制的总体考验。财政改革必然触及各阶层利益，尤其是高端既得利益集团。如何处理国家、民众、既得利益集团之间的关系，不仅直指统治者执政智慧，而且往往直接关联改革成败和国家兴亡、苍生命运。从英法财政历史以及中国历代财政改革史来看，财政改革在错综复杂、牵动全局的纠葛中应力求“渐进式”，尽可能统筹考虑各方面，同时配套其他改革。不敢触动高端既得利益集团而过分强调技术性的改良，或急于获取民众支持而过快过猛地冲击既得利益壁垒，都可能导致改革出现困境甚至完全失败。纵观中外财政史，和风细雨的财政改革固然值得赞扬，但更多的则是方向早明而举步艰难、演进无方，矛盾积重难返，最后酿成惊心动魄的“非规范的公共选择”，改革迟滞而引发社会动荡的事件不胜枚举，英国也不例外，而法国尤甚。

1649年1月30日，英国国王查理一世被送上了断头台。

这一天标志着有史以来第一次有一个君主制国家的臣民通过他们所选的代表以集体决策方式将他们的国王判处死刑。144年后，1793年的1月21日，法国国王路易十六也被他的臣民以革命中涌现出的代表之口宣布死刑，送上了断头台。这两位国王怎么也没有想到，解决财政危机的努力竟然最后是把自己送上了不归路。路易十六决不是一个极端专制的国王，甚至还是一个很能节制、较为开明的君主，他为解决财政问题做过很多努力，频繁更换了多任财长，还把全国各阶层代表请到巴黎来共同协商。但是他无力取消特权阶层的过度利益，改变分配格局。曾对路易十六充满希望的代表们最终绝望了，历史记录的最后从人们的嘴里对路易十六蹦出了两个字："Lamort"——"处死"。路易十六死前说："我是清白死去的。我原谅我的敌对者。但愿我的血能平息上帝的怒火，归复民安。"法国著名历史学家米涅对路易十六有"品行端方，生活俭朴""自愿放弃专制"等赞语，但认为他不够坚定，不能克服改革的阻力，由于尝试改革而毁灭。无论是统治者还是被统治者，达官贵人或平民百姓，每一个个体，都是历史中的匆匆过客，然而历史学家与后人毕竟会有事功之别、高下之评聚汇到舞台中心的人物身上。对路易十六，后世历史学家往往会有遗憾、同情之意，但路易十六在重大历史关头面对"攻坚克难"的不作为，不论是在多大程度上出于其无可奈何，却必然使他成为低水准政治人物的典型而留此定论于历史千秋。

中国历史上也曾有大刀阔斧式的财政改革，大都因为改革者急于挽救统治危机，革除财政弊病，建立相对公平的分配格局，很快引起既得利益集团的不满和强力反抗。几位著名改革家的个人命运各不相同：著名改革家商鞅，在财政改革中遭到旧官僚贵族的激烈反对，有贵族指着商鞅说："秦国人把你恨透了，你的寿命像早上的露水一样，长不了。"最后他在反对者的反扑中被车裂，但他主导的制度建设却"人亡政未息"，对秦国的强盛和后世中华产生了巨大的影响。汉代初期的贾谊，因主张改革遭到陷害，被流放到潮湿沼荒之地，未得寸功，死时年仅33岁。被列宁称为"中国11世纪的改革家"的王安石，每推行一项改革都遭到反对者的阻拦，在强大的反对势力逼迫下两次罢相，人离政息，最后郁郁而终。明代财政改革家张居正，曾以其主导的改革使明朝出现"中兴之景"，但为时不长，在去世后还被抄家和挖开祖坟。当然，即便是被历史学家称羡的某些成功的改革，其间的斗争也可谓腥风血雨。如汉景帝痛诛不法豪强，史书上称"至流血十余里""余皆股栗"。雍正帝严查亏空、惩治腐败，采取"赶尽杀绝"的办法，使大批官员命丧黄泉，无数官吏为之胆颤心惊。

当改革成为迫切要求而社会形势存在着不易把控的新局面时，改行"仁政"和续行"暴政"都困难，改革可能会激发动荡，不改革则最后必然崩溃，如何取舍与把握，就成为考验执政者"生存或死亡"的大问题。根据托克维尔的研究，社会动荡不一定起因于绝对剥夺，反而更可能由相对剥夺引发。当改革开始之后，旧制度剩下的部分就更让人难以忍受。旧制度好比一间牢牢封闭的铁屋，屋中人本已习惯了污浊的空气，此时改革措施将铁屋劈开一道缝隙，突然涌入的一丝新鲜空气为铁屋中的人带来了希望，也对境遇的进一步改善抱有更多期待。“最危险的时刻通常就是开始改革的时刻”，拆旧盖新本应力求有一个有序过程，但如果此时改革不得力、不得法、不持续，铁屋中的人对不平等待遇的怨气会比在没有希望时更大，他们会不顾一切地彻底砸烂铁屋，哪怕一时间没有遮风挡雨之所也在所不惜。很多人认为，在三级会议召开中途，路易十六如果能正确运用自己的权威，及时顺应民意，积极启动和推进政治体制改革，说服特权等级主动放弃一些不合时宜的封建特权，法国仍然有可能不必遭遇激烈的大革命而渐次迎来新制度的建立。但在特权等级顽固且愚昧的抵制下，以及对社会稳定表象的本能追求下，性情软弱的路易十六在正确的大方向下刚有新开缝隙之举，便再无实质性进展，一步步错过了拯救法国和自己的机会。

在财政改革的历史回顾中，我们感受到了改革目标的正义与能量，也领略到了改革进程的艰难与一旦失控后的可怕结果。变革总有代价，总有成本，这是无法回避的基本规律。作为资产阶级革命，法国大革命之后在曲折的进程中最终建立起有利于生产力发展的资本主义经济制度，但这个成果是以多年的社会混乱为代价的，也是以无数普通人的正常生活秩序、自由乃至生命的丧失为代价的。大革命爆发后的很长时间里，每一个社会阶级和阶层似乎都被颠覆了。政权内外、社会上下、人民之间，各种原有的秩序和关系都在急速地发生改变，敌人与朋友、自由与专制、光明与恐怖，它们之间的界限变得非常模糊，没有人有稳定的安全感，只是恐怖有时被称为“红色”，有时被称为“白色”。一方面，我们当然不能因为变革要付出代价就因噎废食，昧于大势而退缩或一味掩耳盗铃；另一方面，我们也不能全然不顾变革成本大小而一味肯定过激行径。以大动荡中生灵涂炭为代价的暴烈革命，其实应当尽量避免。这里的关键，就是能否有效化解既得利益的阻碍，实质性以“渐进式”“统筹型”的改革取得“冲破利益固化藩篱”的效应而最终使改革取得正果。

（4）非危机局面下的财政决策必须有远见地发展民主化、法治化的机制，宪治取向下的公共财政要回应公众诉求，引导社会的理性发展即“规范的公共选择”。

从古今中外的财政历史演进的大潮流看，财政分配的决策经历了由专制、王权决策向民主、民权决策转变的过程。王权决策是不经人民同意、不按法定程序、随意性显著的财政决策活动；民主决策则是经人民同意、按法定程序、有透明度、规范性的财政决策活动。二者分别对应于王权政治和民权政治。

国家产生以后，政治权力首先表现为王权。王权是无所不包的“一元一体化”权力，它凌驾于一切法律、制度之上，拥有一切事务的最后裁决权，而且无监督、无约束。王权专制代替原始状态下的直接民主制度，成为财政决策的绝对依据，较之原始财政，其操作权力主体的性质发生了根本变化：原来由共同体成员大家说了算，是直接民主权利决定资源配置；现在是由掌握至高无上权力的统治者说了算，国王或皇帝决定资源配置。所有的社会成员都是国王的纳税者和服役者，赋税的征收、徭役的摊派，可以不征求纳税人、被摊派者的同意，更不用说这些赋税、徭役的用途能否受到监督了。在这种情况下，社会公共职能执行得如何，很大程度上取决于政治统治者，统治者通常在财政满足社会公共需要上大打折扣，而满足统治者私利的需要会超出满足社会公共需要而居于主导地位。家计与国计不分，成为专制财政的基本特征和常态。

王权财政向民主财政过渡成为客观规律，迟早要发生，在欧洲典型地体现为财政决策权由王权转向民意机构议会的过程。促使英国向宪政民主体制发展的《大宪章》《权利请愿书》《权利法案》等具有里程碑性质的文件，都是在议会反对国王征税权的斗争中产生的。在这个漫长而曲折的过程中，最终主宰人类主流文明的宪治精神得到树立和源源不断的承袭。在民主政治下，财政的实质就是议会中心主义，议会成功地拒绝了国王随意征税的要求，更成功地限制了国王的其他不合理决策权，这里面体现的是一种纳税人至上、王在法下的精神。正因为如此，马克思称税收是“可以用来扼杀君主专制的一条金锁链”，英国也流行“税收是代议制之母”的俗语。

既然历史发展规律如此，在非危机局面下的财政决策，就应有前瞻性，即有远见地发展民主化、法治化的机制。

同中世纪的英国不同，中国在漫长的专制社会中，皇权一直得到延续和固化，没有任何力量能够与之抗衡。自秦始皇确立了“天下事无大小皆决于上”的原则以来，皇权专制始终是传统政治的唯一核心，其间虽然也出现了一些多少限制君主权力的手段，如封驳、台谏等，但皇权专制制度的自我抑制只能在极其有限的范围之内，其专制性不仅不可能被有效消除，反而会随着自身内在逻辑规定的方向恶性发展。正如德国哲学家雅斯贝斯指出的：一旦建立了独裁制，便不可能从内部把它消除，这部机器几乎自动地保护它自己。在威严无比的皇权政治统治下，所有财政决策都是“口含天宪”的皇帝一个人说了算，他所拥有的征税权是无限的，得不到任何有效制约，地方官员则打着“圣旨”“上谕”的旗号征税，依靠强大的政治压力，完成政治任务，往往全然不顾民众的承受能力，并把权力的“自由裁量”弹性空间用于中饱私囊。中国历史上的皇权专制社会也没有任何一种政治力量（如欧洲的贵族领主）可处在政府和民众之间起一种“缓冲”作用。这种恶劣的、毫无制衡的“东方专制主义”财政决策制度，越到后来，越是严重破坏社会再生产过程，成为导致财政危机和政治危机、引发周期性社会动荡的重要因素。延安时期毛泽东与黄炎培的“窑洞对”，于此有称为“历史周期律”的生动而深刻的概括。

随着王权政治的消亡，近现代的民主政治“依宪治国”框架逐渐建立起来。政府运作公共财政的权力是人民赋予的，政府的存在和运作来源于纳税人以纳税方式提供的物质基础。人民有权依据宪法制定财政方面的规则和制度，财政收入的征取是国家合法分取公民财产的行为，财政支出则涉及政府是否在为人民利益最大化提供公共服务的问题，因此财政收支等重大问题必须由人民“当家作主”去决定。

从一定意义上说，财政民主的核心是资源和利益配置上“规范的公共选择”。人民基于自由意志，把个人的权利转让给国家，以此换取国家对人民权利的保障，宪治及其规范由此而生，并被证明是人类文明发展、上升过程中迄今为止代价最小、痛苦最轻的公共选择形式。在理论抽象上最简约地说，人类社会公共事务的决断这种“公共选择”的形式可分为两类：一类是规范的，即以可预期的程序、社会代价较低的方法完成的公共选择；另一类是非规范的，即以难以预期的矛盾爆发成外部冲突、社会代价极大的方式实现的公共选择。前者以宪治民主为代表，后者以非宪治、非民主之下矛盾积累后的社会革命和暴烈冲突为代表——中国专制历史上几十次改朝换代、几百次农民起义是最典型的非规范公共选择，几乎每一次都要以哀鸿遍野、生灵涂炭的社会代价来做了结：“兴，百姓苦；亡，百姓苦。”

从历史可选择的弹性空间而言，人们当然力求当权者引导和顺应社会的理性发展即规范的公共选择。在财政视角上，民主法治下财政分配的基本要求是：人民依法通过一定的程序和方式，行使对国家重大资源配置事项的决定权，即重大的财政事项必须经过代议机构的同意，并由其制定法律予以规范。如果没有议会决定或法律授权，无论是财政收入还是财政开支，都可能被指责为违反人民意志。财政民主与法治的制度安排，作为“依宪执政”的实现途径，是实现人民权利与国家权力和谐统一的基础。

《史记》有云：“千金之子，坐不垂堂。”意思是说，有钱有身份的人养尊处优，总会爱惜自己的性命，也不会对社会表示不满。反之，历史上每次揭竿而起的都是处于水深火热的中下层群体。历史告诉我们：“自古至于今，与民为仇者，有迟有速，而民必胜之。”所以，回应公众诉求是财政的重要功能，即财政分配要有利于促进生产发展和改善人民生活，这样才能保证政权的稳固安宁。同时，财政改革还需要以广大民众的利益为根本出发点，把民众短期利益与长期利益协调起来，推动社会进步。

在王权政治和专制财政下，财政分配的决策权在王权，为了达到自己的目的，受阶级性的制约，统治者的财政政策往往很少考虑老百姓的利益，甚至不断侵犯他们的利益。另一方面，由客观规律决定，政治统治只有在执行了社会职能时才能继续下去，而财政本身具有满足公共需要的必然性，因此一些政策措施也必然有意无意地体现为公共服务层面，客观上满足民众利益需求。无论是英法两国，还是中国，历史上不少的财政行为，都有满足人民需要和公共服务需求的内容，比如一些公共水利工程、交通道路建设等。我们今天能够看到的专制财政留下的历史遗产，既有耗费无数民脂民膏埋入地下的兵马俑巨阵，也有千古流芳的“世界水利文化鼻祖”都江堰，从中可以领略到专制财政下阶级性与公共性的矛盾运动。

然而，认清和顺应历史潮流、自觉而有作为地在社会发展的正确方向上化解利益固化的阻力而推进变革和降低社会成本代价，毕竟是伟大政治家的千秋伟绩，万世功业。杰出人物和亿万民众共同创造历史，并由前者代表他们留名汗青。社会经济在发展中会不断发生波动，利益结构中的矛盾、社会财富分配的问题，总会引发财政危机和社会危机，甚至危及政治统治。在这种情况下，政治家主导的财政改革的首要任务就是采取一切手段追求相对的社会公平正义，通过必要的制度优化建设来理顺利益分配关系，特别是回应下层民众的利益诉求并引导全社会的理性精神，追求可持续性。“计利当计天下利，谋功应谋万世功”，是具有远见卓识，有抱负、有担当、有作为的政治家应有的情怀。

无论是英法等国的历史，还是美国“进步时代的启示”及其后成为头号强国崛起的历史，亦或中国自身的历史，财政发展与改革的历程都彰显了财政在一国政治经济生活中“牵一发而动全身”的重要地位，也充分说明了财政与相关各方的制度安排必须与时俱进，改革是永不停歇的发展主题之一。中国历史上，从汉代轻徭薄赋的“文景之治”、唐代的“两税法”，到明代张居正的“一条鞭法”、清代雍正时期的“摊丁入亩”，都因有利于民众利益而取得成功或产生阶段性的正面效应。遗憾的是，中国古代社会主流的更鲜明特色，是“东方专制主义”下的长期停滞，并于近代严重落伍。当下，在新的历史起点上，也许中国的改革之路仍旧很漫长，也必然艰难无比，但远见卓识者于“事在人为”的空间中，如能牢牢把握财政与政治的密切关系，树立“为国理财，为民服务”理念下的全局观与创新观，勇于正视矛盾之所在而敢于、善于攻坚克难，冲破利益固化藩篱，即便前途有荆棘，过程有代价，但“两岸猿声啼不住”，“长风破浪会有时”，党的十八大之后的顶层配套改革和下层先行先试创新开拓的积极互动，必将为构建全面小康中国并延伸至其后“中国梦”的宏大愿景，贡献决定性力量。

2. 从中国财政史考察研究可总结的基本经验

同样以服务于中国的现代化事业为取向，我和合作者在项怀诚同志为主编、我为副主编的《中国财政通史》（中国财政经济出版社，2006年）的“导论”部分，试对中国财政史中的基本经验，作了可总结的规律性认识。

（1）经济决定财政，财政反作用于经济，不论在任何情况下都是财经运行的普遍规律。与此同时，财政并不仅是消极地由经济所决定，并不只限于反映社会经济的盛衰，它与经济之间的关系犹如上层建筑与经济基础之间的关系，具有能动的反作用，财政的方针、制度、政策合理，会积极地促进社会经济的发展和繁荣，如历史上“轻徭薄赋，与民休息”的实践，收到了较好的效果；反之就会影响制约社会经济的发展，甚至由于严重的财政错误而引发亡国之灾，如统治者“苛政猛于虎”，官府横征暴敛，导致官逼民反，“揭竿而起”而改朝换代，可谓史不绝书。

（2）财政与国家的兴衰息息相关，统一、稳固的财政是国家民族统一和打造盛世的根本条件之一。财政状况是一个国家、一个民族盛衰的晴雨表，没有一个强大、稳固的财政，国家就要衰落，民族就要衰亡，这已屡屡被历史发展所证明。

（3）财政改革是历史的必然。人类历史的发展可概括为生产力和生产关系、上层建筑和经济基础这两大社会基本矛盾的发展运动。生产力的发展必然引起生产关系的变化，当旧的生产关系不适应生产力发展的时候，生产关系就对生产力的发展产生束缚和阻碍。此时，生产力和生产关系的矛盾，就必须通过改革来解决，或者通过急风暴雨式的阶级斗争去完成。生产力随着科学技术的发展而不断提高，生产力和生产关系之间的矛盾就会不断地产生，那么改革就不是一劳永逸的，而是永恒的，具有必然性。财政是生产关系的一个重要组成部分，财政体制和财政分配关系不利于生产力发展时，财政改革就不可避免地成为必然。

（4）中央政府与地方政府的关系，是财政分配中必须正确处理的基本关系之一。在中国这样一个幅员辽阔、人口众多的大国，如何认识和把握经济、社会发展客观规律在不同历史阶段上的要求，通过明智、合理的制度设计和调整改进，调动各级政府的积极性和财政资源潜力，使财政职能在各级政府中得到较充分的、相互协调的发挥，是国家决策层和管理部门必须始终高度重视的财政问题，同时也是一种全局性和政治性的问题。正确处理这一基本关系，意义十分重大。

（5）管理要明法度，法度不明则败。中国古代社会，有不少重要的财政管理和法制建设措施值得称道，归纳起来，主要是生财管理、用财管理和监督管理。生财管理在中国古代主要表现在开创财源上。一是资源配置管理，就是根据社会经济的主次来制定税收的主次，以此调节税收结构，达到增加财政收入的目的。二是专卖举措，即国家通过对盐、铁、茶、酒等主要资源的管理，收回富商大贾侵吞的国家财富以振兴国家财政。三是对商品流通领域进行一定程度的控制。这方面的管理办法主要有平准法、均输法和平籴法。这三种管理办法的共同点，都在于调节物价，稳定市场，平衡社会供求关系。用财管理指国家财政开支的管理，在中国古代概括为节流。节流的含意并不是开支越少越好，或者是一味地减少开支，而是合理地调整支出结构，保证必要的支出，取消不必要的支出，满足重点项目的开支，减少非重点项目的开支。历史上财政支出管理的办法：一是精兵简政；二是禁奢倡廉；三是量出制入；四是收支对口，优化支出，注重效益。加强财政管理，重点应放在开源和节流上，开源节流的核心是合理调整财政收入和支出结构。所有这些，历代有识之士都强调要通过立法明规，加强财政监督即监督管理来实施，其中的可借鉴之处，对今天建立现代法治国家与公共财政框架仍具有启发性。

（6）“数字化管理”水平的不断提高，是财经管理的趋势。数字化管理手段自古有之，结绳而治，随着人类社会经济的发展，数字化形式在财政管理中愈益重要。客观地看，“数字化管理”是在西方工业文明出现及市场经济较充分发育之后，在主要资本主义国家实现了长足的发展，特别是在现代预算制度及相关的税收、国库、政府采购、政府统计等制度得到大力健全之后，政府理财和政府活动的信息透明度、管理规范性随之显著提高，进而成为促进公共财政制度建设和提高政府管理水平的重要因素。在近几十年新技术革命以“信息化”为龙头突飞猛进的形势下，财政管理和政府行政的手段更是日新月异，效率不断提高。社会生活的各个方面也无一不受到电子信息技术深刻、重大的影响。在“信息化社会”到来之际，所谓“数字化生存”状态，已对政府与财政的数字化管理提出了前所未有的新标准、新要求。

相比之下，中国自明清之后的政府管理和财政管理则明显落伍。我们认为这与中国社会的市场经济迟迟未得到充分发展，特别是在工业化进程上的落后以及与东方专制主义权力结构等因素，都有内在的联系。20世纪80年代中国实行改革开放之后，生产力获得极大解放，工业化、市场化在城乡大地风起云涌，新技术革命与信息化方面也奋起直追，于是便有了政府和财政数字化管理的崭新局面。近年，随着政府改革和公共财政建设，在电子政务系统和“金税、金关”等工程蓬勃发展之际，又启动了浩大的“金财工程”。这些将成为提高政府资源配置效率、推进政府理财和政府决策民主化、促进经济和社会现代化强有力的手段，也体现了我国当代财政顺应历史发展的规律和趋势、积极进取力争后来居上的进程。

二 中国的现代化经济社会的“现代国家治理”：走向共和

1. 认知现代国家治理——国家治理体系和治理能力的现代化及其逻辑链的延伸

在我的研究工作中，我反复思考中国的“现代化之路”问题，观点认识已见于不少专著和文章。我特别注重的是，在中国改革开放，推进现代化之路上，中共十八届三中全会通过的带有顶层规划意义的《中共中央关于全面深化改革若干重大问题的决定》（简称《决定》）中，将“现代国家治理”表述为“国家治理体系和治理能力的现代化”。

我认为，所谓“现代化”，是需基于不同经济体横向比较而得出的概念，具体而言，是在世界民族之林横向比较后进入文明发展前列状态的判断，中国在“工业革命”发生后迅速落伍，积贫积弱，内忧外患，鸦片战争以来图强盛、求振兴的奋斗可歌可泣。辛亥革命、中华人民共和国成立和改革开放三件大事，于千年之交后推进中国经济总量成为世界第二。在新的历史起点上，如何于2049—2050年实现“中华民族伟大复兴”的现代化战略目标，就成为中共十八届三中全会提出“现代国家治理”面对的最实质性问题。为解决好这个问题，要在原来的治国理念上实现一个重要提升，即强调“治理”。我在研究中强调：“治理”与“管理”虽一字之差，但内在逻辑与导向却有明显不同。管理是表述政府居高临下、自上而下掌控的架构，而治理则是要求有多元主体更多平面展开的充分互动而形成最大包容性的发展所匹配的制度安排和机制联结。治理体系包括管理和自管理，调控和自调控，组织和自组织，更为注重的是以横向展开的良性、包容性“多赢”发展来充分调动各方面的积极性和一切潜力、活力。

在多年的探索和奋斗之后，我们“中华民族伟大复兴”的内涵已有了充分提升和明确的理性支点：第一，现代化“中国梦”是从人本主义立场出发的，习总书记提出“人民群众对美好生活的向往就是我们的奋斗目标”。实现“中国梦”是为人民群众谋幸福，且这种幸福是要正确处理眼前与长远、局部与全局利益关系的实质、可持续的幸福。第二，“中国梦”不带有狭隘民族主义局限，而是寻求世界各民族“命运共同体”的多赢、共赢，是在全面开放中以经济手段为主走“和平崛起”之路。邓小平当年有一个全局性的基本判断，即我们现在所处的时代是“和平与发展的时代”，也就是说，我们的时代主题已不是要解决原来“战争与革命的时代”战略判断之下“谁战胜谁”的问题，而是要解决如何共赢发展的问题。“核威慑”现实已清楚表明，虽局部的摩擦、战乱仍然不断出现，但可以让第三次世界大战避免成为极大概率事件，正因为如此，邓小平特别强调一定要抓住战略机遇期，“扭住”经济建设为中心一百年不动摇，再不可丧失机遇。在这个大背景下，邓小平提出2050年前后中国经济发展的主要人均指标要达到当时的中等发达国家水平——当邓小平十分艺术、含蓄地做出这种谋划时，这一目标听来并无多大震撼力，毫不咄咄逼人。但几十年过去，中国经济总量已上升至世界排名第2位之时，人均GDP却仍排在世界第100位左右，由此可见，如果中国再经过30多年的奋斗，能够以世界第一人口大国的身份达成人均指标排名进入前20位左右（即中等发达国家水平），再配之以其他现代化要素，综合国力在世界民族之林中将势必名列前茅。这一“后来居上”“后发先至”的现代化追赶—赶超战略，是“中华民族伟大复兴”不可否定的实质内涵。中国的现代化过程，十分明显：一不能走历史上某些经济体大量海外殖民之路；二不能走另一些国家“剑走偏锋”的军国主义之路，只能在全面开放框架下走与全世界“做生意”的经济社会和平发展之路。以“三步走”而联通抵达“中国梦”的战略设计，实质上是从“韬光养晦”“不争霸”连接追赶过程，最后实现民族伟大复兴。

然而，当前中国正站在历史发展的新起点上，一方面“从未如此接近”民族复兴，另一方面却又“矛盾凸显”无可回避，外部面对国际竞争的同时，内部从“物”的角度遭遇的资源环境制约（如雾霾代表的环境危机因素）和“人”的角度面临的人际关系矛盾制约（如收入分配、财产配置方面普遍感受到并引起了强烈不满的不公与紊乱）日趋明显，要想如愿跨越“中等收入陷阱”阶段，就必须依靠中共十八届三中全会所规划的实质性全面改革来化解矛盾和隐患，在2020年实现全面小康的同时，使全面改革“取得决定性成果”，即攻坚克难推进全面改革化解矛盾制约和阻碍，才能继续“大踏步地跟上时代”。

在“现代国家治理”这个核心理念基础上，我领会并加以强调的是，中国以现代化为目标导向的大政方针，合乎逻辑地联结到“现代市场体系”——市场在资源配置中发挥决定性作用和市场微观基础层面大力发展混合所有制，以及现代化财政制度（作为国家治理优化与“政府更好发挥作用”的基础和重要支柱）、现代政治文明（全面依法治国）和现代发展理念（以“创新发展”为第一动力带出协调、绿色、开放共享的发展）。

中国在现代化“行百里者半九十”的冲关期，一定要居安思危，防患于未然，要有紧迫感。这种紧迫感可以用祁斌先生所说“两只老虎的赛跑”来比喻，中国现阶段整体的形势就像有两只老虎在赛跑，一只叫“改革”，另一只叫“社会问题”。这两只老虎各自要素齐全，似乎也看不太清楚对方，但都在往前跑，哪只老虎跑得更快一点，将决定中国的命运。周其仁教授后来意味深长地补充指出：改革还要和新生代的主流诉求赛跑。试观察社会上的“80后”“90后”“00后”，他们可能已没有耐心来听前辈“忆苦思甜”和讲解“主旋律”，他们也可能大多不会有多少兴趣去深究1949年中华人民共和国成立后各个发展阶段的得失，但他们是会具有主流的诉求和以“人心向背”形成的“水能载舟，亦能覆舟”的社会力量的。当年孙中山先生在海宁观潮之后曾题写：“世界潮流浩浩荡荡，顺之则昌逆之则亡。”这种只能顺应、不可违拗的世界潮流，我们现在可以归纳为这样几条：第一是工业化。这别无选择，中华民族作为世界上唯一的几千年古老文明没有中断的民族，落伍就是从工业革命开始的，民族复兴必须在工业化中迎头赶上。第二是城镇化。工业化必然伴随城镇化，过去我们曾经历几千万人上山下乡，逆势操作，教训需要总结。第三是市场化，即市场取向改革，我们的探索已落到邓小平南方谈话之后锁定社会主义市场经济目标模式。第四是国际化或全球化，已表现为以中国的“入世”来锁定全面开放格局。邓小平同志非常清楚：不改革开放是死路一条。正是有了这样巨大的扭转，我们的路才越走越宽。第五是信息化，或者说高科技化，也即第三次产业革命浪潮我们决不可再擦肩而过。除此之外，显然还有另外一个重要的不可逆转的要素，即依法治国、法治化、民主化。新生代的主流诉求一定会在上述的这些发展轨道上综合体现出来。

习总书记所说“把权力关进制度的笼子”，是非常有建设性的。中国共产党是执政党，执政党是有权力的，这个权力就是公共权力。公权由一个个具体的私人执行，实际生活中肯定会发生扭曲，立法的关键是把权力关进制度的笼子，力求最大限度减少扭曲。如果笼子是法律，那么还要强调我们的治国理念——法治（不是“法制”，翻译成英文不是rule by law，而是rule of law）。现代文明要实现健康的民主化，一定要用“法治”的治理概念，真正“走向共和”。在义理上讲，“法制”（rule by law）以法律为统治工具，“法治”（rule of law）则是“法律的统治”，表达“法律最大”的思想。“法制”强调法律的工具价值，“法治”强调法律体现公众意志和至高无上的权威。“法制”是静态的法律制度体系，制度体系有好有坏。“法治”则是一个好的法律制度体系得到有效实施的动态描述，逻辑取向上说，“法治”只有好的法治，没有坏的法治。法治的首要任务是剔除现有制度体系中的“恶法”，法治的目标是“良法善治”，也就是“好的法”运行在现实秩序中，达到了“好的效果”。

在严重缺乏法治传统的中国，法治体系的建立，当然首先要优化宪法。宪法是根本大法，是最上位的法，如前所述，在经济社会转轨中，中国的宪法还需要一轮一轮地修改。宪法下面要有完整的法律体系。这段时间，中国法律体系建设理念上最值得称道的一个进步，是从“法律”和“法规”的发展中形成两个方向，即负面清单和正面清单。负面清单上所列的是不能做的事，这是对企业、对市场主体最适合的“高标准法治化营商环境”的打造，以上海自贸区为代表而首先明确提出，其后中共十八届三中全会《中共中央关于全面深化改革若干重大问题的决定》提出要全面实施负面清单，因而对于企业和市场主体来说，“法无禁止即可为”——只要是负面清单上没有的，什么事情都可以做，“海阔凭鱼跃，天高任鸟飞”，充分发挥自主权和创造性。正面清单则适用于公共权力，即“法无规定不可为”，政府作为公共权力的主体在没有法律规定予以授权的情况下是没有权力做任何事的——“权为民所赋”。而且“有权必有责”，有权力清单就要有责任清单，落实问责制。这一套逻辑隐含的实际内容，是抑制官员动机中内在的“权力最大化、责任最小化”不良匹配，使权责约束清楚到位。把对市场主体的负面清单和对调控主体的正面清单合在一起，显然是一种比现在状况更理想的法治环境。

如此笼罩着、覆盖着的法规体系，第一重要的事项是“有法可依”，无论是负面清单还是正面清单，力求能够一步一步推到全覆盖。当然这只是一种向理想目标的“无限逼近”，比较成熟发达的经济体，比如美国、英国，也不敢说自己浩如烟海的法律条文或案例把所有的事情都穷尽了，也需要不断动态地优化，中国作为一个转轨国家更是如此。在有法可依的起点上再往下走，还有人们已说惯了的“执法必严”“违法必究”，这和现实生活的差距也还很大。其实，在“有法可依”后面、在“执法必严”前面，中国现在特别需要强调的是有“良法”可依。目前尚有很多“法”的水平是相当低下的，甚至可以说合法不合理的情况比比皆是，合理不合法的事情也相当多。改造恶法、不良法，是全民族无可回避的任务。

邓小平在改革开放初期提出，要把党和国家的制度建设问题放到非常高的地位上，制度设计好了，坏人就不可能任意横行，制度设计不好，好人也会被动犯错误。只有制度才有稳定性、长期性和有效性，才能摆脱依靠以领导人的个人精力、注意力、偏好决定党和国家整体运行轨迹的风险。“依宪执政”下的全套规范制度建设，与之是一脉相承的。中国要成为现代化国家，走向“国家治理现代化”的境界，不建设法治社会是注定没有出路的。

在把握潮流、创造历史的关键时期，我们所要掌握的是如何化解矛盾以及跨越种种陷阱，在这个过程中，除“中等收入陷阱”和“转型陷阱”外，具体的陷阱形式中，还有已经被很多人意识到的“塔西佗陷阱”，即社会生活中存在着一个政府公信力的临界点，过了这个临界点，政府的所有决策，即使是正确的，也会无济于事，局面将变得不可收拾。我们在某些局部场合（如某些群体事件），已经看到这样的威胁。另外，中央政治局会议讨论住房问题时，已提出“福利陷阱”问题。虽然我们应该从人民群众最关心、最涉及直接利益的事情做起，但政府作为调控主体，还必须考虑在眼前利益与长远利益、局部利益与全局利益、根本利益之间怎么样权衡，否则“福利陷阱”会把我们拖入中等收入陷阱，最典型的前车之鉴，就是一些拉美国家。一百多年前，阿根廷的人均GDP等经济指标跟美国不相上下，但现在美国已经成为头号强国这么长时间，阿根廷则进入中等收入陷阱后一蹶不振，智利等国也大同小异。“民粹主义”基础上的福利赶超，结果不仅是福利不可持续而从云端跌落尘埃，一起跌下来的还有发展的后劲，痛失好局之后所有社会矛盾全被激发出来，引出多少社会动荡，多少血泪辛酸。中国经过前面三十几年的发展，有了历史性的新起点，已进入中等收入阶段，但绝不是以后自然而然地就能实现“中国梦”，如何真正避免这些陷阱，是有重大实际意义的真问题。

西方主流意识中的“现代化”是和中世纪切割，在告别“黑暗的中世纪”后进入一个新的境界，转折点是文艺复兴。文艺复兴有很强烈的人本主义色彩，引导形成的主流意识是法国大革命和美国《独立宣言》追求确立的自由、平等、博爱、民主、法治。党的十八大提炼的三个层次二十四个字的核心价值观（国家层面的富强、民主、文明、和谐；社会层面的自由、平等、公正、法治；个人层面的爱国、敬业、诚信、友善）里面，实际上包容了所有自文艺复兴以来人类文明不断提升的主流要素。必须承认无论是西方还是东方，有些思想是相通的，比如孔孟之道里的“己所不欲，勿施于人”就完全立得住。只要明确这个立场，就一定会引到博爱，一定会引到按照人类社会文明发展的取向来处理人际关系。所以从另外一个角度来说，虽然“现代化”这种主流意识带有一定的西方色彩，但不能简单地认为是西方中心论，不能在文明比较的情况下认为西方的都立得住，东方的都立不住，这是需要具体分析的。东方的一些东西，在我们合理地发掘它的积极因素之后，要使之更好地跟外部世界互动，形成“美美与共，天下大同”的境界，虽然道路很漫长，但是趋势越来越清楚：在全球化时代、互联网时代，如果不寻求多赢共赢，可能会处处碰壁，甚至头破血流。相反，如果更多地强调“己所不欲，勿施于人”，讲民主法治和相互尊重，那可能就是增加朋友、减少敌人。

人们说到的“现代化”横向比较的概念，是不断动态推进的组合，这个动态推进也需要依靠一些基本原理去实现，比如“自由”应是法治限制之下的，否则无法处理个体自由间的冲突；“民主”要走向共和，否则可能引出“多数人的暴政”。“共和”是承认所有参与主体的诉求都应该得到尊重和表达，然后做理性的讨论，寻求最大公约数。辛亥革命以后，我们中国人苦苦探索，但一直没有走到真正的共和境界。

所以“现代化”不是一个可以贴东西方标签的问题，而应该在全球化新阶段东西方互动的过程中不断提升综合境界。公共资源、公共权利的配置即公共事务的处理是社会发展在哪个阶段都躲不开的。第一个阶段比较初级的解决形式叫“宫廷解决”，氏族公社后期开始私有制因素影响公共权利使用之后，带来了冲突，宫廷解决就是宫廷政变式的你死我活，比如中国历史上大大小小几十次的改朝换代，很多的皇帝就是在你死我活之中把对手包括亲兄弟统统杀光，自己才能坐稳江山，这种残酷的宫廷解决显然不符合人类文明发展趋向。第二个阶段的解决方式叫“广场解决”，更多的人知情，在广场上大家一起来做“群体事件”式的解决，但是广场解决的实际结果往往达不到一个平衡点，无法解决时，就会由广场解决转变为“战场解决”，当代最典型的就是在中东和埃及等地发生的一系列事件演变，广场的派别对抗演变成夺人性命的流血事件。现代人类文明最值得推崇的解决方式是“会场解决”，最典型的是美国酝酿宪法，在费城会场里讨论一百多天，从议事规则一点一点抠起，最后抠出美国宪法。“会场解决”后没有简单的谁输谁赢，或者说输方不注定永远是输方，下一轮可以按规则继续再来，这有点类似于奥林匹克，大家遵从一个中立的公正裁判。中国要真正走向现代社会，不是贴东西方标签的问题，应在看到前边的探索之后，把各种各样人类文明提升的要素，真正综合在一个现代国家治理的制度联结里，形成一个可持续的制度安排，这其中有很多重要的探索，也有种种细节的问题。试以一句话概括：简单的单线文明论、西方中心论是带有片面性的，但要承认文艺复兴直接引导了带有偶然性而实际上决定了其后世界全貌的工业革命，以及一些特定的因素汇集后支撑美国形成一个世界头号强国的全套要素组合。中华民族伟大复兴，要认同“顺之则昌，逆之则亡”的世界潮流，争取达到把中西方所有的文明要素组合在一起、融汇在一起的可持续发展状态。

2. 走向共和：把权力和人性关进法治的笼子里

在现代化取向上，我还深入思考了中国如何避免“民主”与“法制”各自可能的偏颇而“走向共和”的相关问题。

在近年的两次“新莫干山会议”上，我在参与讨论后整理形成的基本看法如下：科技创新会促使人类社会实现在生产力“革命性的变化（颠覆性创新）”中发展进步；社会变革则主要讲的是制度创新和生产关系决定的社会形态的除旧布新，是要通过有效的制度供给打开科技创新的巨大潜力空间。在某种意义上讲，社会制度这方面如果跟不上科技创新，也会受到科技创新的“倒逼”，在实际生活中我们已经感受到这种互动——一方面呼唤和推进体制改革能够进一步使中国形成全要素生产力，另一方面我们也感受到，改革的主导方面（就是要实现生产关系自我革命的政府体系），已受到信息时代一系列新的制约条件和挑战性因素的压力，逼着它考虑怎样发挥好自己的管理职能，而在这方面的尴尬之处、纠结之处是非常明显的。

中国怎样冲破改革瓶颈期？现代化大方向下，深水区的具体路径并不清晰。我从前瞻性视角提出，科技创新是否会走到人们已讨论的“奇点”——我理解的这个“奇点”不是讲机器人、电脑反过来控制人类，而是推进机器人、人工智能充分发展的这种“关键少数”的高端人才，高端“人脑”即特别的专业“精英”，在科技方面首先表现为创新的巨大成功，而后他有没有可能走到某一个临界点上之后，运用自己的控制力对社会成员中其他人，从社会金字塔的最上端往下控制？这里所谓控制其他人，实际上是这种控制有可能演变到把经济力量政治化——从“控制”到“奴役”的那种能力。其实，这也是学术界一直在讨论的一个逻辑框架（西方科幻影片早已涉及这一题材）。我接触的专家们引出的最主要的解决思路，是说这要依靠人性的善，我们要依靠种种教育和觉悟，使这些关键的少数人的善，能够使他们不走到那个奇点后边去，甚至有的专家提到应该形成对上帝崇拜式的“对善的信仰”。我觉得对人性善的追求肯定是特别有意义的，其实中国文化里面王阳明心学的核心就是依人的本心而格物致善——每个人心中都有善，需要认识和发掘这个善——它的积极意义就是王阳明的心学有了“从我做起、思想解放”的正面效应，即不要再迷信什么神仙皇帝，要依靠自己，思想中要努力地以正面的东西即“善”来主导你的行为，所以进而要强调知行合一。但是王阳明心学在自我修炼的宝贵价值之处，还没有在终极意义上解决实际社会生活中人性必然有恶，而这个恶还会在行为上过界，那么到底怎样才能有把握地“制恶”使之不过界的问题。不同的人对“善”的理解会有不同，人类行为中必然会有社会生活领域的恶取向，怎样去抵御这种不可避免出现的恶的力量与行为？恶和善的冲突中怎样让总体来说的结局总是能够由善控制住恶？这个“不越奇点”的问题，在上述这个认识框架下没有得到解决。

我想强调的一个思路，是“把权力和人性关进法治的笼子里”。为什么要在权力后面加上“人性”呢？中国在辛亥革命以后就怎么实现现代化，其实已经提出一个基本方向，核心观念就是“走向共和”，我理解这个“共和”并不只是解决在一个极端上当政者的过度“集权”弊病的问题，它还必须使另外一个极端上芸芸众生的民粹主义得到制约。所有的人，都有人性中善和恶的冲突，多么伟大的政治领袖和看起来多么默默无闻的平民，这个矛盾在他们自己的那个意识和精神里，都是必然存在的。现在大家说到中国反腐“打老虎”披露出来的上层腐败行为，都愤愤不平，但是，说句很得罪人的话，中国社会的草根层面我也接触了不少，比如说停车场的管理员、医院里的护工，他们一旦有一点儿机会，按照那个设租寻租腐败定义的行径方式去掌握自己的行为，也是一点不含糊的（比如为什么那么多车场收费员在收钱后变着法儿不给你撕停车票？）。

试观清末，慈禧太后主政几十年，即使昧于世界大势，在戊戌变法、八国联军等入侵使她深受刺激以后，还是主导了当时立宪的规划，但是现在历史学者评价说是“为时已晚”。这个为时已晚的综合观察，除了当权者见事不快等问题之外，和中国国民素质层面的愚昧与戾气，是不是也还有一个对应的关系？底层也很容易走到极端状态，《旧制度与大革命》一书所说的不就是在这样一个冲突之中无法取得最大公约数所引出的社会暴烈行为吗？没有走向共和的制度安排途径，学不成英国式的“光荣革命”，最后来一个外部暴力冲突式的矛盾了结，这个社会代价极大的暴力冲突式的暂时了结，在中国“二十五史”的改朝换代中一次次循环，也就是黄炎培所说的“历史周期律”。每次“天命”大权易手，都要带来哀鸿遍野、生灵涂炭的不良图景。

现在如果从这个视角来说，我认为应强调的是，真正要避免科技创新引出社会演变“奇点”的出路，就是应能把一旦掌握的精英权力和没有掌权的芸芸众生的人性，都一起关进法治的笼子里，真正走向“法在权上，全面地依法治国”的境界。创新者、成功者的权力上升和权力的政治化，实际上无法回避，技术的力量与政治的力量会合流，对权力制约的意义随之凸显：自上而下的“权力”要有自下而上的“权利”来对应和制衡。但这个总体的“现代社会治理”理念中，光讲自下而上的民主还不够，因为民主也很容易导向“多数人的暴政”，必须同时讲法治，以体现公共利益、长远利益、根本利益的法来约束所有人的行为。法治处理不好也会走偏，即成了光讲“法制”，以为有白纸黑字制度的法制（刀制）就解决了问题，这不对，秦始皇那时就有秦律，即那时候就有法制（刀制），中国一向缺的是水治，这个“水治”的“法治”是要形成真正符合公共利益最大化的良法，把权力和人性都关进法治的笼子里。这才使我们有可能按社会代价最小的方式寻求最大公约数、掌握合理的“群己权界”和“走向共和”。在经济社会转轨的现阶段，如能在此全面法治化轨道上于改革的深水区冲破瓶颈制约，就有望以后以制度安排防患于未然，无论出现怎样的科技创新和无论走到什么样的“关键的少数人”主导大局的时候，都能最大限度地避免越过“奇点”。这才是最可靠的出路和希望之所在。

把人性也关进法治笼子里的问题，与每个人都有关：人的天性必然是崇尚自由，“人同此心，心同此理”，甚至说到“生命诚可贵，爱情价更高，若为自由故，两者皆可抛”，但每个人与他人的自由之间的冲突，必然在社会中形成“群己权界”问题。对当政者权力制约的问题，和对每一个自然人权力（权利）的制约问题，在逻辑上是相通的。当年共产党领导人民闹革命时非常鼓舞人、吸引人的一句歌词是“自由之神在纵情歌唱”；我国宣传上反复说的“不忘初心”“坚定信仰”，如从马克思主义的源头说起，对未来理想中美好社会的初心大愿，是“自由人的联合体”，“其中每个人的自由发展是一切人自由发展的前提条件”；自由也写入了“社会主义核心价值观”——但是现实生活中在许多讨论的场合，人们却还不敢轻易谈自由，忌讳“自由”二字，因为怕落入“自由化”“新自由主义”——这也直观地反映了：人的每一个具体的自由，必然是有限自由，那么边界在哪里？框架认识式的回答是：除依靠“熟人社会”中较有效的道德约束之外，开放社会中一般民事活动中，要依靠契约划定权责利边界；那么，契约怎样才能可预期地得到执行？这就要依靠法治来保证了。庙堂之高和江湖之远都要守法，权力和人性都要关进法治的笼子里，这就使防止“越过奇点”变得有一定的可信度和较大概率的把握，这也才有可能、有希望去逐步接近“自由人联合体”的伟大理想愿景。

从极端形式来讲，人们所批评的集权这边的景象，如果是到了“极权主义”，显然是不对的，但是“新权威主义”在中国还有一个尾巴，怎样让它尽可能地发挥可正面评价的引导作用？就好比现阶段的“引领新常态”，在整个实现现代化的历史阶段上，我们要在“生产关系的自我革命”中引导全社会“走向共和”，那么在另外一边，民粹主义的东西，也一定要防止极端化，但又肯定不能简单地只是说民众觉悟不高、国民素质不高，“没有机会是刁民，有了机会是暴民”。对“芸芸众生”“乌合之众”和近些年网上所言“吃瓜群众”非常值得肯定的“民心”里善的因素，要充分顺应、调动和聚集起来，要让这些促使草根层面对美好生活的向往与庙堂层面的主动改革形成互动的良性循环。法治、德治并举中，最牢固最基本的还是力求以基础性制度建设形成现代国家治理的“全面依法治国”，把制度创新和管理创新、技术创新的互动，提升到那种我们应该追求的境界：把权力和人性都关进尽可能高水平的良法构成的法治的笼子里，并在动态中与时俱进不断提升它的水平。这应是中国实现包容性发展和达到现代化“中国梦”的出路之所在，也是冲破改革难点、避免未来“越过奇点”方面我认为在思路上最值得讨论之处。

三 中国的现代化“赶超战略”

1. 对追赶—赶超战略的理解

在多年的研究中，我反复思考中国现代化的战略选择问题，高度重视追赶—赶超战略的思路。我与合作者致力研究的供给侧结构性改革中的“守正出奇”要领和政策性金融体系建设问题都与这一战略思路密切相关，内在契合。与刘军民研究员合作发表于《财政研究》2010年第1期的论文《政策性金融与中国的现代化赶超战略——兼与林毅夫教授商榷》中我们指出：中国作为后发的大国，其现代化进程必然带有赶超诉求和赶超战略的特征。后发国家的赶超，通常都以鲜明的“现代化”指向来统领，而国际舞台上的“现代化”，是一个永无止息的动态过程，某一具有一定幅员和潜质的国度，在此方面的实质追求，必是经济体在文明状态和综合国力上进入世界民族之林的前列，特别是以成为被公认为世界首屈一指的强国阵营一员为其现代化成功的标志。从近几百年的世界经济史来看，大国、强国的崛起如星移斗转，从未定局，荷、英、法、德、美、苏、日，“你方唱罢我登场”，无不是在原来相对落后的状态上奋起直追，后来居上。虽成败利钝各有千秋，国情战略人言人殊，但共同的主体发展特征，却都是奉行、推动其赶超战略。

在中国，鸦片战争以后被动挨打、积贫积弱、列强瓜分、灾难深重的沉痛近代史，引出“两千年未有之变局”。甲午战争前后，“救亡图存”“启蒙”“建设”“复兴”等主题顺时而生，被志士仁人反复探求。20世纪经历了辛亥革命推翻帝制、建立中华人民共和国及实行改革开放三件大事之后，终于确立了以实现民族伟大复兴为目标的“三步走”现代化宏伟蓝图。这一现代化发展战略，必然是追求“后来居上”的赶超战略，它构成了中国特色社会主义现代化道路的基调，同时也在历史潮流上代表着发展中新兴市场经济体的共同追求。在中国实现现代化的重要战略机遇期，很有必要对这种战略正本清源、把握要领。

我们对林毅夫教授等在2009年第8期《经济研究》上发表的《经济发展中的最优金融结构理论初探》中断然否定赶超战略的认识提出了商榷意见，指出在经济发展理论上溯源，赶超战略思想源自后发优势。后又有在总结发展中国家成功发展经验基础上提出的基于后发优势技术发展的“蛙跳”（Leap-flogging）模型。

这些学术态度严肃的探讨，是现实经济生活在人们主观印象上的必然反映，也是把发展经验上升到理性认识的过程。

发展经济学理论分析进一步表明，作为后发地区，存在着有别于先发地区的方式或途径来达到与先发地区同样发展水平或状态的可能性，即后发地区也存在着因其相对落后所拥有的特殊优势，可通过引进、模仿、学习（包括技术和制度两方面），获得这种后发优势（Late-developing Advantage）。

世界历史上先后崛起的“现代化”经济体，都是实际贯彻了经济发展的赶超战略的。我们如今在赶超态势日益成型的中国，更不能轻言放弃这一战略，关键是如何使这一战略合理化，不仅与林教授一向强调的“要素禀赋结构”相呼应，而且与不可忽视的制度创新、后发优势相结合，从而成为可操作、可持续的赶超过程。

从20世纪50年代，毛泽东所说的中国不发展就要被开除球籍，到90年代邓小平指出的“发展才是硬道理”，再到后来形成的全面协调可持续的“科学发展观”，在赶超战略思路上是一脉相承的，都是强调在中国这样一个经济基础较薄弱的国家加快发展的重要性和紧迫性。改革开放后，邓小平作为总设计师提出的“三步走”战略，其实质内容就是一个清晰的赶超战略。我们认为，毛泽东时代提出的“超英赶美”，并不是战略目标本身错了，而是当时严重违背实事求是方针和客观规律的指导思想以及与之相配套的计划经济体制框架无法支撑这种赶超化战略目标的实现。邓小平的实事求是思想路线和他高瞻远瞩的、令世人折服的战略构想，使中国的现代化之路越走越宽广，后来居上之势越来越明朗，“三步走”规划的前两步提前实现（即在“千年之交”之前，中国的GDP已在20年间“翻两番”有余），第三步的实现过程和具体部署，也令人振奋（2020年，要实现“全面小康”和人均GDP比2000年再翻两番）。中国使全球瞩目的经济建设和社会事业的高歌猛进，如果没有赶超化战略和行动的支撑，是完全不可想象的，如仅仅依靠“要素禀赋的比较优势”，也许我们还停留在跟随西方国家一般发展路径亦步亦趋的常规发展状态。事实表明，中国完全可以在较低的发展起点上，合理利用后发优势，辅之以适当的政策引导，包括政策性投融资支持，来加速推进国民经济和社会现代化建设。

总之，在我国，为尽快实现国家和民族的伟大复兴和推进建设社会主义和谐社会，实现经济又好又快发展。一方面，需要遵循经济增长的比较优势和递进发展的客观规律；另一方面，还应积极、能动地发挥后发优势，贯彻后来居上的现代化赶超战略。

基于对比较优势战略局限性的分析，我们认为，作为一个发展中的大国，我们既不能完全否定比较优势战略，又决不能僵化地固守比较优势战略，而必须站在更高的、历史的视野，以动态发展的眼界来认清国家发展的道路和选择发展模式。在充分尊重现实比较成本、比较优势的同时，更应看重“潜在的比较优势”和后发优势，积极选择理性化的赶超战略，在国家宏观战略需求的导向下，通过合理、有效、恰当的政策手段（包括政策性金融、产业政策等）来优化资源配置，最大限度地调动一切生产要素的潜能并发挥合力，在当前日趋激烈的国际竞争中和日益融合的国际合作中，“以我为主，有所作为”地加速发展、追求跨越式发展和非常规发展，以实现中华民族的伟大复兴。

今天我们重视赶超战略并非肯定那种历史上曾大吃苦头、不顾现实条件的盲目赶超、急于求成，而是要积极追求“理性的适度赶超”或“最优赶超战略”，即要在市场经济体制框架和制度的张力内，充分遵从市场经济和法制化经济的运行规则，通过政府有战略、有策略、有限度、有力度的倾斜性支持，集聚一些生产要素来优先支持发展国民经济的一些战略性和支柱性产业和领域，如基础设施、战略性高新技术和新兴产业等，从而推进实现整体经济的长久、可持续、高效益、健康发展和总体上可实现的超常规跨越、赶超发展。

的确，在我国的体制环境下，尤其要警惕：实现赶超化战略不能任意采取扭曲产品和要素价格的办法和以计划制度替代市场机制的制度安排，不能排斥和抑制市场机制的作用，而应“守正出奇”地发展政府与市场、与企业形成合力的新机制和结合方式。因此，老牌发达国家都曾使用过（现在也在某些领域继续使用）的政策性金融，便成为一个重要的机制，并且是需要提升到国家经济社会发展战略层面上来重视和正确处理的问题。政策性金融是政府针对“市场失灵”参与资金和资源配置，但在形式上和机制上又尽可能与市场兼容并调动市场力量形成政策——市场合力、公私伙伴合力的特定途径，它可以降低实现国家战略与政策目标的社会成本，促进经济发展与社会公平，有力地服务于我国贯彻后来居上的现代化赶超战略。

2. 赶超战略所要求的“守正出奇”：政府作用与产业政策的认识

对于社会上高度关注的产业政策及相关问题，我结合现代化赶超战略和相关学理与实践经验的研讨，形成了自己的认识和主张。我认为，实际上，产业政策与技术经济政策、环境政策，还有中国人已经讨论了多年的“政策倾斜支持机制”等，是密不可分、息息相关的。其相关理论参考应该提到三个关键词，分别是“市场失灵”（或称“市场缺陷”）、“不完全竞争”和“赶超战略”。市场失灵需要有必要的国家干预或者政府干预去弥补，而且政府的介入和干预，不仅要处理应对有效需求不足的反周期问题，还需要解决包括在“不完全竞争”认识之下必须努力提供和优化的政府政策供给，即解决不完全竞争中供给优化问题，以及在后发经济体的科学决策和政策优化设计全过程里，必须把握好的“赶超战略”思维问题。中国人的这一战略思维，即国际竞争合作中间非均衡发展状态之下从追赶到赶超的全局战略。

所谓“赶超战略”，当然要注意到它很容易走到有偏差的状态，以赶超为名违背客观规律，甚至出现“大跃进”，使我们过去得到了非常惨痛的教训。但是实际生活中“不要把孩子和洗澡水一起泼掉”，要解决中国在落伍之后，以及被其他发达经济体甩下的一大批发展中经济体如何摆脱落后状态的问题，所要选择的路径，必然是超常规的，从追赶到赶超的这样一种赶超战略，不可弃而不用，否则中国是不可能在落后以后再重新回到第一阵营的。这种从追赶到赶超的理论分析和实践案例，都应继续深化研讨。

认识了必要性，接下来，就需要认识产业政策制定和实施中挑战性的“双刃剑”特征。

产业政策做得好是追赶—赶超中的利器，但搞得不好会出现失误，而且这种失误往往带有政府介入之后带来很大冲击力的特点。这方面在理论上，大家都注意到已经有了“市场失灵”之后的“政府失灵”的认识，还有与政府的作为密切相关处理不当就会产生“设租寻租”这种扭曲——政策倾斜处理得好，它是加分；处理不好，就是减分。实践中间确实有不少看起来不令人满意，甚至可称为失败的案例。产业政策在创新事项上如何兴利抑弊，是真问题，对于中国和类似的后发经济体而言，能不能真的实现赶超谁也不能打包票，但至少要追求赶超目标，必须要考虑供给侧管理与改革，以及理性供给管理下如何优化产业政策，这是一种历史性的考验。不能因为政策设计可能失误，贯彻机制可能走偏，就完全对产业政策、供给管理弃而不用。

关键问题，是要在供给侧改革中把握好产业政策的守正出奇及其机制创新。市场经济的共性规律是必须遵守的，认识、顺应、尊重乃至敬畏市场规律，后面才能真正发挥好它决定性的资源配置作用。但是不要以为守了这个正，把市场经济已有的经验和我们过去已经在市场经济轨道上形成的初步经验拿来解决中国新阶段的现实问题，我们就可以一路现代化了，

“守正”之后还必须实现成功的“出奇”，就是以供给侧创新支撑出来的出奇制胜。这个过程中最需要的创新必然有不确定性，可能出现失败风险，但是又决不能放弃努力，必须在守正之后力求实现这种成功的创新。如果真正能够守正出奇，把有效市场和有为、有限的政府优化结合，来解放生产力，释放潜力、活力，打造新常态由“新”而“入”常的升级版，就能带出整个供给体系质量和效率的提高，形成发展后劲，来继续超常规发展对接中华民族伟大复兴。实际的问题就是在供给侧的改革、理性的供给管理视野之下的这些产业政策，怎样设计和优化实施机制的问题，必须跟转轨、改革配套，不是一个简单的技术性和管理性问题，一定要与改革中“冲破利益固化的藩篱”结合在一起。通盘考虑形成动态优化的产业政策和技术经济政策，其决策实施、监督、绩效考评、纠偏、问责机制等方面，至少有四个要领：

第一，科学决策方面，要有一个统揽全局的政府发挥公共职能作用的“规划先行、多规合一”的新境界。

第二，有了规划上的多规合一，后面它的动态优化也还要多轮进行，关键在于构造健康的与市场对接的可持续实施机制，并加强多重监督。诸如政策性金融、开发性金融、绿色金融等，显然都是要匹配产业政策、技术政策来做倾斜支持的。掌握得好，我们就会得分，方向容易认定；掌握得不好，就会丢分。

第三，绩效考评一定要努力发展，虽然很有难度——因为它是超越微观经济主体那个直观的成本效益分析眼界的，还要加上综合效益、长远后劲、社会经济的正负外溢性这些复杂问题，但是我们必然要作这方面的努力，由粗到细争取作出量化上较好的把握。

第四，显然还要有纠偏和问责机制。既然是要走阳光化的现代化之路，既然要全面依法治国，那么这个纠偏和问责显然也是要在全面法治化框架下通盘设计，当然不应该排除有奖有罚，必要的奖励机制与问责机制，应该结合在一起设计。

3. 跨越“中等收入陷阱”是中国现代化历史考验中的顶级真问题

我在关于中国现代化战略的研究中，高度重视跨越“中等收入陷阱”的问题，认为其是中国现代化冲关期所面临的历史性考验。我与苏京春博士合作的《中国的坎：如何跨越“中等收入陷阱”》[①]一书，获评中宣部指导下中国图书评论学会与央视2016年度“中国好书”。

我们指出，“中等收入陷阱”这个概念最早是世界银行于2006年在《东亚经济发展报告》中，用来形象地描述经济体特殊的停滞徘徊期，带有比喻意味，是在比较全球范围内不同经济体经济发展水平的基础上产生的，实指在实证数据比较中可明确观察到的一种统计现象。世界银行对全球经济体收入阶段的划分标准是动态变化的。基于人均国民总收入（GNI）这一指标，其将全球各个经济体划分为四个发展阶段：低收入、下中等收入、上中等收入和高收入，划分标准

① 贾康、苏京春：《中国的坎：如何跨越“中等收入陷阱”》，中信出版集团，2016。

的上下阈值逐年上升。中国2012年的人均国民总收入为4270美元，排在全球第107位，但已站在了当年世界银行上、下中等收入分界值4085美元的上方，成为上中等收入经济体。

世界银行的研究表明，近50年来全球100多个中等收入经济体中，仅有13个国家和地区跨越“中等收入陷阱”，即从上中等收入再上升为高收入的经济体。而我们研究发现，这13个经济体中的毛里求斯已在近几年又从高收入经济体群组中退出，回落至“陷阱”内。剩下的12个经济体中，韩国、新加坡、中国香港、西班牙、葡萄牙等，绝大多数从经济体量上来看都是小经济体，若探寻成功之路，它们可为中国借鉴之处寥寥。从世界银行2014年发布的2012年人均GNI数据来看，处于下中等收入阶段的经济体有49个，处于上中等收入阶段的经济体有48个，而这些经济体中的绝大部分，都已在现所处的经济发展阶段中挣扎了许多年。我们测算，目前正处于上中等收入阶段的经济体中，有20个已经居于其中超过16年，有的甚至达到了三四十年之久，始终冲不破上中等收入阶段的“天花板”，即始终跨越不了上中等收入陷阱。其中，巴西、塞舌尔、委内瑞拉等国家，都经历过“晋级—退出—再晋级”的痛苦过程。有鉴于前面半个世纪全球近100个中等收入经济体约90%不能如愿进入高收入经济体的经验教训，需要特别指出：我国讨论如何避免“中等收入陷阱”——具体而言是跨越上中等收入陷阱这一问题的现实意义是显而易见的，不要以为前面40年发展总体还不错，GDP年均增长近两位数，总量已成世界第2位，今后只要一路发展下去，就可以衔接高收入阶段的到来实现现代化

"中国梦"了；如不能有效化解矛盾、攻坚克难，实现升级换代式发展，则大量"中等收入陷阱"的案例正等着看我们重蹈覆辙！所以我们强调，如何跨越上中等收入陷阱是一个关乎现代化"中国梦"命运的顶级真问题。要做到"高瞻远瞩""老成谋国"，保持战略思维的应有水准，当前阶段特别需要居安思危、预警清晰、防患于未然。虽然中国改革开放后已成功跨越了下中等收入陷阱，但是现已站在上中等收入陷阱边缘，"黄金发展期"的特征正在消退，而"矛盾凸显期"的特征日益显著，近年来经济增长步入"新常态"，形成了一系列的纠结和"两难"：现阶段，中国经济社会类型仍属"两个轮子自行车"，要求必须守住"可接受区间"的速度底线、严防"翻车"危机，同时"去杠杆、稳物价"和"保就业"之间、"去产能、去库存"和"保稳定"之间的权衡，"有效市场"和"有为政府"的兼顾与结合等，无疑都形成了挑战性的问题。粗放式发展模式显然不可持续，"帕累托改进"空间已大为缩小，改革进入步履维艰的深水区，冲破利益固化藩篱的考验横亘于前，正所谓"好吃的肉吃光了，剩下的都是难啃的硬骨头"。中共十八届五中全会所指出的矛盾累积、隐患叠加情况下，"改革"和"社会问题（矛盾累积）"这"两只老虎的赛跑"中，我们唯有坚定不移地推进改革保证它跑在前面，从而化解种种矛盾和风险的威胁，才能引领新常态而力求跨越上中等收入陷阱。

结合国际经验和中国现实，可关联于"中等收入陷阱"成因，指出六个主要方面：第一，产业革命加速更快，"技术赶超"压力加大。第二，全球发展格局钳制，贸易摩擦制约接踵而至。第三，能源资源环境“三重叠加”制约，集约增长刻不容缓。第四，人口基数、结构挑战，“未富先老”已成定局。第五，文化“软实力”不足，双创难免遭受制约。第六，制度创新待实质推进，管理与技术创新空间需得到扩展。

中国引领新常态、跨越上中等收入陷阱之路，就是“供给侧结构性改革”。经济增长动力机制的转型升级主要须在供给侧实现，“三驾马车”所强调的消费、投资和出口需求三大方面的动力体系认知，只有联通至基于结构优化的消费供给、投资供给和出口供给，才可能完整。而结构的优化机制，必须依托于以“改革”为核心的“制度供给”。在应《参考消息》之约撰写的专题文章《中国找到跨越中等收入陷阱之道》中，我们提出了四个方面的基本要领：

第一，以“五位一体”为依托框架。

以经济建设为中心是改革开放后党的基本路线，但“坚持以经济建设为中心”，决不意味着孤立地搞经济建设。在实践中，这一基本路线的内容不断得到丰富，指导方针从经济、政治、文化的“三位一体”推进到加上社会的“四位一体”，再推进到加入生态的“五位一体”。在应对国际金融危机的冲击中，中国成为全球表现最好的主要经济体，这固然得益于中国处于经济快速发展阶段多种力量的综合支撑、城镇化空间较大以及市场回旋空间大等因素，但更关键的是由于中国经济发展有社会主义建设总布局为依托，因而更为稳固、坚韧。这种“五位一体”总体布局，将继续成为中国跨越“中等收入陷阱”的全局性依托框架。

第二，以“四个全面”为起跳器。

党的十八大以后，在新的历史起点上，为把中国特色社会主义事业全面推向前进，党中央提出了全面建成小康社会、全面深化改革、全面依法治国、全面从严治党的战略布局。“四个全面”战略布局与跨越“中等收入陷阱”这一重大问题的关联极为密切，具有形成动力机制转型升级起跳器的关键意义。把“五位一体”总体布局推进到“四个全面”战略布局，中国跨越“中等收入陷阱”可生成更为充沛有力的动力支撑，便有了进入关键位置后“决定性跃升”的起跳器。

第三，以“供给侧结构性改革”为动力源。

新供给经济学理论分析表明：经济增长动力机制的转型升级主要基于社会需求而卓有成效地在供给侧实现，原有“三驾马车”认识框架下所强调的消费、投资和出口需求三大方面的动力体系认知，只有联通至基于结构优化的消费供给、投资供给和出口供给，才可能形成完整认知并支持宏观调控的优化。供给结构的优化机制，又必须依托于以改革为核心的制度供给，从而提供最大红利。中国独特的市场发育和经济赶超正是改革中最难处理的一项基本矛盾：国际竞争的基本现实已不允许我们再常规地、跟随式地经历和等待以平均利润率机制主导的市场发育及经济结构优化的自然过程，需要从供给侧得到一种比自发的市场配置更强有力的机制——政府“理性供给管理”机制，并使之与市场机制“1+1＞2”式地叠加，才能逐渐接近并最终实现“追赶—赶超”的现代化战略目标。

第四，以“一带一路”和自贸区为助推器。

“一带一路”倡议，具有重大的全球效应和全局意义，并将产生久远的历史影响。在具体实施中，需要基础设施先行：在向西的“一带”上，可具体分为西南、西西、西北三路走向，大兴相关基础设施和公共工程，打造“硬件环境”（不排除局部“连片开发”），并培育“软件配套因素”；在向南再向西的海域，需在以三沙市辖区为代表的广阔海域加紧兴建永久居民点、后勤补给基地和通信、管理网点等，一直发展、联通到多条航路上，各类船只可据此与多个大洲、多个经济体频繁通航通商。同时，经历成立深圳特区、建设上海浦东和加入世贸组织三轮开放之后，中国从上海开始的自由贸易试验区（简称“自贸区”）已成为第四轮开放。建立自贸区的核心之意是“改革”而不是“政策”，是以上海自贸区“先行先试”，而广东、福建、天津等多地跟进的改革来“清理文件柜”，修改一些与国际通行做法相悖的法律法规，从而更积极地形成循序渐进的法治建设，并在未来的国际谈判中自然形成中国的话语权和影响力。中国选择“再入世”，是要向更高标准靠拢，在合作与竞争中与外部世界摒弃你输我赢的旧思维而积极充分地互动合作。自贸区确立的“准入前国民待遇和负面清单”，开拓了我国对外开放、深化改革的新模式新领域，使企业在市场竞争中“法无禁止即可为”。相应于此，政府管理则实行正面清单，“法无规定不可为”，而且跟上“责任清单”，“有权必有责、必问责”，从而以高标准法治化营商环境极大地促进全面改革开放。“一带一路”和“自贸区”，将为中国经受历史性考验而跨越“中等收入陷阱”，形成强有力的助推器。

伍

基于科研生涯，体悟科研规律

随着时光流逝，我已过了耳顺之年，仍在科研定位上作自己愿意付出的努力。积几十年科研生涯的体验，特别是面对近些年现实生活中祖国“走创新型国家道路”所遇到的一些挑战与纠结的问题，我对于人们所日益重视的科研创新规律问题，作了反复思考。

世界上实际从事科研创新的人士有千千万万，各经济体系的政府部门对科研创新不可谓不重视，我国领导人和相关管理部门的文件近年多次强调要认识和尊重科研规律，但什么是科研规律？似乎并无一致、清晰的认识和表述。如何做到尊重科研规律来做好科研管理，更是有待积极深入地探讨。我把自己的认识，作了条理化的初步概括，在科学界的会议上有交流发言之后，又整理成文，已公开发表于《全球化》2018年第5期，并被“贾康学术平台”自媒体和许多网站转载，引起了较广泛的关注和促进了相关问题的重视与研讨。这个问题的研讨一定会见仁见智，将长期展开，但其对于中国走向现代化国家的意义之重大，又是不言而喻的，所以我愿把这方面的基本认识表达如下，作为这本《贾康学术自传》的结尾部分。

一　关于科研创新的可总结规律

怎样看待科研创新基本规律，是一个很宏大的题目，而探讨它的意义不言自明：认识相关规律有利于搞好科研，服务社会。我认为，至少可以从科研实践经验中提炼如下几个称得上和科研创新有关的规律性特点。

第一，科研创新一旦成功，就会产生重大的经济社会发展推动作用。这涉及认识科学技术本身的意义。恩格斯《在马克思墓前的讲话》中说明："在马克思看来，科学是一种在历史上起推动作用的、革命的力量。"这个表述，我的理解与邓小平后来所强调的"第一生产力"，和现在很多企业家所推崇的"颠覆性创新"，其实是一个意思。邓小平在"文革"中间复出以后，曾经向毛主席说到，在马克思主义经典作家那里有这么一个基本认识，科学技术是生产力。邓小平特别希望能够务实地把国民经济搞上去，而他意识到要把国民经济搞上去，科技的作用是摆在最前列重要位置的。到了20世纪80年代，邓小平多次强调科学技术的生产力属性，并在1988年9月明确提出了"科学技术是第一生产力"的论述。

在学理上说，邓小平的这个认识是不是可以确立？理论联系实际地说，它既有马克思主义经典作家学说原理层面的支撑，更有大量的反复发生的实际生活现实的印证。依学术上的解说，什么叫第一生产力呢？不是在生产力传统的三要素——劳动力、劳动对象、劳动工具上做加法，加一个第四是科技，不对，传统三要素的框架上这个科技施加进去，是个乘数，是做乘法，是放大。西方经济学者提出而被普遍接受的全要素生产率和"索洛余值"，是强调比较容易量化的其他要素贡献测算以后，多出来的那一块虽然难以量化，但它里面一定是科技的作用在主导。这个主导作用是革命性的，是影响整个发展潮流、影响全局的。所以，它是第一的。经济学上还有个概念，就是科技一旦成为影响社会的推动力量之后，它有“正的外部性”。一个科技成果的应用，在实际生活里如果从商业利益的角度来说，需要有一定的专利保护期，这种保护期是有利于以物质利益鼓励创新的，同时它又有限度，一般来说50年是最高限度，50年以后就变成无偿使用，即纯粹的公共产品。而在此之前，虽然有专利的保护期，但也不能否定它还有外溢性，在创新者得到收益的同时，很多方面的经济和社会生活会受到它的助推，发展得更好，使经济更繁荣，社会更能适合人们对于美好幸福生活的追求。这是一条对科研创新重要性、重大意义的规律性认识，从而应成为我们重视科研的学理依据。

第二，从科研创新实际面对的问题来看，面临着巨大的不确定性。这就说到其难度了。科研创新要成功，既需要物质条件的支持，又需要人文环境的“润物细无声”式的养护。这种巨大的不确定性可先从基础理论层面说起。我前些年就注意到有一位在中国科学界很有成就的老科学家所说的一段话，他说他过去在科学界被全世界承认的贡献，是在古地质学领域论证地中海在远古的时候曾经被蒸干，后来重新蓄上了水。这套论证在全球的科学界都接受了，但是他困惑的是这样一个研究结果，和现实生活有什么关系？这个成果出来了以后，能够说出来对人类社会的贡献是什么吗？他接着说，他还问过丁肇中这么多年孜孜以求在那个高能物理学方面追求科研创新，这些年努力形成的结果，包括得了诺贝尔奖这样的研究成果，一两句话就可以概括出来了（是关于物理学基础理论层面的认识表述），那么这个认识和研究成果对人类社会的作用怎么体现？丁肇中回答说“我不知道”。一个像样的科研成果能不能出来是不确定的，能够得出之后这样的一个科研成果它到底怎样造福于社会公众，也是不确定的——现在没有人说得清楚丁肇中的发现到底以后会以什么样的机制来造福人类。但是我们已经看到了，一开始说几乎全球只有十个左右的人能看懂的爱因斯坦的公式，它对人类社会的影响已世所公认，这个相对论具体的专业上的表述，我只能是按照自己看到的概念照抄，有狭义的和广义的。狭义相对论直接引出了人类社会的核能时代，而多少年以后，广义相对论，原来认为是更虚无缥缈的一种理论探索，现在却跟引力波等天文观察验证连在一起，越来越成为基础理论研究的热点、重点。这种不确定性在实际生活中从基础理论层面我们已经感受到了：可能有很多基础理论的发现到现在还默默无闻，还不知道对人类会产生什么样的推动作用。

另一个层面，从与互联网创新相关的开发性、应用性成果来看，我们大家都知道在近年电商已被称为“风口上的猪”，没有翅膀也一飞冲天了，这方面科学技术成果的研发应用，在中国本土已经产生了BAT（百度、阿里巴巴、腾讯）三巨头又加上京东等，但这种“风口上的猪”，成功的周边是很多的失败者。在我的印象里，失败者的数量要比成功者的数量多不知道多少倍。20世纪90年代初期，我知道北京公主坟环岛周围的写字楼里，就有一大批市场一线的企业人士，在努力地跟着互联网做创新，是直接对市场的，但是那种创新的不确定性，就表现在那时就流行的一句话：这些公司在烧钱，在比着谁能烧出最后一个成功的结果来。我当时去看过，那些场地里，有的公司已经租了很大的营业面积，很多员工在里面工作，在那里“烧钱”。当时互联网这个概念之下，创新最领头的企业叫“瀛海威”，现如今可能很少有人还想得起这个企业的名字了，它的领头人是一位女性企业家，虽然后来这个瀛海威公司没有多么成功，换句话说它在创业之路上与阿里巴巴比显然是失败者，但是这位企业带头人在业界现在仍然很受尊重。大量的失败者是在马云等成功者的旁边默默无闻的，他们面对的，就是这个“不确定性”最后的归结不是成功，而是失败。当然，这里面就有一个人文环境方面对他们怎么养护的问题，涉及的有人格尊严问题，以及社会上普遍的、带有文化特征的氛围问题——就是应如何容忍失败，理解失败者。不要光是称赞马云这样的成功者一飞冲天，那些在前面试错、开辟道路的失败者如果能够得到比较足够的人格尊重，得到容忍失败的相关机制，从而有可能从头再来，或争取史玉柱式的东山再起，对于整个社会的意义可能更大，这是应考虑的第二个角度的规律性特征。

第三，科研创新在共性规律之外存在明显的个性规律，应推崇“守正出奇”。科研虽然存在一些共性的规律，比如前面说的两条都算共性，但是在不同层面、不同阶段，显然还有明显不同的个性或者叫作特殊性概念下的规律性内容。基础理论研究、应用性研究、成果产业化的研发，各个层面上的规律是有个性的，于是就不能一概而论，在打造总体的支持性的科研生态概念之下，就有了进一步的挑战性任务。

现在决策上特别看重供给侧的供给体系质量和效率的提高，前面的概念是供给侧改革，是解决制度环境、制度创新给出科技创新和管理创新空间的问题，紧跟着的具体实施中，要设计以形成针对性的（定制化的）内容合成的有效供给体系和机制。在这样一种系统工程式的任务中，需要把各种各样的个性规律充分考虑，体现在应匹配的政策体系中。显然，这从原来所讨论的“宏观调控”概念框架来说，简直是令人望而生畏的任务。宏观调控概念下，过去被人们所推崇的是总量型的需求管理，是一个很简洁的认识框架：经济生活总体而言热度偏高了，要收缩流动性来向下降温，反之如果它的状态表现为低迷了，景气需要抬升，那么就要实行刺激政策往上升温。总量型的调控概括成一句话就是反周期，非常简洁易懂。但到现在强调供给侧结构性改革的时候，光讲需求管理总量调控已经不够了，一系列的挑战性问题随之而来。相关结构问题如此复杂，指标不可通约，怎么掌握好促使结构合理化的机制，政府和市场在这里面到底怎样发挥各自应起到的作用，怎么优化结合，都非常复杂。原来大家都已认同的政府和市场各行其道，井水不犯河水，“让凯撒的归凯撒，上帝的归上帝”，即让政府的归政府，市场的归市场，终于被普遍接受了，但现在为什么要把政府和市场主体又放到一起，以伙伴关系实行合作的机制来从事公共工程、基础设施、产业新城建设和运营、国土连片开发，并作为一个创新重点呢？这在认识上是个螺旋式上升，政府和市场不能简单划清边界、井水不犯河水，要一起在法治化的条件下找到一个可持续的伙伴合作运行机制，提高资源配置效率。

这是供给侧制度创新、管理创新、融资模式的创新，当然又还伴随种种技术创新，合在一起就成为特定的系统化的供给体系和机制问题。与此类似，科研创新方面从以政府为主支持的纯基础理论研究，到更多依靠非政府主体的应用性研究，再到直接面对市场的以企业为主的成果产业化研发，要细分的话，还有更多的一些定制化地形成认识与政策设计的必要，这也是一个我们必须认同的要顺应复杂规律寻求“守正出奇”解决方案的挑战性问题。

第四，寻求科研创新成功，最宝贵的关键性资源是创新人才，而这种人才的培养需要友好的科研、教育生态。电影《天下无贼》里有一句名言：“21世纪最宝贵的是什么？是人才。”大家现在都认同，真正可求得科研创新成功的，是“关键的少数人”，特别是知识价值创造型的领军人才。往往在他们实现某一领域、某一课题、某一关键技术的成功突破之前，在相关的讨论场合、科研活动、创新团队中，是“少数派”，甚至是相当孤立的状态，很难“合群”的状态，不受重视也罢，还可能是遭排斥、受打击的对象。这种最宝贵的“人力资本”，在突破性的科研领域可遇不可求。而且可观察到的就是，这类重大的突破，它的不确定性落在什么因素上呢？落在有可能在这方面实现突破的特别的人才身上时，要依靠他们的好奇心、灵感和执着，再加上一定的偶然性（就是他们所说的运气），生成具有突破性的小概率事件。这个概率，可能是越来越小的。相对容易突破的，前人做得差不多了，现在很难设想还有像爱迪生那样一生可以有几千项专利的创新型人才——当然他主要还是在应用层面。要到了基础理论层面，一生能有一个突破，那就是伟大的科学家了。这样的人才怎么能得到培育和重视，当然就是一个非常重要的、很现实的问题。中国人现在不断讨论的“钱学森之问”不就是讲的这个事情吗？真正能领军的可遇不可求的创新型人才，还有各个层次上也都非常重要的、在某一个局部、某一个行业的创新型骨干人员，这些最宝贵的人力资本，到底怎样能够培养出来、成长起来？人才的重要性及其产生机制，是与科研相关的一个非常明显的规律性问题的组成部分。能够为创新突破领军的大师级人才，让其涌现出来，就要具备适应这种极小概率事件的所谓科研生态——这个概念是一个挺形象化的说法。有了这样的一种适宜的科研生态，未必就能够确定地说，在多长时间之内就产生大师。但反过来讲，不具备基本的科研生态，就一定不能产生或者找到能够“为我所用”的这种领军人才。所谓启发式教育，思想的自由，环境的包容，都是必要的前提条件。从一个社会讲，不论它的绝对规模是大还是小，对这个科研生态肯定是可以大体上来做一个评价的：在中国古代有为人们所称道的四大发明之后，必须承认到了工业革命这个阶段上，我们在科研创新方面落在了工业革命成功国家的后面，而且被甩下来相当大的距离——我们是明显落伍了。这里面落伍的原因又对应于“李约瑟难题”，众说纷纭，但和我们过去不能够给创新型人才提供适宜的科研生态，是不是也有关？我的回答是肯定的，肯定与此是有内在关联的。科举制度，可以说它有正面的一些东西，但它主要是对应现在所说的文科，在社会也必须匹配的理工科方面，它基本没有什么像样的环境和机制，整个社会“学而优则仕”，主要就是走八股文、科举之路来“优则仕”，来实行上升通道上的激励。再加上其他各种各样不适合创新人才创新发展的因素，导致近现代中国科技创新明显落后。延续到1949年后的阶段，传统体制之下，我们不能说这方面没有改进，但改进有限，新中国成立初期的院系合并决非成功，后来还有荒唐的取消高考。到改革开放前，恢复高考是某种意义上的巨大进步，但是这个高考轨道上，从第一次恢复高考时以5%不到的成功率上大学，到现在已经达到75%，即3/4的人参加高考以后就能够上大学，提升到了这种程度后，高考负面的问题也更凸显了。被人们普遍指责的应试教育——从幼儿园开始就准备应试，一直到上大学，学习者思想上的那些创造性潜力已经在“上学”的过程中磨掉了，从某种意义上讲，他们的潜能已经被毁掉了，然而整个社会于此无可奈何，十分纠结。这些情况都很现实地摆在我们面前。

第五，科研突破和“少数服从多数”、官场行政规则，是水火不相容的，但是科研主体相对于后者的气场和力量，一定是很弱势的。个别的领域里，在非常恶劣的条件下也有创新成就，比如，“文革”刚要开始之前陈景润就证明了他“1+2”，但直到后来徐迟在《哥德巴赫猜想》专门描写过并在社会上产生了轰动效应，这样一个数学上的认识突破才被大众所知。当时是很偶然地有了发表的机会，结果国外知道了。后来，邓小平特别肯定这是世界上有影响的贡献，但是当时陈景润已经到了什么状态了呢？在科学院宿舍的一个小拐角厕所内蜗居着，如果没有邓小平和胡耀邦等的干预，他可能活不了两年了，身体已经很糟糕。当年从概率上来说，再要冒尖几乎就是不可能的了，如没有高层干预，其他的一些提高待遇的事情就更不用说了。近些年，我们的科研环境已经大大改善了，有了很大的进步。但是一些高校和科研单位把用来约束党员干部和党政机关的一些规则，简单地套用到知识分子和科研人员头上去。这种依照官本位、行政化规则的套用，曾经大行其道，给科研机构和科研人员造成了一定的困扰。为此，在2016年的上半年，国务院办公厅专门发出关于优化学术环境的文件，非常明确地要求不能拿官本位行政化这一套东西去套科研人员和知识分子。因为这种官场行政规则套到科研领域来，它一定是严重打击科研人员积极性的。

到了2016年的下半年，除了国务院的文件外，最值得看重的是中共中央办公厅、国务院办公厅又联合发出《关于实行以增加知识价值为导向分配政策的若干意见》，就是要纠偏，要为这些科研创新一线的人员解决他们所苦恼的问题，而且明确地要求这个文件下发以后，在2016年底，有关部门要推出相关的实施细则。可见党中央国务院对此问题是十分重视的。

二 关于“科研生态”合理构建基本要领的探讨

如果从正面考虑“科研生态”构建的基本要领，我认为可以强调如下几条。

第一，鼓励、支持创新主体（这里讲的是自然人）以好奇心和科研情结、奋斗精神去面对巨大的不确定性。前面已提到一些例子，面对不确定性这方面，要给予科研创新者以理解和鼓励。这里还可提一下屠呦呦的例子，她的突破还是在“文革”期间，就是依据古代文献里那么一条线索，结果经过几百次实验，终于把有效成分青蒿素成功萃取。几十年以后，美国人通过全面调查，认定与这个挽救千百万人生命成果相关的最关键的贡献应该归于她——大家知道中国的科学界还很难适应这样的说法，集体努力的结果，怎么大奖就归了她一个人了？但最后也顺应了这样一个国际上的认定规则，后来她在国内也有了国家最高级的科研大奖。这种对于自然人的关怀和鼓励，对于成功者给予这样的奖励，是树立标杆和导向，但在成功的前面，一定要特别理解、关照他们那种跟一般人不同的好奇心和科研情结、奋斗精神结合在一起的努力。这是科研生态中一个非常重要的特点。特别是对于那些不成功者，也要给予他们作为探路者、试路者的必要肯定与人文关怀，尤其是在基础理论研究领域和新技术成果应用的开拓领域，应形成充分宽容失败的社会氛围，政府先做好“不动声色”“润物细无声”的引导与扶助。

第二，政府主体方面的关键性支持作用，应该处理为以包蕴人文关怀和物质支持的制度和政策，来分类地支持不同的科研创新活动。比如对基础理论研究怎么支持？多年前业务管理部门已认识到基础理论研究领域，很多东西没法拿出一个像模像样的成功成果认定，那么应匹配上什么样的激励？国家的资金有限，到底支持什么项目、不支持什么项目，这些都得摸索，而这个摸索中的要领，确实很难一两句话说得清楚，即使依靠现有比较靠前沿的科学家们的问卷打分，那也可能出现这些人的思想跟不上少数人创新点的情况，问卷打分的结果是把真正有潜力创新的项目否定掉了——这方面可能没有更好的办法，这个领域里总得制定可操作的经费支持和使用的规则。到了成果转化推广应用里面，相对而言怎么支持，机制上就好做一些，现在已经有事前、事中、事后政府支持规则的较多探讨和值得肯定的一些进展。

如仅从“事后”看，除早就有了比较成熟经验的知识产权保护、专利制度之外，还有股权激励等，现在中央已经全面认可，包括现在科研单位非领导职务人员怎样在保持自己单位正式身份的同时，去参加创业创新的市场活动，都有权威的文件指导。这里面当然要匹配上到了成果转化、市场化应用环节上的专利这种“天才之火浇上利益之油”的经验，中国主要就是怎样依法使之贯彻落实、有效执行的问题了。再往后端，政府要以财政贴息、政策性信用担保、研发投入的所得税抵扣优惠、产业引导基金等机制去支持成果转化应用环节上的创新发展。

第三，从企业这个角度上，应鼓励企业家充分发挥与科技创新及其成果应用相关的冒险精神，敢于大胆试大胆闯，还要有相适应的机制。对这样的企业家胆识和独特的企业文化，社会各方应当给予理解。应该讲企业家也注定是带有明显不同于常人特点的一类人，事实上他们如果从某个阶段已经取得足够的财富，完全没有必要再费那么多心思、再做那么多的努力——被人们所肯定的企业家，一定是走到一定阶段以后，他们已经完全不再考虑现在拿到的这些财富可以养自己多少辈子了，但他们是有更高级的追求的，而这里面的冒险精神、闯劲儿、大胆去实验的事情，与前面说到的互联网创新等方面的例子是一致的，都在“烧钱”，但是其中可能由于运气因素或某些特定的技术路线上的不同，一个一飞冲天，一个归于失败。需要有相关管理方面的一些机制，使这种试、闯的空间更开阔些。比如现在大家都认可离不开的微信，几年前讨论微信的时候，有一派意见就说它的弊病明显，会出这样那样的毛病和漏洞，但李克强总理的态度是，不能把微信一下子掐死，要给出一定的空间让它在发展中再观察。到了现在，谁敢说微信就十全十美？它可能还给某些方面带来一些挑战和困扰，但是没有人敢说现在可以把微信否定掉了。在整个经济社会生活发展过程中，要有允许企业家去冒险探索的弹性空间，其重要性在微信等事例上可以体会。同时，确实也有机制上的差别。据了解，在微信之前，中国移动也曾试推过“飞信”，但是作为国有企业它没有“烧钱”机制，谁也无法保证成功的可能性有多大。体制内的事情是动不动就要层层审批，“烧钱”如不成功，责任谁来担？顾虑重重，很难批准，它没有这个“烧钱”机制就做不大。另外一个现在做得风生水起的物流企业——顺丰，也是一飞冲天，最早在这个领域里捷足先登的，可是体制内中国邮政的EMS特快专递，但是它也没能做大。至于说风投、创投、天使投，为什么不适合由政府做？就是机制问题。风投、创投、天使投是依据硅谷经验的，它的有限责任和比较优势，实话实说，是在国有企业体制内这套机制制约之下学不来的。在对于企业家、对于创新者的宽容方面，其实有些事情很简单，硅谷表面上看不到政府有多少作用，但这就是它人文关怀的一种大格局，就是它符合科研规律方面我们必须注重的经验。没必要贴什么标签，就是一个和科研规律是不是能对接的环境问题。当然后面涉及全社会，要以文化和舆论的包容性，来宽容、理解、消化失败冲击，使试错可持续和比较积极。

第四，社会上的科研生态建设除了应形成宽容失败的氛围与“有限责任”等规则之外，公益性基金会的多样化支持十分值得重视和发展起来。许多不适合或难以做到由政府直接支持的基础性研究、风险型开发研究项目，多样化的公益性基金会却有可能提供支持资金来源。这个政府、企业之外的第三部门，在美国早就做得相当大了，在中国亟须重视和培育，促其健康发展起来。

对国际上的一些案例展开讨论，可以给我们许多启发。比如工业革命，应注重瓦特改良蒸汽机是有一系列各种各样的社会配套条件的，包括这项发明以后怎样能得到规模化的应用，没有当时的产权保护制度和法律规范的配套条件，没有制度环境这种适宜的“科研生态”，是不可能演变成为工业革命的成功的（可参阅贾康、苏京春《中国的坎：如何跨越“中等收入陷阱”》一书）。

第五，我认为必须强调：改革的攻坚克难对于构建好的科研生态至关重要。前面所说制度创新在打开可能的技术创新、管理创新潜力空间这方面要起龙头作用，以制度创新为龙头，调动一切潜力和活力，解放生产力，使中央所说的作为第一动力的创新发展，真正能够引领后面的协调发展、绿色发展、开放发展，落到人本主义立场上的人民群众对美好生活的向往变成大地上现实的共享发展。这里面的逻辑，应该讲是相当清楚的：这样的科技创新在第一生产力意义上，在中国条件下，需强调的是在经济社会转轨过程中，光说科技解决不了问题——吴敬琏老师多年前就讲到在转轨的意义上，要强调“制度高于技术”，如果意识到相关改革任务的重要性，这句话的积极作用就非常明显。

科研事业单位体制改革，一个很难做的要点是去行政化，谈了多少年，这一轮科技改革又在谈，目前已出台各种各样的政策，但改来改去，行政化的东西不是少了，感觉更多了。直率地讲，就是科研单位怎样符合原来所提事业单位改革的大方向？这个改革推进过程中，落入了“说一套做一套”的状态。当年有非常明确的文件下达，要求体制内科研单位、事业单位，以三年为期要完成改革，基本原则就是去行政化，要一直走到取消行政级别，与社会需要接轨，人员可进可出，可上可下。但后来呢？文件要求的这一套完全没有兑现，直到现在，是越来越严格地按照行政机构来管理体制内的科研单位了。

所以，我们现在寄希望于把中央关于配套改革里所有值得肯定的顶层设计作为基础，进一步给出实质性冲破现在的既得利益阻力、深化改革这方面的安排，实质性地搞好科研事业单位和高校的改革，使科研人员能够真正得到好的科研生态环境去实现他们的人生价值，为中国的现代化和人类社会进步作贡献。

附录

核心研究成果清单

1. 代表性著作

[1]贾康. 改革时代创新研讨集萃. 中国言实出版社，2018.

[2]贾康. 深化收入分配制度改革研究. 企业管理出版社，2018.

[3]贾康. 彼岸情怀此岸言：贾康演讲访谈录. 商务印书馆，2018.

[4]洪崎，贾康. 战略与路径：迈向2049的中国. 企业管理出版社，2018.

[5]贾康，等. 大国税改：中国如何应对美国减税. 中信出版集团，2018.

[6]贾康，等. 新供给：创新发展，攻坚突破. 企业管理出版社，2017.

[7]贾康，等. 中国住房制度与房地产税改革. 企业管理出版社，2017.

[8]贾康，刘薇，孙维. 深化财税体制改革的战略取向与要领. 广东经济出版社，2017.

[9]贾康，刘薇. 构建现代治理基础：中国财税体制改革40年. 广东经济出版社，2017.

[10]贾康，欧纯智. 创新制度供给：理论考察与求实探索. 商务印书馆，2016.

[11]贾康，苏京春. 中国的坎：如何跨越“中等收入陷阱”. 中信出版集团，2016.（注：被中宣部指导下的中国图书评论学会和央视评为2016年度“中国好书”）

[12]贾康，王桂娟．财政制度国际比较．立信会计出版社，2016.

[13]贾康．供给侧改革：理论、实践与思考．商务印书馆，2016.（注：在中国出版集团公司中版好书榜2016年度评选活动中被评为“2016年度主题出版十大好书”）

[14]贾康．供给侧改革十讲．中国出版集团东方出版中心，2016.（注：2016年，在中共中央组织部党员教育和干部测评中心、国家新闻出版广电总局出版管理司、国家图书馆联合举办的第三届全国党员教育培训教材展示交流活动中被评为全国精品教材）

[15]贾康，苏京春．供给侧改革：新供给简明读本．中信出版集团，2016.（注：被中宣部指导下的中国图书评论学会评为2016年4月“月度好书”。2018年获评中国社会科学院的中国智库学术成果优秀著作奖）

[16]贾康，高培勇．现代经济学大典：财政学分册．经济科学出版社，2016.

[17]贾康．新供给：创构新动力．经济科学出版社，2016.

[18]贾康，王桂娟．中国加入政府采购协议（GPA）的挑战与策略．立信会计出版社，2015.

[19]贾康，刘薇．财税体制转型．浙江大学出版社，2015.

[20]贾康，苏京春．新供给经济学．山西经济出版社，2015.

[21]贾康．中国税改路线图：大趋势、国际经验与制度

设计．立信会计出版社，2015.

[22]贾康，孙洁．公私合作伙伴关系理论与实践．修订版．经济科学出版社，2015.

[23]贾康，程瑜．改革红利——新一届政府改革与政策评述．中国言实出版社，2015.

[24]贾康，等．新供给经济学：理论创新与建言．中国经济出版社，2015.

[25]贾康，等．中国：公共财政发展战略2020总报告．亚洲开发银行（ADB）公开出版物，2015.

[26]贾康，等．我国科技金融服务体系研究（上）：建设科技型中小企业金融服务体系的政策优化．经济科学出版社，2015.

[27]贾康，等．房地产税离我们并不远．人民出版社，2015.

[28]贾康，苏京春，梁季，等．全面深化财税体制改革之路：分税制的攻坚克难．人民出版社，2015.

[29]贾康．中国式去杠杆：空中加油．中国经济出版社，2014.

[30]贾康．贾康自选集．人民出版社，2013.

[31]贾康．新供给：经济学理论的中国创新．中国经济出版社，2013.

[32]贾康，等．收入分配与政策优化、制度变革．经济科学出版社，2012.

[33]贾康．中国国债市场发展报告．经济科学出版社，2012.

[34]贾康，等. 战略机遇期金融创新的重大挑战：中国政策性金融向何处去. 中国经济出版社，2012.（获全国财政理论研究一等奖）

[35]贾康，等. 建设创新型国家的财税政策与体制变革. 中国社会科学出版社，2011.

[36]刘克崮，贾康. 中国财税改革三十年：亲历与回顾，经济科学出版社，2008.

[37]贾康，赵全厚. 中国财税体制改革30年回顾与展望. 人民出版社，2008.

[38]贾康，赵全厚. 中国财政通史：当代卷. 中国财政经济出版社，2006.

[39]贾康，刘军民，等. 科技投入及其管理模式研究. 中国财政经济出版社，2006.

[40]贾康，刘铭达，苏道俨，等. 新世纪中国财税改革大思路. 经济科学出版社，2005.

[41]贾康. 转轨时代的执着探索：贾康财经文萃. 中国财政经济出版社，2003.

[42]贾康，等. 转型时期中国金融改革与风险防范. 中国财政经济出版社，2003.

[43]贾康. 教育投入问题研究. 中国财政经济出版社，2002.

[44]贾康. 亚洲金融危机与中国的积极财政政策. 中国财政经济出版社，2001.

[45]贾康. 从民怨到民享：地方政府收营规范化研究. 吉林科学技术出版社，2001.

[46]贾康，白景明. 财政与发展. 浙江人民出版社，2000.（获全国财政理论研究一等奖）

[47]贾康，阎坤. 转轨中的财政制度变革. 上海远东出版社，1999.

[48]贾康. 财政本质与财政调控. 经济科学出版社，1998.（获全国财政理论研究成果奖）

2. 代表性学术论文

[1]贾康. 结构性改革中的宏观政策国际协调. 财政监督，2018（18）：28-31.

[2]JIA K，FENG Q B. China's Supply-side Reform：Background，Theoretical Models and Implementation Paths. International Journal of Economics. Finance and Management，2018，6（3）：87-97.

[3]贾康. 房地产税制改革的推进要领. 经济研究参考，2018，4：22-23.

[4]贾康. 走向"现代国家治理"的财税配套改革. 财政监督，2018，2.

[5]贾康. 从美中贸易战看中国"后来居上"现代化战略. 地方财政研究，2018（3）.

[6]贾康，郭建华. 新时代包容性房地产经济制度构建研究. 中共中央党校学报，2018，4：119-128.

[7]贾康. 我国收入分配格局和企业负担问题辨析. 经济学动态，2018，3：27-34.

[8]贾康. 进一步转变发展方式的七个建议. 经济，

2018，3：12.

[9]贾康．刍议科研创新的规律与科研生态的构建．全球化，2018，3：14–22，131.

[10]贾康，程瑜，于长革．优化收入分配的认知框架、思路、原则与建议．财贸经济，2018（2）.

[11]贾康．中国的财政改革与土地财政．经济，2017，12：9.

[12]贾康．走进新时代：从我国社会主要矛盾的转化看供给侧结构性改革．中国财政，2017，11：4–5.

[13]贾康．将中国改革开放的现代化伟业进行到底：纪念改革开放40周年. 全球化，2017，10：16–26，132.

[14]贾康．中国金融改革创新的六个势在必行．经济，2017，9：9.

[15]贾康，程瑜，张鹏．中国大型零售业现状、趋势及行业发展战略设想．经济研究参考，2017，8：3–30，45.

[16]贾康．中国企业税费负担的“全景图”和改革的真问题．经济导刊，2017，8：20–28.

[17]贾康．提升制度供给有效性，推进PPP创新发展．财政监督，2017，8：26–31.

[18]贾康．如何优化公共资源配置．经济，2017，8：9.

[19]贾康，苏京春．中国找到跨越中等收入陷阱之道．参考消息，2017–09–18.

[20]贾康．增供与收税：房地产领域的改革思考．兰州大学学报，2017–07–28.

[21]贾康，冯俏彬．我国供给侧改革的背景、理论模型

与实施路径. 经济学动态，2017，7：35–43.

[22]贾康. 从治标到治本：房地产业政策调控与房产税制度创新，北京工商大学学报，2017–03–27.

[23]贾康. 搞清企业负担的全景图和真问题. 中国中小企业，2017，3：16.

[24]贾康. 新供给经济学的破与立. 经济，2017，4：9.

[25]贾康，苏京春. 扭住供给侧改革 努力跨越中等收入陷阱. 人民日报，2016–09–15.

[26]贾康，程瑜. 实现共惠发展的财政支持. 求是，2016（3）.

[27]贾康，苏京春. 论供给侧改革. 管理世界，2016，3：1–24.

[28]贾康，苏京春. 现阶段我国中央与地方事权划分改革研究. 财经问题研究，2016，10：71–77.

[29]贾康. 改革中“守正出奇”是关键. 人民日报（海外版），2016–04–09.

[30]贾康，冯俏彬. “十三五”时期的供给侧改革. 国家行政学院学报，2015，6：12–21.

[31]贾康，龙小燕. 财政全域国家治理：现代财政制度构建的基本理论框架. 地方财政研究，2015（7）.

[32]贾康，梁季. 市场化、城镇化联袂演绎的“土地财政”与土地制度变革. 改革，2015，5：67–81.

[33]贾康. PPP：制度供给创新及其正面效应. 光明日报，2015–05–27.

[34]贾康. 全面推进依法治国：从政府事权与司法管辖

权的合理化看法治化配套改革. 经济研究，2015，1：16–18.

[35]贾康，苏京春. 探析“供给侧”经济学派所经历的两轮“否定之否定”：对“供给侧”学派的评价、学理启示及立足于中国的研讨展望. 财政研究，2014，8：2–16.

[36]贾康. 多视角考量地方债风险. 中国金融，2014，7：20–21.

[37]贾康，梁季. 我国地方税体系的现实选择：一个总体架构. 改革，2014，7：57–65.

[38]贾康，程瑜. 新一轮税制改革的取向、重点与实现路径. 中国税务，2014，1：20–23.

[39]贾康，刘薇. 生态补偿财税制度改革与政策建议. 环境保护，2014（9）：10–13.

[40]贾康. 深化分税分级财政体制改革. 税收征纳，2014（3）：10–11.

[41]刘克崮，贾康，梁季. 新一轮价税财配套改革的基本思路、主要任务和实施构想. 财政研究，2014（1）：7–12.

[42]贾康，梁季. 全面审视分税制改革. 中国投资，2014（8）：83–85 .

[43]中国国际经济交流中心财税改革课题组. 深化财税体制改革的基本思路与政策建议. 财政研究，2014（7）：2–10.

[44]贾康，徐林，李万寿，等. 中国需要构建和发展以改革为核心的新供给经济学. 财政研究，2013（1）. （获邓子基财经科学奖一等奖）

[45]贾康. 调节收入分配关键在改革再分配机制. 学习月刊，2013（7）：10–11.

[46]贾康. 优化再分配和规范分配秩序的建议. 经济，2013（4）：14.

[47]贾康. 以“一元化”公共财政支持“市民化”为核心的我国新型城镇化. 研究报告，2013（18）.

[48]贾康. 改革路线图的财税节点. 人民论坛，2013（30）：26–27.

[49]贾康，赵福昌，张鹏. 财政收入增速放缓的分析及对策建议. 全球化，2013（11）：27–39，123.

[50]贾康. 以全面改革支撑可持续发展. 中国产经，2013（11）：25.

[51]贾康. “热点热议”中的冷思考：再谈房产税. 中国财经报，2013（1）.

[52]贾康. 包容性增长与公共财政. 中国财经信息资料，2012（1）.

[53]贾康. 我国住房保障模式选择与政策优化：政府如何权衡“倒U曲线”演变中的机会公平与结果均平. 财政研究，2012（7）.

[54]贾康，张晓云. 雇员薪酬的形成机理、我国状态判断与优化建议：基于“期望值”分析及“公正”与“均平”认识框架. 财政研究，2013（5）.

[55]贾康. 收入分配与政策优化、制度变革. 经济科学出版社，2012.

[56]贾康，刘微. “土地财政”论析：在深化财税改革

中构建合理、规范、可持续的地方“土地生财”机制. 经济学动态，2012（1）.

[57]财政部财政科学研究所课题组，贾康，赵云旗. 影响收入分配关系的五个问题与八点建议. 经济社会体制比较，2012（2）.

[58]贾康. 从资源税改革和电力改革看全局. 光明日报，2012-03-16.

[59]贾康. 服务全局的财税体制改革与财税调控. 广东商学院学报，2012（4）：4-13，83.

[60]贾康. 中国特色的宏观调控：必须注重理性的“供给管理”. 中国财政，2009（23）.

[61]贾康. 完善社会主义市场经济机制的重点：新一轮价、税、财配套改革. 财政研究简报，2012（60）.

[62]贾康，冯俏彬. 从替代走向合作：论公共产品提供中政府、市场、志愿部门之间的新型关系. 财贸经济，2012（9）.

[63]贾康. 关于我国若干重大经济社会问题的思考. 国家行政学院学报，2012-02-03.

[64]贾康. 强化顶层设计、推进配套改革：从资源税改革和电力改革看全局. 光明日报，2012-03-16，

[65]贾康. 十六大以来的财政管理体制改革评述. 中国财政，2012（20）：27-30.

[66]贾康，刘薇. 构建城乡统筹发展的财税体制的建议. 经济纵横，2011（1）：46-51.

[67]贾康，施文泼. 中国矿产资源税制度的整体配套改革：国际比较视野. 改革，2011（1）.

[68]贾康，梁季，张立承．“民生财政”论析．中共中央党校学报，2011（2）：5-13.

[69]贾康．房地产调控与房地产税．理论导报，2011-02-20.

[70]贾康．关于资源税价联动改革的几个重要问题．经济纵横，2011（2）.

[71]贾康．房地产税的改革方向、要领与路径选择．中国经济报告，2012（5）.

[72]贾康．从全局和可持续发展视角看改善民生．人民政协报，2012-06-08.

[73]贾康，梁季．中央地方财力分配关系的体制逻辑与表象辨析——客观存在的地区间“横向不均衡”，需要合理的中央、地方间“纵向不均衡”机制加以调节．财政研究，2011（1）：5-14.

[74]贾康，梁季，张立承．关于“民生财政”的分析解读．中央党校学报，2011-02-12.

[75]贾康，刘微．提高国民收入分配“两个比重” 遏制收入差距扩大的财税改革建议．行政管理改革，2011（4）：11-14.

[76]贾康．孟艳，我国居民财产分布差距扩大的分析与政策建议．经济社会体制比较，2011（4）：28-34.

[77]贾康．“十二五”时期税制改革的探讨．财政监督，2011（13）：17-19.

[78]贾康．中国特色的宏观调控必须注重理性的“供给管理”．中国财政，2009（23）.

[79]贾康．从保增长惠民生相结合看经济社会协调发展——正视我国重大现实问题，着力加快发展方式转变．理论视野，2011（1）．

[80]贾康，孟艳．中国政策性金融改革与发展面临的抉择．经济研究参考，2011（3）．

[81]贾康，石英华．建立健全有利于科学发展的财税体制机制．财政研究，2010（6）．

[82]贾康．“十二五”时期中国的公共财政制度改革．财政研究，2011（7）：2-13.

[83]贾康．化解地方债务风险需要增加有效政策供给．中国证券报，2011-07-18.

[84]贾康，孟艳．我国政策性金融体系基本定位的再思考．当代财经，2011（6）．

[85]贾康．必须坚持“升华版”的“以经济建设为中心”基本路线不动摇．中国经济时报，2011-09-07.

[86]贾康．分税制改革后出现的主要现实问题．经济，2011（11）：13．

[87]贾康，石英华．我国财政投资支出绩效综合评价框架探讨：基于从宏观决策到项目全周期的通盘视野．财贸经济，2011（11）：44-50，137.

[88]贾康，孟艳．物价稳定，货物流通速度与宏观调控愿景把握．改革，2011（12）：29-39.

[89]贾康．税收结构与税制改革．上海国资，2011（12）：16．

[90]贾康，孙洁．平衡计分卡（表）方法在财政支出绩

效评价中的应用设计初探．山东经济，2010（1）：5-10.

[91]贾康，刘军民，张鹏，等．中国财税体制改革的战略取向：2010～2020．改革，2010（1）：5-19.

[92]贾康．政府公共投资、社会投资与经济社会发展．西南民族大学学报（人文社科版），2010（3）：138-141.

[93]贾康，刘微，张立承，等．我国地方政府债务风险和对策．经济研究参考，2010（3）.

[94]贾康，梁季．我国个人所得税改革问题研究：兼论“起征点”问题合理解决的思路．财政研究，2010（4）.

[95]贾康．近年来财政理论研究的主要进展与成就．中国财政，2010（11）：47-51.

[96]贾康，吴方伟．关于我国住宅提供方式改革的构想．财政研究，2010（7）.

[97]贾康．本轮房地产调控与相关的中长期考虑．金融发展评论，2010（8）.

[98]贾康．使经济性分权走向更加完善．中国金融，2010（22）：35-37.

[99]贾康．关于中国地方财政现实问题的认识．华中师范大学学报（人文社会科学版），2010（6）：1-10.

[100]贾康．关于高房价成因与调控政策着力点的探讨．财政研究简报，2010（5）.

[101]贾康．财政体制改革与收入分配结构调整．上海国资，2010（12）：12.

[102]贾康．我国分税制改革思路及政策安排：回顾与前瞻．金融发展评论，2010（11）：14-19.

[103]贾康，刘微．提高国民收入分配“两个比重”遏制收入差距扩大的财税思考与建议．财政研究，2010（12）：2-18.

[104]冯俏彬，贾康．权益-伦理型公共产品：关于扩展的公共产品定义及其阐释．经济学动态，2010（7）.

[105]贾康．合理促进消费的财税政策与机制创新．税务研究，2010（1）.

[106]贾康，刘军民．政策性金融与中国的现代化赶超战略：兼与林毅夫教授商榷．财政研究，2010（1）.

[107]财政部财政科学研究所课题组，贾康，赵全厚．财政改革30年的基本经验和未来展望．经济研究参考，2009（2）：61-66.

[108]财政部财政科学研究所课题组，贾康．赵全厚．财政支出改革．经济研究参考，2009（2）：21-34.

[109]财政部财政科学研究所课题组，贾康，赵全厚．政府间财政体制变革．经济研究参考，2009（2）：35-49.

[110]贾康．短期调控与长期深化改革、转变机制紧密结合．中国金融，2009（6）：29.

[111]贾康，孙洁．公私合作伙伴关系（PPP）的概念、起源、特征与功能．财政研究，2009（10）.

[112]贾康．建立融资“明规则”试点发行地方公债．人民政协报，2008-12-19.

[113]贾康，孙洁．推进财政管理科学化与精细化的思考和路径选择．经济研究参考，2008（58）：2-7，50.

[114]贾康．中国财税改革30年：简要回顾与评述．财政

研究，2008（10）：2–20.

[115]贾康. 论对居民收入分配基于政策理性的分类分层调节. 财政研究，2008（2）：2–5.

[116]贾康，孟艳. 政策性金融何去何从：必要性、困难与出路. 财政研究，2009（3）.

[117]贾康，刘军民. 优化与强化政府职能 建立和完善分层次住房保障体系. 财贸经济，2008（1）：27–36，127.

[118]贾康. 公共服务的均等化应积极推进，但不能急于求成. 审计与理财，2008（8）：5–7.

[119]贾康. 关于财政理论发展源流的概要回顾及我的"公共财政"观. 经济学动态，2008（4）.

[120]贾康，孟艳. 关于财政政策与货币政策协调配合的简要认识. 财政研究，2008（6）.

[121]贾康. 推动我国主体功能区协调发展的财税政策研究. 经济研究参考，2008（3）.

[122]贾康，阎坤，鄢晓发. 总部经济、地区间税收竞争与税收转移. 税务研究，2007（2）：12–17.

[123]贾康，刘微. 注重民生、优化结构、创新制度、促进发展：中国公共财政的转型之路. 经济与管理研究，2007（10）.

[124]贾康. 政府采购制度改革对财政监督的强化与克服既得利益的障碍. 经济，2007（4）.

[125]贾康，刘军民. 我国住房改革与住房保障问题研究. 财政研究，2007（7）：8–23.

[126]贾康. 财政的扁平化改革和政府间事权划分. 中共

中央党校学报，2007（7）：42–48.

[127]贾康. 论居民收入分配中政府维护公正兼顾均平的分类调节. 涉外税务，2007（8）.

[128]贾康，阎坤，鄢晓发. 农村公共产品供给机制创新研究：对江苏省农村低保、医疗卫生和教育情况的调研. 财政研究，2007（5）：2–9.

[129]财政部财政科学研究所课题组，贾康，罗建钢，等. 促进我国自主知识产权成果产业化的财政政策研究. 经济研究参考，2007（22）：30–48.

[130]贾康. 从国家最高利益出发考虑社保管理体系框架选择. 财政研究，2007（1）.

[131]贾康，孙洁. 农村公共产品与服务提供机制的研究. 管理世界，2006（12）：60–66.

[132]贾康，孙洁. 新农村基础设施建设中PPP模式的应用. 地方财政研究，2006（5）：4–7.

[133]贾康. 区分“公平”与“均平” 把握好政府责任与政策理性. 财政研究，2006（12）：6–10.

[134]“我国推行财政支出绩效考评研究”课题组，贾康. 我国推行财政支出绩效考评研究. 经济研究参考，2006（29）：2–36.

[135]贾康，闫坤，鄢晓发. 公务车改革的探索：对大庆车改的调查研究及相关考察与认识. 铜陵学院学报，2006（3）.

[136]贾康，阎坤. 完善省以下财政体制改革的中长期思考. 管理世界，2005（8）：33–37.

[137]贾康，刘军民．非税收入规范化管理研究．税务研究，2005（4）：24–31.

[138]贾康，白景明. 关于中国分税分级财政体制安排的基本思路．经济学动态，2005（2）.

[139]贾康，李全．财政理论发展识踪：结合“公共财政”的点评．财政研究，2005（8）：2–6.

[140]贾康．正确把握大思路 配套推进分税制：兼与“纵向分两段，横向分两块”的主张商榷．中央财经大学学报，2005（12）.

[141]贾康．中国财政改革：政府层级、事权、支出与税收安排的思路．地方财政研究，2004（1）：3.

[142]贾康，冯俏彬．中国财政管理体制改革10年回顾．经济研究参考，2004（2）：20–28.

[143]贾康，白景明．县乡财政解困与财政体制创新．中国财经报，2004（2）.

[144]贾康，冯俏彬．论制度供给的滞后性与能动性．财贸经济，2004（2）.

[145]贾康，闫坤．如何实现国有商业银行改革与国有企业改革的良性互动．人民论坛，2004（3）.

[146]贾康．国有资产管理改革二题．财政研究，2004（4）.

[147]贾康，白景明．中国地方财政体制安排的基本思路．财政研究，2003（8）：2–5.

[148]贾康，阎坤，周雪飞．国库管理体制改革及国库现金管理研究．管理世界，2003（6）：15–25.

[149]贾康．中国公共部门或有债务问题的探讨．财经监察，2003（3）：12–13.

[150]JIA K．Pro–active fiscal policy in China since 1998：Backgrounds and its emphases in practice．Journal of Asian Economics，2003，13（5）：615–622.

[151]贾康．国资委如何管理国有股．证券市场周刊，2003（17）.

[152]贾康，冯俏彬．重视低保资金使用效果保证低保制度政策目标．中国社会保障，2003（2）.

[153]贾康．我国加入WTO后的财税政策与税改重点．税务研究，2003（4）.

[154]贾康．中小企业信用担保与财政资金的运用．中国财经信息资料，2002（1）.

[155]贾康，等．怎样看待税收的增长和减税的主张．中国经济快讯，2002（5）：10–12.

[156]贾康，李炜光，刘军民．关于发展中国地方政府公债融资的研究．经济社会体制比较，2002（5）.

[157]贾康，刘保军．如何认识改革开放中出现的高收入阶层问题．财政研究，2002（10）.

[158]贾康，白景明，颜云初．我国房产税税制改革研究．财贸经济，2002（6）.

[159]贾康，白景明．县乡财政解困与财政体制创新．经济研究，2002（2）：3–9.（获第十届孙冶方经济科学奖）

[160]贾康．财政监督与政府采购制度改革．财政监察，2002（3）.

[161]贾康．对我国1998年以来实施的积极财政政策及其效果的评析．税务研究，2002（6）．

[162]贾康．公职人员收入分配制度的改革构想．中国财政，2002（8）．

[163]贾康．如何提高国债资金使用效率．光明日报，2002-12-09.

[164]贾康，杨初良．可持续养老保险体制的财政条件．管理世界，2001（3）．

[165]贾康．论公共财政导向下的预算改革．湖北财税，2001（5）：2-6.

[166]贾康，杨良初，王玲．实行费改税开征社会保险税的研究．财政研究，2001（1）：25-34.

[167]贾康，赵全厚．国债适度规模与我国国债的现实规模．经济研究，2000（10）：46-54.

[168]贾康，王桂娟．改进完善我国环境税制的探讨．税务研究，2000（9）：43-48.

[169]贾康，马晓玲．财政职能进一步调整的思路．2000（7）：15-18.

[170]贾康，江旭东．积极运用财政政策加强供给管理——论财政政策促进供求关系中长期均衡和国民经济跨世纪发展的思路．财政研究，1999（3）：10.

[171]贾康．中国财政体制改革的回顾与评析．财经科学，1999（5）．

[172]贾康．以税费改革实现政府收入规范化．光明日报，1999-05-07.

[173]贾康．财政职能及平衡原理的再认识．财政研究，1998（7）：10.

[174]贾康．用财政贴息拉动投资．中国经济时报，1998-07-01.

[175]贾康，王桂娟．财政政策与政府支出对供求关系的影响作用．经济研究参考，1998（83）.

[176]贾康，王晓光，马晓玲．国有企业战略性改组中的债务重组问题．管理世界，1998（4）.

[177]贾康，白景明．中国政府收入来源及完善对策研究．经济研究，1998（6）：9.

[178]贾康．从“国家分配论”到“社会集中分配论”（上），财政研究，1998（4）.

[179]贾康．从“国家分配论”到“社会集中分配论”（下），财政研究，1998（5）.

[180]贾康．税制三题，经济纵横．1997（8）：4.

[181]贾康．关于我国宏观经济不稳定的制度性原因．财贸经济，1994（6）.

[182]贾康．逐步建立以分税制为基础的分级财政．经济导刊，1994（1）.

[183]贾康．市场取向的改革与改革的配套．财政研究，1993（4）：18-21.

[184]贾康．我国财政平衡政策的历史考察．中国社会科学，1993（3）：14.

[185]贾康．论国有资产的分类与分层管理．财政研究，1991（5）.

[186]贾康．分税制改革与中央、地方政府间关系．改革，1990（4）：84–88.

[187]贾康．美国财政体系的特点及其对我们的启示．改革，1990（2）：173–180.

[188]贾康．近中期财政体制改革思路的探讨．中国经济体制改革，1988（4）：33–35.

[189]贾康．抽紧银根与压缩规模：论我国需求控制的着力点及转换条件．经济研究．1988（5）．（获中央国家机关青年优秀论文一等奖）

[190]贾康，徐亚平．预算外资金宏观管理探讨．经济研究参考资料，1986（N–132），转轨时代的执着探索：贾康财经文萃．中国财政经济出版社，2003：218–223.

[191]贾康．深入进行财政体制改革的设想．中国经济体制改革，1986（10）：16–18.

[192]贾康．论广义、狭义价值规律．经济研究，1984（6）：47–52.